U0617790

BLUE BOOK

智库成果出版与传播平台

金砖国家蓝皮书
BLUE BOOK OF BRICS

金砖国家科技创新发展与合作

研究报告

（2023）

RESEARCH REPORT ON SCIENCE, TECHNOLOGY AND
INNOVATION DEVELOPMENT AND
COOPERATION AMONG BRICS COUNTRIES (2023)

主　编／中国科学技术交流中心

社会科学文献出版社
SOCIAL SCIENCES ACADEMIC PRESS（CHINA）

图书在版编目（CIP）数据

金砖国家科技创新发展与合作研究报告 . 2023／中国科学技术交流中心主编 . --北京：社会科学文献出版社，2024. 10. --（金砖国家蓝皮书）. -- ISBN 978-7 -5228-4164-9

Ⅰ. F113. 2

中国国家版本馆 CIP 数据核字第 2024FH2507 号

金砖国家蓝皮书

金砖国家科技创新发展与合作研究报告（2023）

主　　编／中国科学技术交流中心

出 版 人／冀祥德
责任编辑／黄金平
文稿编辑／孙玉铖
责任印制／王京美

出　　版／社会科学文献出版社·文化传媒分社（010）59367004
　　　　　　地址：北京市北三环中路甲 29 号院华龙大厦　邮编：100029
　　　　　　网址：www. ssap. com. cn
发　　行／社会科学文献出版社（010）59367028
印　　装／天津千鹤文化传播有限公司

规　　格／开　本：787mm×1092mm　1/16
　　　　　　印　张：20.25　字　数：304 千字
版　　次／2024 年 10 月第 1 版　2024 年 10 月第 1 次印刷
书　　号／ISBN 978-7-5228-4164-9
定　　价／158.00 元

读者服务电话：4008918866

编著人员名单

编写组人员 （排名不分先后）

产　健　　陈纪瑛　　刀福东　　邓元慧

段志伟　　方　慈　　封晓茹　　高立菲

高　颖　　格特·格罗布勒（南非）

郭　栋　　何亚鸥　　黄茂兴　　江　洁

蒋雨晴　　卡洛斯·松本（巴西）

康志男　　李寒凝　　李沐谦　　李　嫣

李宇航　　梁春晓　　梁嘉明　　刘香钰

刘　萱　　刘雅琦　　刘奕如　　林茜妍

罗春玲　　马健铨　　马　颖　　马宗文

牛　雯　　普丽娜　　乔　琳　　施小峰

石　磊　　宋均营　　田晓翌　　王　珩

王　晶　　王文涛　　维尼亚·戈麦斯（巴西）

魏　朋　　吴雨苏　　肖博仁　　辛秉清

杨　帅　　杨　修　　杨　洋　　杨　烨

叶　琪　　叶旺旺　　于　莎　　于倩文

张　丽　　张　涛　　张　璋　　张金倩楠

赵海文　　郑沄瑞

执 行 编 辑　杨　修　李寒凝　方滢恺
翻 译 人 员　高欣月　黄　磊　刘云超
　　　　　　马慧勤　邵英红　夏欢欢

编写单位简介

中国科学技术交流中心（以下简称"交流中心"）是中华人民共和国科学技术部领导下的具有独立法人地位的国家级对外科学技术交流专业机构。自 2016 年开始，交流中心已连续五年被美国宾夕法尼亚大学《全球智库报告》列为全球 35 家"最具创新政策思想和建议智库"之一，先后入选金砖国家智库合作中方理事会理事单位、科技部国家高端智库研究联合体的成员、中关村全球高端智库联盟副理事长单位，已成为具有一定影响力的国际科技创新合作类智库。

党的十八大以来，交流中心大力推动智库化建设，持续跟踪全球科技发展动态，深入开展科技外交、国际科技创新合作、重点国别科技战略及政策等研究，形成了一批高质量的战略研究成果。先后全面参与党中央、国务院关于科技创新、国际合作等重要政策文件的起草工作，主持或参与国家社科基金一般项目、科技部科技创新战略研究专项、北京市科技计划项目、山东省重点研发计划（软科学）项目等国家级、省部级课题数十项；围绕美欧重点国家科技政策、科技立法动态、国际科技合作战略等，持续跟踪、深入研究，及时形成咨政报告百余篇，多次获党中央、国务院有关领导和科技部领导的肯定性批示。

近年来，交流中心以品牌建设为抓手，打造高质量智库研究品牌成果。连续多年出版《金砖国家综合创新竞争力研究报告》（蓝皮书）、《二十国集团（G20）国家创新竞争力发展报告》（黄皮书），发布并出版《中国科技创新国际化指数研究报告（2022）》、《应对气候变化国际科技合作：国际

经验与中国策略》（第四次气候变化国家评估报告）等多部研究报告，其中
《科技创新引领二十国集团未来——二十国集团智库的创新议题研究成果与
政策建议汇编》入选《全球智库报告》2016 年 50 篇"最佳政策研究报
告"，为推动双多边科技创新合作、指导全国开展国际科技交流合作工作提
供有力支撑。

序　言

2023 年 8 月，习近平主席在金砖国家同非洲国家及其他新兴市场和发展中国家领导人对话会上指出："我们坚持创新驱动，增强了发展动能。全球发展倡议聚焦绿色发展、新型工业化、数字经济等重点领域，推进新工业革命伙伴关系建设，助力高质量发展。"① 科技创新是促进各国共同发展的重要动力，对促进经济发展、创新创业、产业转型升级以及应对全球性挑战发挥着重要作用。

金砖国家作为广大发展中国家的代表，是塑造国际格局的重要力量，是推动世界经济增长、驱动全球创新发展的关键群体之一。金砖国家经济互补性较强，正处于新旧动能转换、转型升级加快的关键期，有着加强产业合作、实现互利共赢的共同诉求，尤其在数字经济、高端装备、生物医药、新材料等关键领域各具优势，拥有较大的合作空间。科技创新合作已成为金砖国家合作机制的重要内容之一。

近年来，金砖国家把握新工业革命的机遇，持续深化科技创新合作交流，在搭建产学研合作平台、建立青年创新创业伙伴关系、推动国际技术转移转化、加强青年科学家交流及共同资助联合研究项目等方面取得了显著成效，为全球经济增长、产业转型、社会发展、改善民生等提供了重要科技支撑，巩固并深化了互利共赢的科技伙伴关系、促进了共同发展，携手共建全球科技共同体。

---

① 《习近平在"金砖+"领导人对话会上的讲话（全文）》，司法部网站，2023 年 8 月 24 日，https：//www.moj.gov.cn/pub/sfbgw/gwxw/ttxw/202308/t20230824_484991.html。

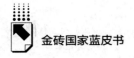

2017 年以来，中国科学技术交流中心组织国内外高水平专家团队，联合我国驻金砖国家使领馆科技处外交官，开展金砖国家综合创新竞争力研究工作，先后出版《金砖国家综合创新竞争力发展报告（2017）》《金砖国家综合创新竞争力研究报告（2019）》《金砖国家综合创新竞争力研究报告（2021）》，并在对中文版内容进行了增删和对数据进行了更新的基础上出版了 3 部英文报告，在国内外引起了广泛关注，持续扩大了我国科技智库成果在金砖国家的影响力。

第十二届金砖国家科技创新部长级会议于 2024 年 9 月在俄罗斯莫斯科举行。为打造金砖国家科技创新领域的知识类国际公共产品，展现金砖国家开放包容的合作姿态，传播开放、公平、公正、非歧视的合作理念，编写组将报告名称更改为"金砖国家科技创新发展与合作研究报告"，全面聚焦金砖成员国科技创新领域的进展及国际科技合作情况。编写组于 2023 年 6 月启动报告编制工作，而沙特阿拉伯、埃及、阿联酋、伊朗和埃塞俄比亚于 2024 年 1 月 1 日成为金砖国家正式成员。为此，本书仍以巴西、中国、印度、俄罗斯和南非为研究对象，开展金砖五国科技创新发展与合作的问题研究，后续编写组将针对扩员后的金砖国家科技创新发展等问题开展持续研究。

当今世界百年未有之大变局加速演进，世界之变、时代之变、历史之变的特征更加明显，世界经济复苏艰难，国际形势正在发生深刻变化，国际科技合作生态面临越来越多的不利因素。在这样的动荡变革期，加强金砖国家在科技创新领域的合作、推动全球科技治理变革朝着更加公正合理的方向发展，将为世界注入更多确定性、稳定性、正能量。我们希望，本书的研究将为深化金砖国家科技创新发展与合作、推动全球科技治理体系变革提供一定的参考和借鉴。

当然，本书属于学术研究成果，不代表作者所在单位的观点和结论，仅为各篇报告编写人员的学术见解。由于作者能力有限，本书在编写中难免存在不当之处，还请广大读者提出宝贵建议。

中国科学技术交流中心

2024 年 3 月 1 日

摘　要

　　《金砖国家科技创新发展与合作研究报告（2023）》以巴西、俄罗斯、印度、中国和南非为研究对象，全面系统分析金砖国家科技创新发展与合作特点，围绕重点领域、热点专题开展深入研究，提出深化金砖国家科技创新发展与合作的对策建议。

　　第一部分为总报告。中国、印度和俄罗斯的科技创新发展势头强劲，南非和巴西保持稳定。金砖国家已建立稳定的国际科技创新合作机制，气候变化与减灾、水资源与污染治理、地理空间技术及应用等是优先合作领域。金砖国家在生物医药、航空航天、能源等多领域开展深入合作，金砖国家间合著论文数量逐年增长，其中材料科学（跨学科）、天文与天文物理学等学科合作密切。金砖国家科技人才交流频繁，但受新冠疫情影响，近年来科技人才交流规模呈下降态势。

　　第二部分为国别报告。中国科技创新快速发展，在全球排名大幅上升，已形成全方位、多层次、宽领域的科技开放合作新格局。俄罗斯人才规模庞大，但创新政策体系滞后、资金短缺是其科技进步的主要障碍。俄罗斯加强"科技主权"建设，从资金、标准、政策、市场等方面支持本国科技研发机构和企业发展。南非政府制定了全面的科技发展规划和政策，尽管其研发投入等方面有所下降，但在空间科学、能源科技等领域与中国积极开展合作。巴西科技创新水平居拉美之首，巴西政府重视并逐步完善科技创新体系，在物联网等领域取得积极进展。印度科技创新发展潜力大，重视基础研究与技术本土化，在电子信息、航空航天、生物医药、能源等领域具有优势，且与

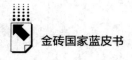

美欧国家合作紧密。

第三部分为领域报告。按照首届金砖国家科技创新部长级会议发表的《开普敦宣言》中明确的重点合作领域，选取农业、气候变化、海洋与极地、基础研究、技术转移等进行研究。农业上，金砖国家在气候变化、农业设施等领域的基础研究合作紧密。中国、俄罗斯为金砖国家主要农产品出口市场，巴西为金砖国家主要农产品进口来源国。气候变化上，金砖国家推动《联合国气候变化框架公约》及其《巴黎协定》全面有效实施，为全球气候治理做出贡献。海洋与极地上，金砖国家在项目研究、平台建设、共享航次、能力建设和培训等方面取得显著进展，合作基础扎实。基础研究上，金砖国家建立了联合资助机制，主要集中在物理学、生物学、材料科学等领域，但合作规模有待进一步扩大。技术转移上，金砖国家技术转移中心协作体系为金砖国家技术转移工作建立了有效的对接与合作模式，对促进知识和技术跨境流动起到关键作用。

第四部分为专题报告。聚焦金砖创新基地建设、科技人才发展与人才政策、创新环境与创新生态建设等研究。金砖创新基地建设上，金砖创新基地是新工业革命的重要载体，金砖创新基地建设是中国团结发展中国家积极推动新工业革命的务实行动。科技人才发展与人才政策上，金砖国家研发人员数量整体呈增长趋势，高被引科学家数量逐年增加，但与发达国家仍有差距，STEM本科毕业生占比稳定，女性在科技人力资源中的占比不断提升，科技人才竞争力总体增强。创新环境与创新生态建设上，金砖国家创新环境不断完善，创新资源投入加大，创新制度得到优化，知识产权保护体系建立并健全，创新文化和氛围日益受重视。

科技创新是金砖国家领导人会晤框架下的重要合作内容。面对加速演变的世界格局，金砖国家要秉持和践行开放、公平、公正、非歧视的合作理念，深化国际科技创新合作，主动参与全球科技治理，携手共建人类命运共同体。

关键词： 金砖国家　科技创新　国际科技创新合作

目　录

I　总报告

II　国别报告

Ⅲ 领域报告

Ⅳ 专题报告

皮书数据库阅读**使用指南**

总报告

B.1

金砖国家科技创新发展水平
与国际科技合作研究

杨 修 康志男*

摘 要： 本报告构建了金砖国家科技创新发展评价指标体系，分析了 2018~2021 年金砖五国科技创新发展水平。整体看，在金砖五国中，中国和俄罗斯的科技创新发展水平综合得分较为突出，且中国、印度和俄罗斯呈现增长态势，南非和巴西变化不大。从一级指标看，金砖五国在科技创新环境指标的得分变化不大，其中印度和中国表现较为突出；在科技创新投入指标，中国得分增幅较为明显，表现突出，俄罗斯紧随其后，印度有待提升；在科技创新绩效指标，金砖五国的得分整体均呈现稳步增长态势，其中俄罗斯得分增幅最明显，中国得分最高；在科技创新基础指标，除巴西外其余四国的得分整体均呈现上升态势，中国和印度得分增幅较

---

* 杨修，经济学博士，中国科学技术交流中心调研与协调处副处长、副研究员，研究方向为国际经济、技术贸易、国际科技合作；康志男，管理学博士，中国科学技术交流中心调研与协调处助理研究员，研究方向为科技创新与管理、国际科技合作。

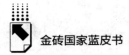

大。在国际科技合作上，金砖国家科技合作机制日益成熟，科技产业合作日趋紧密，高技术贸易往来频繁，科研合作规模持续扩大，材料科学（跨学科）、天文与天文物理学、物理化学为主要合作领域，科技人文交流持续深化，中国成为其他金砖国家留学生的首选地。未来，要以金砖扩员为契机，秉持和践行开放、公平、公正、非歧视的合作理念，聚焦全球性重大问题和挑战，深化国际科技交流合作，积极推动全球科技治理体系变革，扩大金砖国家科技合作影响力。

关键词： 金砖国家　科技创新　国际科技合作

　　科技创新是金砖国家合作机制的重要领域。2014 年，以"通过科技创新领域的战略伙伴关系推动公平增长和可持续发展"为主题的首届金砖国家科技创新部长级会议在南非开普敦举行。十年来，金砖国家相继签署了《金砖国家政府间科技创新合作谅解备忘录》《金砖国家科技创新框架计划》《金砖国家创新合作行动计划（2017—2020 年）》等系列重要文件，聚焦绿色发展、新型工业化、数字经济等重点领域，深化金砖国家科技交流合作，积极推动新工业革命伙伴关系建设，主动参与全球科技治理，不断提升与扩大新兴市场国家和广大发展中国家在全球舞台的话语权和影响力，推动全球科技治理体系变革与发展。在此背景下，本报告选择巴西、俄罗斯、印度、中国和南非作为研究对象，在《金砖国家综合创新竞争力研究报告（2021）》的基础上，进一步修改完善并形成金砖国家科技创新发展评价指标体系：首先，从科技创新投入和科技创新产出两个维度选择关键指标对金砖国家科技创新水平进行比较分析；其次，从总体和分指标测算与分析金砖国家科技创新发展水平；最后，从科技合作机制、科技产业合作、科研合作及科技人才交流等角度，总结和分析金砖国家科技合作的现状，并立足科技合作形势与要求提出未来推动金砖国家科技合作的几点思考。

一　金砖国家科技创新发展评价指标体系

科技创新发展评价可以从国家创新能力（竞争力、实力等）视角进行阐述。李建平等认为，国家创新竞争力是指一个国家在世界范围内对创新资源的吸引力和对创新空间的扩张力，以及对周边国家或地区的影响力、辐射力、带动力。[①] 目前，国内外已有多个机构和组织发布了国家创新能力评价的相关报告。例如，世界知识产权组织（World Intellectual Property Organization）、康奈尔大学商学院和欧洲工商管理学院联合发布的《全球创新指数》（Global Innovation Index），从制度、人力资本与研究、基础设施、市场成熟度、商业成熟度、知识和技术产出、创意产出等 7 个维度构建了 80 多项指标，对全球 117 个经济体的创新水平进行了测度与分析。世界经济论坛（World Economic Forum）发布《全球竞争力报告》（Global Competitive Report），从制度、基础设施、ICT 使用、宏观经济稳定、健康、技能、产品市场和劳动力市场等 8 个维度构建了 100 多项指标，对全球 141 个经济体的综合竞争力进行了测度与分析。中国科学技术发展战略研究院发布的《国家创新指数报告》，从创新资源、知识创造、企业创新、创新绩效和创新环境等 5 个维度构建了 30 个指标，对全球 40 个国家的创新综合实力进行了测度与分析。类似的报告还有彭博新闻社（Bloomberg News）编制的《彭博创新指数》等。

从现有研究来看，目前关于国家创新能力评价的研究报告内容各具特色，评价各有侧重，结论也有所不同。尽管如此，经综合比较与分析，本报告发现创新环境、创新投入、创新产出等衡量创新能力的核心指标均以不同形式在各自评价体系中体现。与此同时，各类报告均测度和分析了金砖国家科技创新发展水平，为本报告的研究提供了重要的参考。因此，为更加全

[①] 李建平、黄茂兴：《国家创新竞争力：重塑 G20 集团经济增长的战略基石》，《福建师范大学学报》（哲学社会科学版）2012 年第 5 期。

面、客观地反映金砖国家科技创新发展水平，本报告在前期金砖国家创新竞争力评价指标体系的基础上，借鉴世界知识产权组织、世界经济论坛、中国科学技术发展战略研究院等发布的与创新竞争相关的研究报告，充分考虑数据的可获性、时效性，对前期金砖国家创新竞争力评价指标体系进行了优化，分别从科技创新环境、科技创新投入、科技创新绩效和科技创新基础等4个维度开展评价，并采用最新数据对中国、巴西、俄罗斯、南非和印度的科技创新发展水平进行了测度与分析。

金砖国家科技创新发展评价指标体系包括4个一级指标，分别为科技创新环境、科技创新投入、科技创新绩效和科技创新基础，一级指标下设24个二级指标，具体内容如表1所示。

科技创新环境是国家科技创新发展的必要外部条件，涉及政策法规、创新创业、营商环境等多个方面。一个良好的科技创新环境有助于一个国家更高效地集聚创新资源，激发创新主体的创新活力，减少创新成本，更好地促进创新成果的转化落地，提升国家的科技创新绩效水平。本报告选择行政质量、政府效率、法律法规、政治稳定和企业家精神作为衡量科技创新环境的二级指标。

科技创新投入是国家科技创新发展的基石，涉及科技人才、经费等创新资源，是一切创新活动的基础和保障。科技创新投入规模、结构和质量直接影响科技创新绩效水平。本报告选择研发经费支出占GDP比重、人均研发经费支出占GDP比重、教育财政支出占GDP比重、每百万研发人员规模、私人行业融资规模占GDP比重、外资流入规模占GDP比重作为衡量科技创新投入的二级指标。

科技创新绩效是国家科技创新发展的实际效果和成果，体现了创新活动的有效程度与水平，直接决定了国家科技创新发展水平。本报告选择每十亿GDP居民专利申请数量、每十亿GDP科技论文发表数量、知识产权收入占总服务出口比重、ICT服务出口占总服务出口比重、高技术产品出口占总贸易比重、每十亿GDP注册商标数量和创意产品出口占总贸易比重作为衡量科技创新绩效的二级指标。

科技创新基础反映了一个国家的经济社会发展基础和水平对国家科技创新发展的推动作用，是提升国家科技创新发展水平的内在需求和重要影响因素。本报告选择人均 GDP、中高技术产业增加值占 GDP 比重、互联网用户数占总人口比重、物流水平、受高等教育水平及全社会劳动生产率作为衡量科技创新基础的二级指标。

表 1　金砖国家科技创新发展评价指标体系

一级指标	二级指标	数据来源
科技创新环境	行政质量	World Bank，WGI 数据库
	政府效率	World Bank，WGI 数据库
	法律法规	World Bank，WGI 数据库
	政治稳定	World Bank，WGI 数据库
	企业家精神	Global Entrepreneurship Monitor 报告
科技创新投入	研发经费支出占 GDP 比重	World Bank，WDI 数据库
	人均研发经费支出占 GDP 比重	UNESCO Institute for Statistics（UIS）
	教育财政支出占 GDP 比重	UNESCO Institute for Statistics（UIS）
	每百万研发人员规模	UNESCO Institute for Statistics（UIS）
	私人行业融资规模占 GDP 比重	World Bank，WDI 数据库
	外资流入规模占 GDP 比重	World Bank，WDI 数据库
科技创新绩效	每十亿 GDP 居民专利申请数量	World Bank，WDI 数据库
	每十亿 GDP 科技论文发表数量	World Bank，WDI 数据库
	知识产权收入占总服务出口比重	World Bank，WDI 数据库
	ICT 服务出口占总服务出口比重	World Bank，WDI 数据库
	高技术产品出口占总贸易比重	World Bank，WDI 数据库
	每十亿 GDP 注册商标数量	World Bank，WDI 数据库
	创意产品出口占总贸易比重	UNCTAD 数据库
科技创新基础	人均 GDP	World Bank，WDI 数据库
	中高技术产业增加值占 GDP 比重	World Bank，WDI 数据库
	互联网用户数占总人口比重	World Bank，WDI 数据库
	物流水平	World Bank，LGI 数据库
	受高等教育水平	World Bank，WDI 数据库
	全社会劳动生产率	World Bank，WDI 数据库

注：行政质量、政府效率、法律法规、政治稳定、企业家精神均以得分形式给出；全社会劳动生产率采用 GDP/雇佣人数来表示。

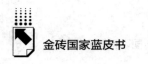

二　金砖国家科技创新发展水平比较分析

本部分将从科技创新投入和科技创新产出两个维度，选取研发经费投入、外资流入规模、专利申请数量、科技论文发表数量等关键指标，比较和分析金砖国家科技创新发展水平的具体情况，并基于金砖国家科技创新发展评价指标体系，对金砖国家科技创新发展水平进行测度和深入分析。

（一）从关键指标分析金砖国家科技创新发展水平

1. 金砖国家科技创新投入

研发经费投入方面，本报告采用研发经费支出占 GDP 比重来衡量科技创新投入。如表 2 所示，总体上看，2016~2020 年中国的研发经费支出占 GDP 比重最高，是金砖五国中唯一超过 2% 且每年呈正增长的国家，2020 年达 2.41%，比 2016 年增加 0.31 个百分点，反映出中国研发投入强度不断提升。其次是巴西和俄罗斯，2020 年研发经费支出占 GDP 比重分别为 1.17% 和 1.09%。印度和南非的研发经费支出占 GDP 比重较低，均不足 1%，除 2017 年与上年持平或略有上升，总体呈下降趋势。

表 2　2016~2020 年金砖国家研发经费支出占 GDP 比重

单位：%

年份	巴西	中国	印度	俄罗斯	南非
2016	1.29	2.10	0.67	1.10	0.75
2017	1.12	2.12	0.67	1.11	0.76
2018	1.17	2.14	0.66	0.99	0.69
2019	1.21	2.24	—	1.04	0.61
2020	1.17	2.41	—	1.09	—

数据来源：World Bank，WDI 数据库。

外资流入规模方面，本报告采用外资流入规模占 GDP 比重来衡量科技创新投入。如表 3 所示，从相对量看，2022 年巴西外资流入规模占 GDP 比重最高，达 4.77%，中国和印度均不超过 2%。从历年趋势看，巴西、中国和印度较为稳定，波动性较弱，俄罗斯和南非波动性明显。2021 年南非外资流入规模占 GDP 比重高达 9.70%，远远高于其他年份。如图 1 所示，从绝对量看，2020 年以来，金砖五国中仅有巴西外资净流入规模一直保持正向增长趋势，2022 年外资净流入规模达 915.02 亿美元，较 2021 年增长97.04%。相比之下，其余四国外资净流入规模均出现不同程度的下滑，其中俄罗斯 2022 年外资净流入规模为负（-400.43 亿美元），中国 2022 年外资净流入规模达 1801.67 亿美元，较 2021 年下降 47.64%。

表 3　2016~2022 年金砖国家外资流入规模占 GDP 比重

单位：%

年份	巴西	中国	印度	俄罗斯	南非
2016	4.14	1.56	1.94	2.55	0.68
2017	3.34	1.35	1.51	1.81	0.54
2018	4.08	1.69	1.56	0.53	1.38
2019	3.69	1.31	1.78	1.89	1.32
2020	2.56	1.72	2.41	0.63	0.93
2021	2.82	1.93	1.42	2.20	9.70
2022	4.77	1.00	1.48	—	2.27

注：2022 年俄罗斯外资流入规模为负，故未计算其占 GDP 的比重。

数据来源：World Bank，WDI 数据库。

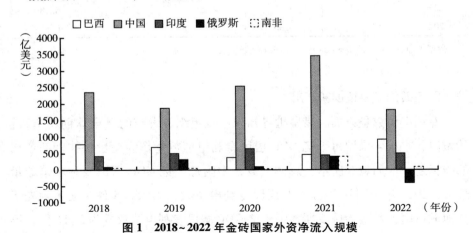

图 1　2018~2022 年金砖国家外资净流入规模

数据来源：World Bank，WDI 数据库。

教育财政支出方面，本报告采用教育财政支出占 GDP 比重来衡量科技创新投入。如表 4 所示，总体上看，巴西和南非教育财政支出占 GDP 比重较高，巴西 2020 年教育财政支出占 GDP 比重为 5.77%，南非 2021 年教育财政支出占 GDP 比重为 6.56%，其次是印度、俄罗斯和中国。从变化趋势看，南非教育财政支出占 GDP 比重呈现逐年递增态势，2021 年教育财政支出占 GDP 比重达 6.56%，较 2020 年增加 0.38 个百分点，较 2016 年增加 1.12 个百分点。相比之下，巴西教育财政支出占 GDP 比重总体呈现下降趋势，2020 年教育财政支出占 GDP 比重为 5.77%，较 2016 年减少 0.54 个百分点。中国、印度和俄罗斯教育财政支出占 GDP 比重呈现一定波动态势，中国教育财政支出占 GDP 比重整体在 3.50% 上下波动，印度则在 4.30% 上下波动。

表 4　2016~2021 年金砖国家教育财政支出占 GDP 比重

单位：%

年份	巴西	中国	印度	俄罗斯	南非
2016	6.31	3.76	4.26	3.76	5.44
2017	6.32	3.67	4.31	4.69	5.60
2018	6.09	3.54	4.38	4.68	5.64
2019	5.96	3.54	3.90	3.51	5.93
2020	5.77	3.57	4.29	3.70	6.18
2021	—	3.30	4.64	—	6.56

数据来源：UNESCO Institute for Statistics（UIS）。

2. 金砖国家科技创新产出

专利申请数量方面，借鉴世界知识产权组织等发布的《全球创新指数》的做法，本报告采用每十亿 GDP 居民专利申请数量作为衡量科技创新产出的指标之一。如表 5 所示，总体上看，中国每十亿 GDP 居民专利申请数量最多，2020 年中国每十亿 GDP 居民专利申请数量为 55.38 件，遥遥领先于其他成员国；其次为俄罗斯，每十亿 GDP 居民专利申请数量为 5.41 件；巴西、印度和南非每十亿 GDP 居民专利申请数量较少且相差不大，基本处

于同一水平。从变化趋势看，在不考虑 GDP 的情况下，据世界银行 WDI
数据库统计，仅中国和印度居民专利申请数量呈现增长态势，2020 年居
民专利申请数量分别为 134.48 万件和 2.31 万件，较 2016 年分别增长了
11.60% 和 75.32%，其中印度增长幅度最为明显。在考虑 GDP 的情况下，
仅印度每十亿 GDP 居民专利申请数量呈现逐年递增态势，2020 年每十亿
GDP 居民专利申请数量为 2.54 件，较 2016 年增长了 59.75%。相比之
下，中国则表现出一定幅度的波动，2018 年每十亿 GDP 居民专利申请数
量最多，为 64.11 件。

表 5　2016~2020 年金砖国家每十亿 GDP 居民专利申请数量

单位：件

年份	巴西	中国	印度	俄罗斯	南非
2016	1.72	60.59	1.59	7.04	0.89
2017	1.74	57.31	1.66	5.38	0.89
2018	1.58	64.11	1.81	5.89	0.80
2019	1.69	53.04	2.04	5.29	0.68
2020	1.66	55.38	2.54	5.41	0.68

数据来源：World Bank，WDI 数据库。

科技论文发表数量方面，本报告采用每十亿 GDP 科技论文发表数量作为
衡量科技创新产出的指标之一。如表 6 所示，总体上看，中国排名第一，2020
年每十亿 GDP 科技论文发表数量为 27.58 篇；巴西和俄罗斯分别排名第二和
第三，每十亿 GDP 科技论文发表数量分别为 22.12 篇和 20.46 篇；印度每十
亿 GDP 科技论文发表数量最少，仅为 16.39 篇。从变化趋势看，在不考虑
GDP 的情况下，据世界银行 WDI 数据库统计，如图 2 所示，2017~2020 年，
各金砖成员国科技论文发表数量呈现增长态势，其中印度科技论文发表数量
在 2020 年增速最快，达 15.18%。在考虑 GDP 的情况下，2017~2020 年，除
了印度每十亿 GDP 科技论文发表数量在 2019 年有所下降（降幅为 3.96%），
其他金砖成员国每十亿 GDP 科技论文发表数量呈现逐年增长态势。

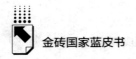

表6　2016～2020年金砖国家每十亿GDP科技论文发表数量

单位：篇

年份	巴西	中国	印度	俄罗斯	南非
2016	18.71	23.31	13.85	17.01	15.43
2017	19.25	23.54	13.59	17.70	16.26
2018	19.64	24.43	14.13	17.99	16.33
2019	19.85	26.04	13.57	19.75	17.88
2020	22.12	27.58	16.39	20.46	19.96

数据来源：World Bank，WDI数据库。

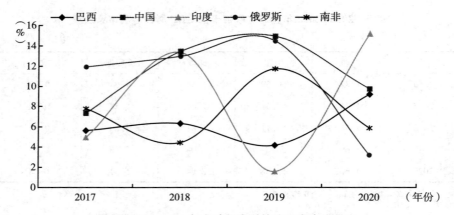

图2　2017～2020年金砖国家科技论文发表增长率

数据来源：World Bank，WDI数据库。

　　ICT服务出口方面，本报告采用ICT服务出口占总服务出口比重来衡量科技创新产出。如图3所示，总体上看，印度ICT服务出口占总服务出口比重最大，且远远高于其他金砖国家，2021年印度ICT服务出口占总服务出口比重为49.67%，反映了印度软件服务业具有全球领先优势和较强的竞争实力；其次为中国，2021年中国ICT服务出口占总服务出口比重为14.99%，明显低于印度，但与其他金砖国家间并未有较大差距；2021年俄罗斯、巴西和南非ICT服务出口占总服务出口比重分别为12.99%、10.48%和9.08%。从变化趋势看，2016～2021年，除个别国家在个别年份有所下降，金砖国家 ICT 服务出口占总服务出口比重总体呈现上升趋势，尤其是巴西和俄罗斯一直保持逐年递增态势。

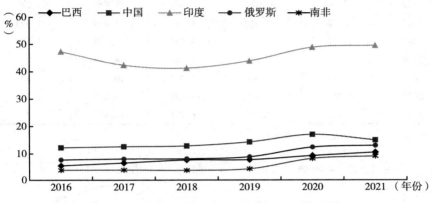

图 3　2016~2021 年金砖国家 ICT 服务出口占总服务出口比重

数据来源：World Bank，WDI 数据库。

　　知识产权收入方面，如表 7 所示，从绝对量看，中国知识产权收入最高，2021 年知识产权收入为 117.588 亿美元，其次是俄罗斯，2021 年知识产权收入为 14.353 亿美元。从趋势看，中国和俄罗斯知识产权收入呈现逐年递增态势，尤其是中国，2016 年知识产权收入仅为 11.612 亿美元，而2021 年知识产权收入是 2016 年的十倍之多，充分体现了中国科技创新实力的提升，以及专利、商标等技术成果扩散能力的持续提升。从相对量看，本报告采用知识产权收入占总服务出口比重来衡量科技创新产出。如图 4 所示，2016 年，中国知识产权收入占总服务出口比重为 0.6%，排在金砖国家的第四位，巴西排名第一，知识产权收入占总服务出口比重为 2.0%。随后，中国知识产权收入占总服务出口比重迅速上升，2017 年起（除 2018年）居金砖国家第一位。2016~2021 年，俄罗斯知识产权收入占总服务出口比重呈现逐年递增态势，2021 年比重为 2.6%，较 2016 年提高 1.5 个百分点。与绝对量相比，2021 年印度知识产权收入占总服务出口比重最低，仅为 0.4%，南非知识产权收入占总服务出口比重为 1.5%，排第四位。

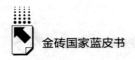

表 7　2016~2021 年金砖国家知识产权收入

单位：亿美元

年份	巴西	中国	印度	俄罗斯	南非
2016	6.508	11.612	5.249	5.478	1.393
2017	6.422	48.030	6.596	7.328	1.577
2018	8.255	55.613	7.849	8.761	1.825
2019	6.411	66.047	8.716	10.137	1.508
2020	6.343	85.829	12.537	11.639	1.264
2021	7.053	117.558	8.701	14.353	1.353

数据来源：World Bank，WDI 数据库。

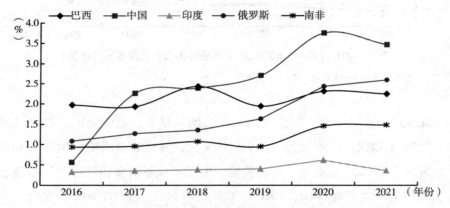

图 4　2016~2021 年金砖国家知识产权收入占总服务出口比重

数据来源：World Bank，WDI 数据库。

（二）金砖国家科技创新发展水平的评价

本报告基于金砖国家科技创新发展评价指标体系，首先，对各级指标原始数据进行标准化处理①；其次，采用综合熵权法和德尔菲法确定各级指标的权重，即通过熵权法计算得出统计意义上各级指标权重系数，以此为基础邀请专家对指标系数进行多次修正，并结合指标实际含义对不合理的指标权重进行

---

①　为保证测算结果的连续性，对于部分缺失数据，本报告采用了趋势性插值法进行填补。

适度微调，最终确定各级指标权重系数；最后，在获得各级指标权重系数后，本报告对 2018~2021 年金砖国家科技创新发展水平进行测度，并从科技创新环境、科技创新投入、科技创新绩效和科技创新基础四个维度进行比较和分析。

1. 主要测算方法

（1）数据标准化

本报告采用 Min-max 标准化（Min-max Normalization）对数据进行无量纲标准化处理，得到 X'_{ij} 矩阵，其元素记为 x'_{ij}，则有：

$$x'_{ij} = \frac{x_{ij} - \min\{x_{1j}, x_{2j}, \ldots, x_{nj}\}}{\max\{x_{1j}, x_{2j}, \ldots, x_{nj}\} - \min\{x_{1j}, x_{2j}, \ldots, x_{nj}\}}$$

（2）熵权法

根据信息熵的定义，记第 j 个指标的信息熵为 e_{ij}，计算公式为：

$$e_{ij} = -\frac{1}{\ln(n)} f_{ij} \ln(f_{ij})$$

其中，$f_{ij} = \dfrac{x'_{ij}}{\sum x'_{ij}}$

最后，根据 e_{ij} 确定 x'_{ij} 的权重 w_{ij}：

$$w_{ij} = \frac{1 - e_{ij}}{\sum(1 - e_{ij})}$$

2. 测度结果

（1）科技创新发展水平比较与分析

如图 5 所示，整体上看，中国科技创新发展水平最高，综合得分最高，遥遥领先于其他金砖国家，2021 年中国科技创新发展水平综合得分为 1.793，其次为俄罗斯，2021 年俄罗斯科技创新发展水平综合得分为 1.380。相比之下，印度、巴西和南非科技创新发展水平有待提升，综合得分相对较低，其中印度和巴西科技创新发展水平相当，南非排名最后，2021 年印度、巴西和南非科技创新发展水平综合得分分别为 1.278、1.295 和 1.245。从变化趋势看，中国、俄罗斯和印度科技创新发展水平总体呈现提升态势，综合得分总

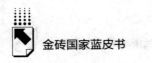

体呈现增长态势，2021 年与 2018 年相比分别增长了 5.91%、2.15% 和 3.99%，而南非和巴西近四年未发生明显变动，分别在 1.25 和 1.30 小幅度波动。

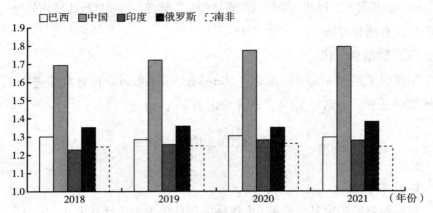

图 5　2018~2021 年金砖国家科技创新发展水平综合得分

（2）一级指标比较与分析

科技创新环境方面，如图 6 所示，2021 年中国科技创新环境得分排名第一，为 1.138，其次是印度和巴西，科技创新环境得分分别为 1.094 和 1.061。相比之下，南非和俄罗斯科技创新环境得分相对较低，分别为 1.057 和 1.045。从变化趋势看，2018~2021 年金砖国家科技创新环境得分并未呈现显著的上升或下降趋势，如中国和印度整体上分别在 1.138 和 1.092 附近小幅波动。

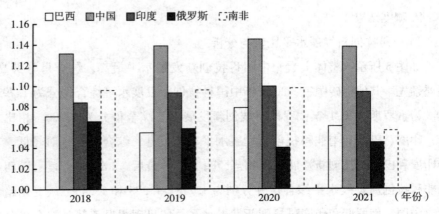

图 6　2018~2021 年金砖国家科技创新环境得分

科技创新投入方面,如图 7 所示,2021 年中国科技创新投入得分排名第一,为 1.174,其次为俄罗斯,科技创新投入得分为 1.096,巴西紧随其后,科技创新投入得分为 1.063。相比之下,印度科技创新投入水平最低,科技创新投入得分仅为 1.009,远低于其他金砖成员国。从变化趋势看,中国科技创新投入能力持续增强,科技创新投入得分逐年递增,从 2018 年的 1.138 增加至 2021 年的 1.174。2018~2021 年,俄罗斯和南非科技创新投入得分也呈现递增态势,但增长幅度小于中国,分别从 2018 年的 1.093 和 1.044 增加至 2021 年的 1.096 和 1.047。

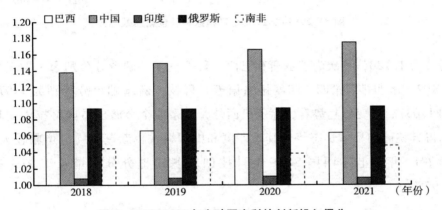

图 7　2018~2021 年金砖国家科技创新投入得分

科技创新绩效方面,如图 8 所示,2021 年中国科技创新绩效得分排名第一,为 1.300,其次为印度,科技创新绩效得分为 1.139,俄罗斯和南非紧随其后,两国科技创新绩效得分分别为 1.076、1.070,巴西排名第五,科技创新绩效得分为 1.069。从变化趋势看,近四年金砖国家科技创新绩效水平均呈现增长态势,科技创新绩效得分整体呈现增长态势,与 2018 年相比,2021 年巴西、中国、印度、俄罗斯和南非科技创新绩效得分增幅分别为 0.66%、1.72%、1.61%、3.07% 和 2.50%,其中俄罗斯科技创新绩效得分增幅最大。

科技创新基础方面,如图 9 所示,中国科技创新基础得分排名第一,

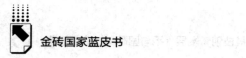

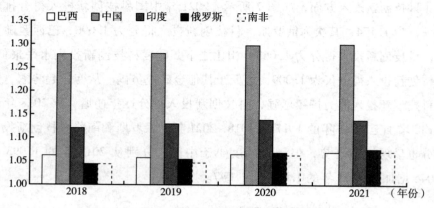

图8　2018~2021年金砖国家科技创新绩效得分

得分为1.180，其次为俄罗斯和巴西，科技创新基础得分分别为1.163和1.102，南非排名第四，印度排名第五，科技创新基础得分分别为1.071和1.037。从变化趋势看，除了巴西外，其余四个金砖成员国科技创新基础得分整体均呈增长态势，其中印度和中国科技创新基础得分增幅较大，较2018年，上述两国2021年科技创新基础得分分别增长1.97%和2.97%。

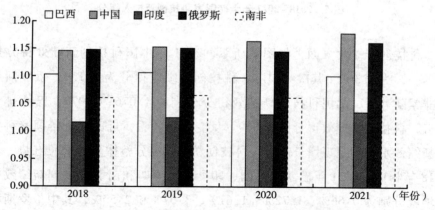

图9　2018~2021年金砖国家科技创新基础得分

三 金砖国家科技合作现状

（一）金砖国家科技合作机制

2023年8月3~4日，第十一届金砖国家科技创新部长级会议在南非格贝哈市举行，会议以"金砖国家和非洲：通过知识伙伴关系在不断变化的世界中实现包容性可持续发展"为主题，通过了《格贝哈宣言》和《2023—2024年工作计划》。早在2014年，以"通过科技创新领域的战略伙伴关系推动公平增长和可持续发展"为主题的首届金砖国家科技创新部长级会议在南非成功举办，探讨通过科技创新领域的战略伙伴关系推动公平增长和可持续发展，并确定了金砖国家框架下的科技创新合作的重点领域和合作机制。此后，金砖国家相继签署了《金砖国家政府间科技创新合作谅解备忘录》《金砖国家科技创新框架计划》《金砖国家创新合作行动计划（2017—2020年）》，确定了气候变化与减灾、水资源与污染治理、地理空间技术及应用、新能源与可再生能源、天文学等优先合作领域，共同联合研究项目成立工作组并定期举办工作组会议，进一步推动了金砖国家间的科技创新合作。同时，加快推动新工业革命领域合作成为金砖国家构建"利益共同体"的主旋律，推动"新工业革命伙伴关系"成为金砖合作的重要亮点和落脚点，金砖国家技术转移中心、金砖国家科技创新创业伙伴关系工作组、金砖国家科技创新资金资助方工作组、金砖国家青年科学家论坛等政府间科技创新合作平台得以设立和完善，为金砖国家间的技术转移、合作研发、创业孵化及人才交流等提供了较为全面的支撑和保障。

（二）金砖国家科技产业合作

总体来看，近年来金砖国家科技产业合作日趋紧密，成员国间高技术产品进出口规模不断扩大。以电子通信产品（Electronics-telecomunications）

为例①，如图 10 所示，2021 年金砖国家电子通信产品贸易规模为 197.54 亿美元，较 2020 年增长了 49.58%。从增长率看，除了 2019 年金砖国家电子通信产品贸易规模呈现负增长外，其余年份的增长率均为正，2021 年增幅最大。从国别结构看，通过对上述数据进行统计分析，本报告发现中国对其他金砖国家电子通信产品出口规模最大，占比最高，2021 年所占比重高达 96.42%，反映出中国在高技术领域具有较强的国际竞争实力。

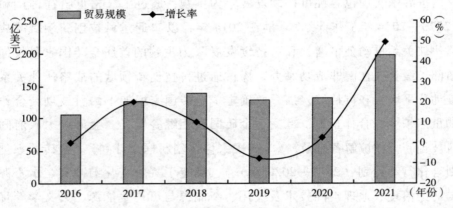

图 10 2016~2021 年金砖国家电子通信产品贸易规模及其增长率

数据来源：UN Comtrade 数据库。

从具体合作看，金砖国家加强在生物医药、航空航天、能源等多领域开展全面合作。例如，2021 年 5 月 28 日，金砖国家疫苗研发中国中心正式成立。该中心将联合金砖国家及更多国家，与各国高校、科研机构、卫生疾控机构和产业界合作，监测疾病流行变化与病毒变异、推动疫苗研究与产业化、探讨疫苗应用策略等。印度于 2020 年 7 月与俄罗斯启动了印—俄联合技术评估及加速商业化计划，将通过联合伙伴关系和技术转让等方式在信息通信、医药、可再生能源、航空航天、环境、新材料、生物、无人机等领域

---

① 本报告根据 OECD 关于高技术产品的界定 SITC3 代码分类，通过 UN Comtrade 数据库筛选出 2016~2021 年金砖国家电子通信产品贸易有关数据。

进行合作研发。同时，印度医药企业引进、生产俄罗斯研发的新冠疫苗"卫星 5 号"，并在印度开展了临床试验。南非与俄罗斯、中国加强在航空航天、卫生健康等领域的合作。2021 年 7 月，南非国家航天局与俄罗斯"精密仪器制造系统"科研生产集团公司签署了太空垃圾探测光电综合体的合同，将在 120～4000 千米的近地轨道上自动探索航天器和"太空垃圾"。2021 年 7 月，南非卫生产品监管局网站发布消息称正式授权科兴疫苗在南非附条件紧急使用，并批复进口 250 万剂。2021 年 12 月，在"中南北斗/GNSS 应用研讨会"上，中国与南非共同签署了《中国卫星导航系统管理办公室与南非国家航天局关于卫星导航用于和平目的合作谅解备忘录》，后续双方将进一步落实首届中非北斗合作论坛上关于《促进中非北斗卫星导航领域合作构想》的有关要求，在增强系统、高精度应用、非洲区域北斗/GNSS 中心建设等领域深入合作。

（三）金砖国家科研合作

科技论文合著数量是衡量国际科研合作的重要指标之一，本报告采用SCI 和 SSCI 合著论文数量来分析金砖国家科研合作规模。如图 11 所示，从总体趋势看，2018～2021 年，金砖五国间合著论文数量共计 39626 篇[①]，且保持逐年增长态势。2021 年，金砖五国间合著论文数量 12816 篇，较2018 年（7292 篇）增长了 0.76 倍。从各国参与情况看，如表 8 所示，中国是参与合作发表论文最活跃的国家，其参与合著论文的数量占总合著论文的 72.79%，是唯一合著论文数量超过 25000 篇的国家，其次是印度、俄罗斯和巴西，分别占 52.18%、40.04% 和 27.97%，而南非在五个国家中表现相对较差，仅占 24.92%。从合著领域看，按照 Web of Science 的分

---

① 本报告以科学引文索引（SCI-Expanded）数据库和社会科学引文索引（SSCI）数据库为数据来源，利用国际字段限定论文所属国家（本报告中，中国仅指中国大陆），设定国家字段只要同时包含中国、俄罗斯、印度、巴西和南非 5 个国家中的任意 2 个国家，则该论文即为五国间合著论文。论文发表时间跨度设定为 2018～2021 年，发表语言为英语，文章类型为论文（Article），共获得论文题录数据 39626 条。

类标准对合著论文领域进行分类可以发现，金砖五国合著论文的研究类别达 200 个，几乎覆盖了自然科学和社会科学的各个方面，其中自然科学各领域合著论文数量最多。如表 9 所示，材料科学（跨学科）、天文与天文物理学、物理化学是金砖国家间合著论文数量较多的三个领域，其次为应用物理、粒子与场物理、环境科学等。这表明金砖五国在上述研究领域具有较高的契合度，研究兴趣相近且研究能力较为匹配，更容易开展合作研究。

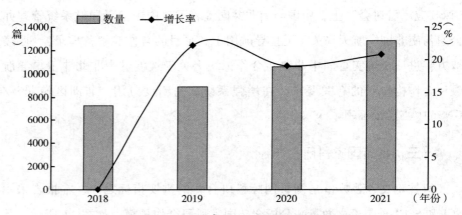

图 11　2018~2021 年金砖五国间合著论文数量及其增长率

数据来源：Web of Science 数据库。

表 8　2018~2021 年金砖五国合著论文数量中各国参与情况

单位：篇，%

国家	数量	占比
中国	28845	72. 79
印度	20675	52. 18
俄罗斯	15867	40. 04
巴西	11084	27. 97
南非	9875	24. 92

数据来源：Web of Science 数据库。

表 9　2018~2021 年金砖五国合著论文数量排名前 15 的研究类别

单位：篇

排名	类别	论文数
1	材料科学（跨学科）	3709
2	天文与天文物理学	3006
3	物理化学	2349
4	应用物理	2292
5	粒子与场物理	2282
6	环境科学	2259
7	电气与电子工程	2038
8	化学（跨学科）	1780
9	凝聚态物理	1386
10	物理（跨学科）	1194
11	地球科学（跨学科）	1102
12	纳米科学与纳米技术	1076
13	光学	1064
14	应用数学	1048
15	生化与分子生物学	1032

数据来源：Web of Science 数据库。

在合作主题方面，关键词是揭示论文主题的核心和精髓，本报告以关键词为网络节点类型，采用文献计量分析软件 CiteSpace 对合著论文研究的主题进行统计分析，生成可视化知识图谱，最终共形成 17 大聚类（见表 10），大致可以分为以下四大研究方向。方向一，聚焦人类研究，包括基因研究、物种研究、流行疾病研究等，涵盖聚类 0（标签为"新物种"）、聚类 1（标签为"健康"）、聚类 8（标签为"氧化应激"）、聚类 15（标签为"死亡率"）和聚类 16（标签为"疾病"）；方向二，以气候变化研究为主，主要是聚类 2（标签为"气候变化"）；方向三，聚焦粒子物理、光学、化学等基础研究，如聚类 3（标签为"强子散射"）、聚类 6（标签为"发散"）、聚类 9（标签为"分子对接"）、聚类 13（标签为"微观结构"）、聚类 14（标签为"晶体结构"）；方向四，偏向应用研究，包括材料领域研究，如聚类 4（标签为"氮"）、聚类 5（标签为"纳米银粒子"）、聚类7（标签为"吸附"）和聚类11（标签为"性能"），以及计算科学研究，如聚类10（标签为"物联网"）和聚类12（标签为"深度学习"）。

表10　2018~2021年金砖五国合著论文关键词聚类

研究方向	聚类情况
人类研究	聚类0（标签为"新物种"）
	聚类1（标签为"健康"）
	聚类8（标签为"氧化应激"）
	聚类15（标签为"死亡率"）
	聚类16（标签为"疾病"）
气候变化研究	聚类2（标签为"气候变化"）
基础研究	聚类3（标签为"强子散射"）
	聚类6（标签为"发散"）
	聚类9（标签为"分子对接"）
	聚类13（标签为"微观结构"）
	聚类14（标签为"晶体结构"）
应用研究	聚类4（标签为"氮"）
	聚类5（标签为"纳米银粒子"）
	聚类7（标签为"吸附"）
	聚类11（标签为"性能"）
	聚类10（标签为"物联网"）
	聚类12（标签为"深度学习"）

注：时间跨度设置为2018~2021年，时间切割分区设为1年，分析信息类型为关键词。
数据来源：Web of Science数据库。

（四）金砖国家科技人才交流

新冠疫情发生前，金砖国家间科技人才交流十分频繁，人员交流数量不断增加。2020年以来，受疫情影响，金砖国家间科技人才交流规模出现大幅下降。以中国为例，根据联合国教科文组织数据统计，2021年在印度、巴西和南非的中国留学生规模为479人次，较2019年减少了108人次。从国别结构看，图12描述了2017~2019年各金砖成员国在其他成员国的留学生规模，由此可以看出，中国和印度在其他成员国的留学生规模较大，2019年分别为19118人次和12577人次，且呈现逐年递增态势。相比之下，俄罗斯在其他成员国的留学生规模较小，2021年仅为114人次。同时，中国成为其他金砖国家留学生的首选地，如图13所示，2018年共有4.68万人次留学生来华学习，其中印度和俄罗斯来华的留学生规模较大，分别为23198人次和19239人次，分别占50%和41%。

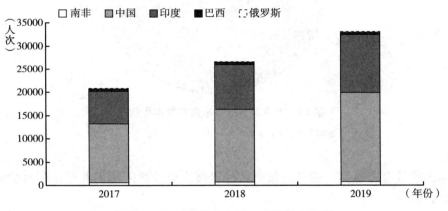

图12　2017~2019年金砖国家留学生规模

注：受数据可获性影响，南非、印度、俄罗斯和巴西在中国的留学生人数尚未统计在内。

数据来源：UNESCO Institute for Statistics（UIS）。

四　展望

2024年1月，沙特阿拉伯、埃及、阿联酋、伊朗、埃塞俄比亚成为金砖国家正式成员。金砖扩员是金砖国家合作的新起点，将为金砖合作机制注入新动力。当今世界百年未有之大变局加速演进，世界之变、时代之变、历史之变的特征更加明显，单边主义、保护主义抬头，世界经济复苏艰难，国际形势正发生深刻变化，世界面临诸多不确定、不稳定和不安全因素，世界进入动荡变革期，给促进全球科技交流合作、构建自由开放的国际科技合作生态系统带来诸多不利影响。但必须看到的是，国际科技合

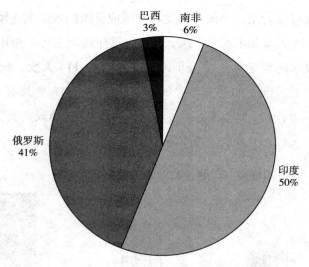

图 13 2018 年金砖国家来华留学生规模

数据来源:《来华留学生简明统计 2018》。

作仍然是大势所趋,通过科技创新探索解决全球性问题仍然是国际社会的共同期待。

要以金砖扩员为契机,秉持和践行开放、公平、公正、非歧视的合作理念,聚焦全球性重大问题和挑战,积极扩大金砖国家科技交流合作,主动融入全球创新网络,推动全球科技治理体系变革,携手共建全球科技共同体。第一,持续深化金砖国家科技人文交流,鼓励和支持更多金砖国家的科学家、青年科学家、科技管理人员等互相开展短期工作、进行访学或研讨交流,不断扩大科技人文交流规模,持续提高交流层次和水平,促进科技创新经验的共享、科技合作理念的融合融通,努力营造开放、包容、自由的科技创新氛围。第二,充分发挥金砖各国在区域科技创新发展中的引领作用,聚焦地区科技创新发展难题和重点,高质量打造具有区域辐射效应的开放创新平台,推动更多科技合作成果落地应用,惠及更多广大发展中国家的民众。第三,围绕人类社会迫切需要解决的全球性问题,支持来自金砖国家大学、科研院所、企业等创新主体与世界各国开展科技交流合作,主动参与国际大科学工程和大科学计划,携手突破人类可持续发展面临的重大科技难题。第四，聚焦发展主题，加强金砖成员国间科技创新政策沟通对话与协调，深化人工智能、数字经济、新能源等重点领域的交流合作，推动新工业革命伙伴关系等重要倡议走深走实，持续扩大金砖合作机制影响力，为推动全球科技治理体系变革贡献金砖力量。

参考文献

黄茂兴、张蕙：《金砖国家创新竞争力之评估与提升》，《探索与争鸣》2014 年第 11 期。

林寿富、黄茂兴：《世界创新竞争力的动态评价与特征分析》，《经济研究参考》2018 年第 45 期。

李建平、李闽榕、赵新力主编《二十国集团（G20）国家创新竞争力发展报告（2001~2010）》，社会科学文献出版社，2011。

赵新力、李闽榕、黄茂兴主编《金砖国家综合创新竞争力研究报告（2021）》，社会科学文献出版社，2022。

中国科学技术发展战略研究院：《国家创新指数报告 2021》，科学技术文献出版社，2022。

Soumitra Dutta, Bruno Lanvin, Lorena Rivera León, Sacha Wunsch - Vincen, "Global Innovation Index 2023: Innovation in the Face of Uncertainty", World Intellectual Property Organization, https://www. wipo. int/global_ innovation_ index/en/2023/.

Klaus Schwab, "Global Competitiveness Report 2019", World Economic Forum, https://www3. weforum. org/docs/WEF_ TheGlobalCompetitivenessReport2019. pdf.

国 别 报 告

B.2
中国科技创新发展与国际科技合作研究

张丽　高立菲　邓元慧　刘雅琦　刘香钰　产健*

摘　要：　世界知识产权组织发布的《全球创新指数2022》排名显示，中国的创新能力与表现排名已从2012年的第34位上升至2022年的第11位，呈现持续稳步提升的发展态势。从科技成果看，中国科学家聚焦"四个面向"，取得了国际领先的科技成果，有力支撑了中国经济社会的高质量发展，提升了人民的幸福感。同时，不断深化科技体制改革，营造良好的创新生态，以更加积极的态度融入全球创新网络，进一步拓展了与世界各主要创新型国家、金砖各国等科技合作的空间，不断增进了国际科技界的开放、信任、合作，构建了全方位、多层次、宽领域的科技开放合作新格局。

* 张丽，管理学博士，中国科协创新战略研究院创新评估研究所副所长、研究员，研究方向为创新管理、科技评估、区域发展；高立菲，管理学博士，中国科学技术交流中心助理研究员，研究方向为国际科技合作；邓元慧，经济学博士，中国科协创新战略研究院创新评估研究所副研究员，研究方向为科技创新战略与政策、科技评估；刘雅琦，管理学博士，中国科协创新战略研究院创新评估研究所助理研究员，研究方向为科技创新政策评估、青年科技人才评价与激励；刘香钰，工学博士，中国科协创新战略研究院创新评估研究所博士后，研究方向为科技外交、国际组织；产健，管理学博士，中国科协创新战略研究院创新评估研究所助理研究员，研究方向为区域创新发展、科技创新战略与政策。

关键词： 中国　科技创新　国际合作　金砖国家

一　中国科技创新发展基本情况

党的十八大以来，在创新驱动发展战略的指引下，中国科技创新进入从量的积累向质的飞跃、从点的突破向系统能力提升的重要时期，为经济社会高质量发展提供了动力源和支撑点。中国科技创新总体实力、国际竞争力、全球影响力有了显著提升，顺利进入创新型国家行列。

（一）科技创新基本情况

随着科技创新在国家发展全局中的地位日益凸显，中国科技投入持续加大。与此同时，中国科技人才数量位居世界第一。在此背景下，各类创新主体活力竞相迸发，科技创新产出实现了量质齐升。

1. 科技经费投入持续增长

2021 年，中国研究与试验发展（R&D）经费投入 27956.3 亿元，较 2020 年增加 3563.2 亿元，增长 14.6%；R&D 经费投入强度为 2.4%，较 2020 年提高 0.03 个百分点。从活动类型来看，全国基础研究、应用研究、试验发展经费所占比重分别为 6.5%、11.3% 和 82.3%。从活动主体来看，企业、政府属研究机构、高等学校经费所占比重分别为 76.9%、13.3%、7.8%（见图 1）。

2021 年，全国财政科学技术支出 10766.7 亿元，比上年增长 6.7%。其中，中央财政科学技术支出 3794.9 亿元，占全国财政科学技术支出的比重超过 1/3；地方财政科学技术支出 6971.8 亿元，占比为 64.8%，较上年提高 2 个百分点。2021 年，企业 R&D 经费外部支出总额为 1924.2 亿元，较上年增长 26.6%，研究与开发机构、高等学校 R&D 经费外部支出总额分别为 207.8 亿元、148.6 亿元（见图 2）。

2. 科技人才规模不断增长

截至 2020 年底，中国科技人力资源规模达到 11234.1 万人，继续保持

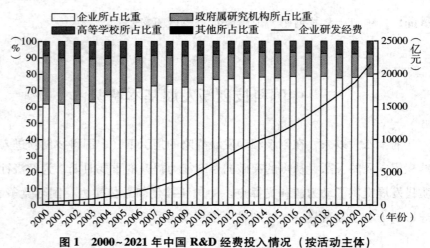

图1 2000~2021年中国 R&D 经费投入情况（按活动主体）

注：其他所占比重很小，故未在图中展现。

数据来源：2000~2021年《全国科技经费投入统计公报》，国家统计局网站，http://www.stats.gov.cn/sj/tjgb/rdpcgb/qgkjjftrtjgb/。

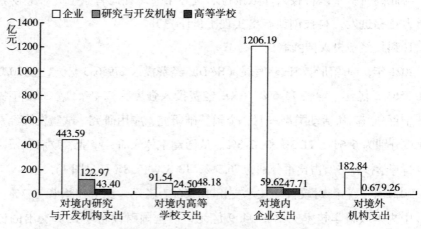

图2 2021年中国 R&D 经费外部支出情况

数据来源：《中国科技统计年鉴2022》，中国统计出版社，2022。

世界第一的地位。① 作为科技人力资源培养和输送的主渠道，高等教育的发展为科技人力资源规模的持续增长贡献了巨大力量。2022年，中国研究生

———————

① 《中国科技人力资源发展研究报告（2020）》，清华大学出版社，2021。

教育招生 124.2 万人，在学研究生 365.4 万人，毕业生 86.2 万人；普通、职业本专科招生 1014.5 万人，在校生 3659.4 万人，毕业生 967.3 万人。①

近十年，中国 R&D 人员数量稳步增长，2021 年达到 858.1 万人。R&D 人员全时当量从 2012 年的 324.7 万人年增至 2021 年的 571.6 万人年，年均增速 6.5%，多年保持世界首位；每万名就业人员中 R&D 人员数量从 2012 年的 43 人年增至 2021 年的 77 人年。如图 3 所示，中国 R&D 人员中的绝大部分从事的是试验发展工作，2021 年，从事试验发展、应用研究和基础研究的 R&D 人员全时当量分别为 455.4 万人年、69.1 万人年和 47.2 万人年，较 2012 年分别增长 71.8%、79.9% 和 122.6%。从执行部门来看，企业 R&D 人员占比最大，2021 年，企业 R&D 人员全时当量为 446.4 万人年，占比将近 80%；研究与开发机构、高等学校的 R&D 人员全时当量分别为 46.1 万人年、67.2 万人年，分别占总量的 8.1% 和 11.8%。②

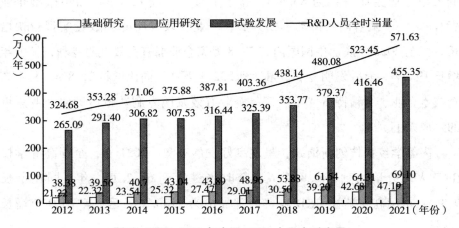

图 3　2012~2021 年中国 R&D 人员全时当量

数据来源：《中国科技统计年鉴 2022》，中国统计出版社，2022。

---

① 《中华人民共和国 2022 年国民经济和社会发展统计公报》，中国政府网，2023 年 2 月 28 日，https://www.gov.cn/xinwen/2023-02/28/content_5743623.htm。
② 《中国科技统计年鉴 2022》，中国统计出版社，2022，第 4 页。

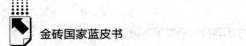

在人才队伍建设方面，科技人才整体受教育水平不断提高，R&D人员中，博士毕业所占比重从2012年的5.7%上升至2021年的8.5%，硕士毕业所占比重从2012年的13.8%上升至2021年的14.6%，本科毕业所占比重从2012年的30.7%上升至2021年的39.3%。[1] 同时，高层次科技人才不断涌现。根据科睿唯安发布的全球"高被引科学家"名单，2022年，中国内地有1169名高被引科学家入选，排第2位，占比达到16.2%，较2021年的占比提升约2个百分点。[2]

3. 创新主体活力竞相迸发

企业创新意识持续增强，创新活力不断释放。据统计，2020年，超过四成的企业开展了创新活动，共计37.9万家，其中7.4万家企业同时实现产品创新、工艺创新、组织创新、营销创新。在规模以上企业中，将近一半的企业开展了技术创新活动，且大型工业企业创新最为活跃，开展创新活动的大型工业企业占比为85.6%，高于中型企业（72.1%）和小微型企业（71.3%）。[3] 随着创新活动不断开展，企业有效发明专利数量实现较快增长，截至2022年底，中国国内有29.8万家企业拥有有效发明专利，较上年增长19.1%，有效发明专利数量达到232.4万件，同比增长21.8%，其中高新技术企业、专精特新"小巨人"企业有效发明专利数量占国内企业总量的六成以上。[4]

高等学校科技创新活跃，呈现良好发展态势。2021年，全国高等学校R&D人员数量达到140.8万人，全时当量达到67.2万人年，同比增长9.3%；全国高等学校R&D经费内部支出为2180.5亿元，较2020年增长

---

① 《中国科技统计年鉴2022》，中国统计出版社，2022。
② 科睿唯安数据库，https://clarivate.com/highly-cited-researchers/。
③ 《2020年我国企业创新活动特征统计分析》，科学技术部网站，2020年5月4日，https://www.most.cn/xxgk/xinxifenlei/fdzdgknr/kjtjbg/kjtj2022/202209/P020220920388321268731.pdf。
④ 《国务院新闻办举行发布会　介绍2022年知识产权相关工作情况》，中国政府网，2023年1月16日，https://www.gov.cn/xinwen/2023-01/16/content_5737371.htm。

15.8%，其中基础研究经费为904.5亿元，占全国基础研究经费总额的49.7%。① 2020年，高等学校作为第一作者署名单位发表SCI论文42.8万篇，同比增长11.1%，占全国SCI论文的八成以上。② 2021年，高等学校发明专利申请量为22.1万件，较上年增长11.3%；发明专利授权量为14.5万件，占全国发明专利授权量的比重为20.9%。③ 在技术交易方面，2021年，高等学校作为卖方在技术市场签订技术合同12.7万项，较2020年增长2.4%；技术合同成交金额为790.4亿元，占全国技术市场成交合同金额的2.1%。④

政府属研究机构（以下简称"研究机构"）持续加大研发投入，强化创新供给。2021年，研究机构R&D人员总数为52.9万人，全时当量为46.1万人年。其中，R&D人员具备博士、硕士学位的人员占比分别为23.3%和38.1%。2021年研究机构R&D经费内部支出为3717.9亿元，较2020年增长9.1%，其中基础研究、应用研究、试验发展经费分别为646.1亿元、1196.3亿元、1877.4亿元，同比分别增长为12.6%、10.3%和7.3%。在稳定增长的投入支持下，研究机构2021年专利申请量为8.2万件，专利授权量为5.5万件，较上年分别增长9.8%和17.8%，其中发明专利申请量为6.4万件，同比增长11.6%，发明专利授权量为3.6万件，同比增长22.7%。2021年，科研机构全国技术市场成交合同金额达到1218.2亿元，较2020年增长23.2%，成交合同项数增幅为45.9%，高于全国成交合同项数增幅23.8个百分点。⑤

4. 科技创新产出量质齐升

科技创新产出数量和质量持续提升。2021年，国内科技论文⑥数量为

---

① 《中国科技统计年鉴2022》，中国统计出版社，2022，第91页。
② 《2020年我国高等学校R&D活动统计分析》，科学技术部网站，2022年4月27日，https://www.most.gov.cn/xxgk/xinxifenlei/fdzdgknr/kjtjbg/kjtj2022/202209/P0202209203981 99429981.pdf。
③ 《中国科技统计年鉴2022》，中国统计出版社，2022，第101页。
④ 《中国科技统计年鉴2022》，中国统计出版社，2022，第196页。
⑤ 《中国科技统计年鉴2022》，中国统计出版社，2022，第64、65、92、83、196、197页。
⑥ 国内科技论文指被中国科技论文与引文数据库（CSTPCD）收录的自然科学领域论文。

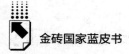

45.9 万篇，与 2020 年基本持平。2012~2021 年中国 SCI 论文发表数量呈现持续增长的趋势，多年来稳居世界第二位。截至 2022 年 9 月，中国在农业科学、材料科学、化学、计算机科学、工程技术等 5 个领域的国际论文被引用次数均排世界第一位；中国高被引论文数量为 4.99 万篇，所占比重为 27.3%，继续在世界排第二位；中国热点论文[1]数量为 1808 篇，占四成以上，首次跃升世界第一位。[2] 2022 年，中国研究前沿热度指数排第一位的前沿数量为 52 个（共 165 个前沿），占 31.5%，其中农业科学、植物学和动物学领域，生态和环境科学领域，化学与材料科学领域优势明显。[3]

应用开发能力及全球竞争力不断增强。2022 年，中国发明专利、实用新型专利、外观设计专利申请量分别为 161.9 万件、295.1 万件、79.5 万件，授权量分别为 79.8 万件、280.4 万件、72.1 万件，每万人口高价值发明专利拥有量达到 9.4 件，同比增长 25.3%。[4] 中国《专利合作条约》（PCT）2022 年专利申请量超过 7 万件，继续保持全球第一位；从申请人来看，华为以 7689 件申请量蝉联第一，远高于第二名（三星 4387 件）、第三名（高通 3855 件）。[5]

科技创新支撑高质量发展的作用日益凸显。2021 年，中国技术市场成交合同 67.1 万项，同比增长 22.1%；技术市场成交合同金额达到 3.7 万亿元，较 2020 年增长 32.0%，平均每项技术合同成交金额为 556.2 万元，较上年增长 8.1%，技术合同成交金额占国内生产总值的比重从 2020

---

① 热点论文指近两年发表的论文在最近两个月得到大量引用，且被引用次数进入本学科前 1‰的论文。
② 《2022 年中国科技论文统计报告》，中国科学技术信息研究所网站，2022 年 12 月 29 日，https://www.istic.ac.cn/。
③ 《2021 年研究前沿热度指数》，中国科学院科技战略咨询研究院网站，2022 年 12 月 8 日，http://www.casisd.cn/zkcg/zxcg/202212/P020221227318078522954.pdf。
④ 《2022 年知识产权统计年报》，国家知识产权局网站，https://www.cnipa.gov.cn/tjxx/jianbao/year2022/indexy.html。
⑤ WIPO 数据库，www.wipo.org/。

年的 2.8% 增长至 3.3%。① 科技创新推动产业转型升级步伐加快，2022 年，新一代信息技术、高端装备、新能源汽车等战略性新兴产业增加值占国内生产总值的比重超过 13%。② 2021 年，中国高科技出口占制成品出口的比重为 32.4%，同比增长 4.6 个百分点，居世界第四位。③

（二）重要科技成就

近年来，中国政府深入实施创新驱动发展战略，科技事业发生了历史性、整体性、格局性变革，科技实力和创新能力显著提升，中国科学家围绕"四个面向"取得一系列里程碑式的成就，使中国成功进入创新型国家行列，谱写了建设世界科技强国的新篇章。

第一，基础研究取得丰硕成果，科技创新的源头供给能力不断增强。在物质科学领域，在双原子钠钾基态分子和钾原子的超冷混合气中，利用射频合成技术首次相干地合成了超冷三原子分子。在农业基础研究领域，中国科学家发现了玉米和水稻增产的关键基因，揭示了玉米与水稻的同源基因趋同进化从而增加玉米与水稻产量的机制。同时，不断加强基础研究实验平台支撑，国家稳态强磁场实验装置研制成功，成为中国科学实验极端条件建设乃至世界强磁场技术发展的重要里程碑。

第二，科技助力产业升级作用日益显现，对经济高质量发展的支撑更加有力。强化农业渔业科技支撑，通过电催化结合生物合成的方式为人工和半人工合成"粮食"提供新技术；全球首艘 10 万吨级智慧渔业大型养殖工船"国信 1 号"交付运营。在能源化工领域，研发出富勒烯改性铜催化剂、开创了海水原位直接电解制氢全新原理与技术、全钙钛矿叠层太阳能电池和组件效率实现大幅提升、亚洲第一深水导管架平台"海基一号"投产、华龙

① 《2022 年全国技术市场统计年报》，科学技术部火炬高技术产业开发中心网站，2022 年 12 月 7 日，http://www.chinatorch.gov.cn/jssc/tjnb/202301/979f8370ff634f0b96dd17ea9c41ca75/files/c5296ba6e1ee4514847deeaa412d2790.pdf。

② 数据来源于工业和信息化部。

③ 《全球创新指数 2022》，WIPO，https://www.wipo.int/edocs/pubdocs/en/wipo-pub-2000-2022-en-main-report-global-innovation-index-2022-15th-edition.pdf。

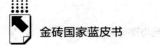

一号示范工程全面建成投运。在航空领域，全球首架 C919 大型客机正式交付，国产大飞机迈出市场运营的"第一步"。

第三，前瞻性、引领性、战略性的科技创新取得丰硕成果，科技创新服务国家重大战略需求更加有效。中国空间站完成在轨建造，开启了中国空间站长期有人驻留时代；"力箭一号"首飞成功，完善了中国固体运载火箭发射能力谱系；首颗先进天基太阳天文台卫星"夸父一号"成功发射升空，成功获得太阳硬 X 射线图像并对外发布；"祝融号"巡视雷达揭秘火星乌托邦平原浅表分层结构，提供了火星可能长期存在水活动的观测证据；"中国天眼"发现了迄今为止唯一一例持续活跃的重复快速射电暴。在量子信息领域，设计和实现了一种相位量子态与时间戳量子态混合编码的量子直接通信新系统，通信距离达到百公里。

第四，"科技为民"理念深入人心，科技创新增进民生福祉成效更加显著。率先揭示了新冠病毒奥密克戎变异株及其新型亚类的体液免疫逃逸机制与突变进化特征，为广谱新冠疫苗和抗体药物研发提供了理论依据和设计指导；支撑粮食供给保障，成功培育成多年生稻栽培品种；212 项技术在北京冬奥会上落地应用，为实现北京冬奥会的"简约、安全、精彩"提供有力支撑。中国以更加开放的姿态与世界共享科技创新成果，将成果有效运用于关乎全人类福祉的气候、能源、环境、农业、健康等领域。

（三）科技规划与创新政策

2021 年以来，中国以加快实现高水平科技自立自强为目标，不断深化新一轮科技体制改革，进一步强调了政策的系统化和科学化，提出了一系列更具针对性的科技创新政策。

第一，坚持创新驱动发展战略，强化法律支撑。修订实施《中华人民共和国科学技术进步法》，对加强基础研究、强化国家战略科技力量、完善国家创新体系、推动关键核心技术攻关、优化区域创新布局、扩大科技开放合作等方面进行了完善，强化了与《中华人民共和国促进科技成果转化法》

的有机衔接，为中国加快实现高水平科技自立自强、建设世界科技强国奠定了法律制度基础。

第二，优化科技资源配置，促进创新要素流动。科技部、财政部等联合印发《关于进一步加强统筹国家科技计划项目立项管理工作的通知》，加强国家科技计划项目立项工作的统筹协调；为稳步推进要素市场制度建设，印发《"十四五"技术要素市场专项规划》，聚焦健全科技成果产权制度、建设高标准技术交易市场等提出具体任务；印发《关于组织开展"百校千项"高价值专利培育转化行动的通知》等文件，将科技成果高质量创造、高标准保护和高效益转化有机贯通。

第三，激发科技人才活力，推进人才激励与评价制度改革。印发《关于完善科技激励机制的若干意见》，围绕强化使命激励、贡献激励、保障潜心研究等提出了改革举措；针对人才评价"破四唯"后"立新标"不到位等突出问题，印发《关于开展科技人才评价改革试点的工作方案》《关于进一步做好职称评审工作的通知》，提出建立分类评价机制等措施；印发《关于开展减轻青年科研人员负担专项行动的通知》，为青年科研人员挑大梁、增机会、减考核、保时间、强身心提供保障。

第四，支持企业创新，强化企业科技创新主体地位。印发《企业技术创新能力提升行动方案（2022—2023 年）》《关于营造更好环境支持科技型中小企业研发的通知》等，支持中小企业科技创新。同时，为充分发挥企业在创新链、产业链、资金链、人才链中的关键作用，发布《关于开展"携手行动"促进大中小企业融通创新（2022—2025 年）的通知》《关于组织开展"千校万企"协同创新伙伴行动的通知》等，推进以企业为主体的协同创新。

第五，营造良好的创新生态，加强科普与伦理治理。印发《关于新时代进一步加强科学技术普及工作的意见》《"十四五"国家科学技术普及发展规划》，加强对科普工作的顶层设计和重点部署；印发《关于加强科技伦理治理的意见》，明确科技伦理的原则，提出健全科技伦理治理体制、加强制度保障、强化审查和监管等具体举措。

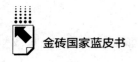

二 中国国际科技合作情况

近年来，中国积极融入全球科技创新网络，推动构建人类命运共同体，不断增进国际科技界开放、信任与合作。

（一）中国开展国际科技合作总体情况

截至2022年7月底，中国已与160多个国家和地区建立科技合作关系，签订了117个政府间科技合作协定，构建起全方位、多层次、宽领域的科技开放合作新格局。[①] 中国已加入涉及科技的200多个国际组织和多边机制，深度参与了包括国际热核聚变实验反应堆（ITER）和"平方公里阵列"射电望远镜（SKA）在内的近60个国际大科学计划和大科学工程，在这些计划和工程中的贡献度和影响力不断提升，并加快推进中国牵头发起国际大科学计划。在区域合作方面，中国深入实施"一带一路"科技创新行动计划，积极推进科技人文交流、共建联合实验室、科技园区合作和技术转移中心建设四项行动，已有67家成员单位加入了由中国主导发起的"一带一路"国际科学组织联盟。[②] 此外，中国面向东盟、南亚、阿拉伯国家、中亚、中东欧国家、非洲、上合组织、拉美建设了8个跨国技术转移平台，并在联合国南南框架下建立"技术转移南南合作中心"。

从合作论文来看，2021年中国科研人员通过国际合作发表14.92万篇论文，占中国发表论文总数的24.4%，研究方向主要集中在生物学、化学、临床医学、电子通信与自动控制、地学、环境科学、物理学、基础医学、材料科学等学科领域，合作伙伴涉及美国、英国、澳大利亚、加拿大、德国和日

---

① 《实现高水平科技自立自强的迫切要求》，求是网，2023年7月31日，http：//www.qstheory.cn/dukan/qs/2023-07/31/c_1129776371.htm。
② 《中国科创惠及世界——2022年中国国际科技合作成果丰硕》，中国政府网，2023年1月16日，https：//www.gov.cn/xinwen/2023-01/16/content_5737216.htm。

本（前六名）等 199 个国家（地区）。① 根据世界知识产权组织（WIPO）发布的《2022 年世界知识产权指标》报告，2021 年中国的海外专利申请量比 2020 年增长了 16.2%，升至世界第三位。同时，中国积极与世界共享中国空间站、中国高铁建设经验、中国杂交水稻技术等科技创新成果。②

（二）中国与金砖国家开展的国际合作

2022 年，中国接任金砖国家主席国，并于 2022 年 6 月 23 日成功主办金砖国家领导人第十四次会晤。金砖国家领导人围绕"构建高质量伙伴关系，共创全球发展新时代"的主题进行了深入交流。会议通过了《金砖国家领导人第十四次会晤北京宣言》，核准了《金砖国家数字经济伙伴关系框架》《金砖国家贸易投资与可持续发展倡议》《金砖国家加强供应链合作倡议》《金砖国家加强多边贸易体制和世贸组织改革声明》等多项成果。在科技创新、经济贸易、全球安全、信息通信、绿色低碳等重点合作领域，金砖五国发表了关于"应对国际形势新特点新挑战加强金砖国家团结合作"等联合声明，审议通过了《第八届金砖国家通信部长会议宣言》《第七届金砖国家能源部长会议公报》《格贝哈宣言》等，并对外发布了《金砖国家能源报告 2022》《金砖国家可再生能源技术报告 2022》和《金砖国家智能电网技术报告 2022》等多项成果。2023 年 8 月，金砖国家领导人第十五次会晤在南非约翰内斯堡举行，会议通过并发表了《金砖国家领导人第十五次会晤约翰内斯堡宣言》，邀请沙特阿拉伯、埃及、阿联酋、伊朗、埃塞俄比亚成为金砖国家成员。

从合作发表论文来看，中国与其他金砖国家合作发表论文数量在金砖五国之间合作发表论文总量中占比最大。2022 年，中国已成为俄罗斯、印度合作发表论文数量排名前三的合作伙伴（见表 1）。进一步分析 2018~2022 年中国与其他金砖国家合作发表论文的情况发现，中国与其他金砖国家合作

① 《2022 年中国科技论文统计报告》，中国科学技术信息研究所网站，2022 年 12 月 29 日，https：//www.istic.ac.cn/。

② 《推动科技创新成果惠及更多国家和人民（和音）》，中国共产党新闻网，2023 年 5 月 27 日，http：//cpc.people.com.cn/n1/2023/0527/c64387-40000235.html。

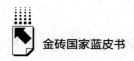

表1　2022年金砖国家关键研究合作伙伴——从发表论文角度分析

单位：篇，%

前五名合作伙伴，按照合作发表论文数量及占比排序

巴西				俄罗斯				印度				中国				南非			
排名	国家	数量	占比	排名	国家	数量	占比	排名	国家	数量	占比	排名	国家	数量	占比	排名	国家	数量	占比
1	美国	10136	15.2	1	美国	4340	8.9	1	美国	11876	8.2	1	美国	58248	7.0	1	美国	4584	20.3
2	英国	4251	6.4	2	德国	3959	8.1	2	沙特阿拉伯	9436	6.5	2	英国	20768	2.5	2	英国	3591	15.9
3	德国	3713	5.6	3	中国	3900	8.0	3	中国	6170	4.3	3	澳大利亚	19355	2.3	3	澳大利亚	1895	8.4
4	西班牙	3529	5.3	4	意大利	2384	4.9	4	英国	5269	3.6	4	加拿大	13428	1.6	4	德国	1893	8.4
5	加拿大	3057	4.6	5	法国	2372	4.8	5	韩国	4880	3.4	5	德国	12718	1.5	5	中国	1746	7.7

金砖各国之间合作排序，按照合作发表论文数量及占比排序

巴西				俄罗斯				印度				中国				南非			
排名	国家	数量	占比	排名	国家	数量	占比	排名	国家	数量	占比	排名	国家	数量	占比	排名	国家	数量	占比
10	中国	2074	3.1	3	中国	3900	8.0	3	中国	6170	4.3	12	印度	6170	0.7	5	中国	1746	7.7
13	印度	1486	2.2	7	印度	1817	3.7	17	俄罗斯	1817	1.3	18	俄罗斯	3900	0.5	6	印度	1711	7.6
22	俄罗斯	886	1.3	21	巴西	886	1.8	20	南非	1711	1.2	31	巴西	2074	0.2	16	巴西	824	3.6
24	南非	824	1.2	34	南非	596	1.2	23	巴西	1486	1.0	33	南非	1746	0.2	22	俄罗斯	596	2.6

数据来源：以Web of Science核心合集中收录金砖国家SCI论文数据进行统计；文献类型选择Article和Review，出版年选择2022年，检索时间为2023年8月9日。

发表论文数量基本呈增长态势，其中，中国与印度合作发表论文数量相对最多（见表2）。

表2　2018~2022年中国与其他金砖国家合作发表论文的情况

单位：篇

合作国家	2018 年	2019 年	2020 年	2021 年	2022 年
中巴	1443	1683	1671	2114	2074
中俄	2161	2750	2921	3748	3900
中印	2408	3169	3883	5327	6170
中南	941	1193	1291	1661	1746
总数	6953	8795	9766	12850	13890

数据来源：以 Web of Science 核心合集中收录金砖国家 SCI 论文数据进行统计；文献类型选择 Article 和 Review，出版年选择 2022 年，检索时间为 2023 年 8 月 9 日。

（三）民间科技人文交流

随着国际科技交流合作范式不断革新，民间科技人文交流在国际科技交流合作中发挥的作用日益凸显。中国不断拓宽民间科技人文交流渠道，加快学术平台国际化进程，加强国际科技组织建设，服务中国科学家在国际组织履职。根据《中国科协 2022 年度事业发展统计公报》，2022 年各级科协和两级学会加入国际民间科技组织 875 个，在国际民间科技组织中任职专家 1892 人，在国际组织框架下参与和发起国际科学计划和工程 7 项。[1] 2022 年，200 多个全国学会举办了 1300 多场国际交流活动，世界顶尖科学家论坛等国际会议的影响力不断扩大，中国发挥主场优势、讲好中国故事的能力显著提升。同时，中国积极巩固拓展双边或多边民间交流渠道，聚焦美国重要人士开展高层对话，打造中欧绿色伙伴关系，围绕数字经济、工程技术等领域做深、做实对俄交流，加强与日本、韩国等亚洲主要创新型国家的合作，织密与东盟、南亚、非洲和中东地区的伙伴关系网络。

---

[1] 《中国科协 2022 年度事业发展统计公报》，中国科学技术协会网站，2023 年 12 月 29 日，https：//www.cast.org.cn/sj/ZGKXNDSYFZTJGB/art/2023/art _ af00d3753f7c49c2a3b6954057e8e02d.html。

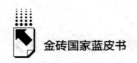

三　中国科技创新发展与国际科技合作的趋势和展望

（一）中国重点领域科技创新发展趋势

1. 信息通信领域

我国信息通信技术（ICT）产业继续保持增长态势，面向未来前沿技术加快相关布局。具体来看，新一代信息技术如世界最大 LED 三维立体舞台、"大雪花"主火炬台 LED 双面屏等精彩亮相北京冬奥会[①]，开启了国际领先性 ICT 产业化应用的新篇章。《5G 应用"扬帆"行动计划（2021—2023 年）》等的出台和加速落地实施，推动了 5G、千兆光网等新型信息基础设施建设取得新进展[②]，现代科技和新型工业化的"母机"逐渐成形并迈向成熟。

2. 生物与新医药

中国医药生物技术发展呈稳定上升态势，突出表现为药物出海取得新突破，4 款药物的成功出海和超百款药物的成功 License out 标志着国产创新药出海征途的开启，尤其是科伦药业控股子公司科伦博泰生物，2022 年全年成功向默沙东授权了 9 款 ADC 药物，创造中国生物创新药出海的新纪录。[③]在医药生物技术方面，康方生物自主研发的 1 类新药卡度尼利单抗成为全球首个上市的 PD-1/CTLA-4 双特异性抗体肿瘤免疫治疗药物，深圳华大生命科学研究院领衔的多国科研团队发布全球首个非人灵长类动物（猕猴）全身器官细胞图谱。[④]

[①] 《重磅｜中国电子报评出 2022 年电子信息产业十件大事》，电子信息产业网，2023 年 1 月 5 日，http：//www.cena.com.cn/industrynews/20230105/118637.html。

[②] 《2022 年通信业统计公报》，工信部网站，2023 年 1 月 19 日，https：//wap.miit.gov.cn/gxsj/tjfx/txy/art/2023/art_77b586a554e64763ab2c2888dcf0b9e3.html。

[③] 《十大关键词回顾 2022——生物医药行业变革之年》，"金融界"百家号，2023 年 1 月 17 日，https：//baijiahao.baidu.com/s？id=1755262863193382823&wfr=spider&for=pc。

[④] 《2022 年中国医药生物技术十大进展揭晓》，中国小康网，2023 年 2 月 19 日，https：//news.chinaxiaokang.com/keji/2023/0219/1404928.html。

3. 航空航天

在航空方面，航空工业一飞院研制的"启明星 50"大型太阳能无人机首飞成功，对我国高空侦察、火情监测、环境管控等具有重大意义；自主研制的国产首台 110 兆瓦功率等级 AGT-110 重型燃气轮机，通过 72 小时满负荷连续试运行，迈出走向商业运行的重要一步。[①] 在航天工业方面，中国空间站在轨建造阶段的首次发射任务——神舟十四号载人飞行任务取得圆满成功；问天实验舱、梦天实验舱陆续发射，中国空间站"T"字基本构型在轨组装完成。[②]

4. 新材料

在 GaN 衬底及外延方面，中国形成了具有自主知识产权的氢化物气相外延（HVPE）技术，实现了 2 英寸自支撑 GaN 衬底量产和 4 英寸小批量出货，以及 6 英寸 GaN 单晶衬底研发，晶体质量达到了国际先进水平。在光电子器件方面，中国在蓝宝石衬底上制备的功率型白光 LED 产业化光效超过 160Im/W，在 Si 衬底上制备的 LED 产业化光效超过 150Im/W，处于国际领先水平。在氢能材料方面，国鸿氢能已开发出具有自主知识产权的高性能电堆和多款燃料电池系统，实现了从技术进口到自主创新的中国氢能企业发展。[③] 在新型锂电材料方面，新型电池产品在冬奥装备上的成功应用也引人注目，电池技术的不断创新将给各个领域带来更多可能性。[④]

5. 新能源与节能

新能源与节能领域的市场和技术实现双提升。在新能源汽车技术方面，比亚迪公司的 CTC 电池底盘一体化的研发和大规模应用，大幅度缩短与降低了生产时间和成本，增强了市场竞争力。在氢能源技术方面，中国华电自

[①] 《2022 年中国航空工业十大新闻揭晓 包括歼 10CE 首次出口巴基斯坦》，"中国青年网"百家号，2022 年 12 月 31 日，https：//baijiahao. baidu. com/s？ id＝1753672320696911738&wf r＝spider&for＝pc。

[②] 《这一年，中国载人航天事业解锁了哪些成就？》，"光明网"百家号，2023 年 1 月 1 日，https：//m. gmw. cn/baijia/2023-01/01/1303240460. html。

[③] 《DeepTech 发布〈2022 年中国关键新材料技术及创新生态发展图景研究报告〉》，腾讯网，2022 年 4 月 29 日，https：//new. qq. com/rain/a/20220429A0B0B400。

[④] 《2022 年全国锂离子电池行业运行情况》，工信部网站，2023 年 2 月 23 日，https：// wap. miit. gov. cn/gxsj/tjfx/dzxx/art/2023/art_ 87a66c4fedd047e2a3f4fead23e99718. html。

主独立设计并生产制造的 1200 标方每小时碱性电解槽产品下线暨气体扩散层（GDL）成果正式发布，为大规模绿氢制取及燃料电池分布式发电提供了坚实保障，对氢能行业发展具有里程碑意义。在节能技术方面，被誉为"皇冠上的明珠"的首台全国产化 F 级 50 兆瓦重型燃气轮机发电机组完成安装，标志着我国在自主重型燃气轮机领域步入运营阶段。[①]

6. 先进制造与自动化

从政策来看，工信部印发《"十四五"智能制造发展规划》，提出推进智能制造发展的总体路径。具体项目上，苏大维格的"基于数字化三维光刻的微纳智能制造与应用"研发成功实现了米级幅面微纳结构的高效与高精度兼容性制造，取得了多项技术突破与创新；中联重科的大型柔性智能备料车间，突破了动态平衡的需求排产、超级排料人工智能算法、高精度智能切割、搬运机器人多任务群体协同等 21 项关键技术，在行业内首次实现了从钢板来料到成品交付的全流程智能制造，引领行业从并跑向全球领跑方向发展。[②]

（二）国际合作展望

在新一轮以数字技术为主导的新科技革命时代，创新资源流动性增强，创新要素的易获取性使得参与主体更加多元化。同时，气候变化、粮食安全、人口健康、资源能源、生物多样性及数字化等全球共性问题日益突出，人口老龄化、能源资源短缺、极端气候事件增多等问题亟待共同解决，新兴技术应用存在的潜在风险也需要各国凝聚共识。展望未来，中国将继续以人类命运共同体理念为指引，以全球视野谋划和推动科技创新，深化拓展平等、开放、合作的全球伙伴关系，加强人文交流，促进文明互鉴。促进与大国间的协调、良性互动，用好高层次科学家、海外人才的既有合作关系，推动碳中和、基础设施建设、公共医疗等领域的实质性国际合作。加强与周边

---

① 《2022 年度中国华电十大技术突破揭晓》，北极星火力发电网，2023 年 1 月 9 日，https：//news. bjx. com. cn/html/20230109/1281729. shtml。

② 《十项重大进展！我国智能制造引领性科技成果发布》，物联网智库网站，2022 年 11 月 29 日，https：//www. iot101. com/news/5932. html。

国家在区域安全、经济贸易等方面的合作往来。持续推动"一带一路"科技人文交流，充分利用中国在当地的科技创新资源，推动当地创新主体与国内相关单位在科研、教育、产业等多方面深化合作。推动世界贸易组织、亚太经合组织等多边机制有效发挥作用，将经贸财金合作、政治安全合作、加强人文交流、完善全球治理作为金砖合作的重点领域，增强新兴市场国家和发展中国家在全球事务中的代表性和话语权。同时，积极搭建面向国际科技人才，尤其是青年人才的交流活动平台，为海外人才来华创新创业创造更好条件。

参考文献

王淑娟：《"一带一路"人文交流的成就、挑战与前景》，《当代世界》2023年第3期。

王康友等：《2022年中国重大科学、技术和工程进展》，《科技导报》2023年第3期。

玄兆辉：《中国创新型国家建设进程评价研究》，《科技管理研究》2019年第19期。

《2022年度中国科学十大进展简介》，《中国科学院院刊》2023年第4期。

《必须向科技创新要答案——习近平总书记推动科技自立自强战略擘画》，《中小企业管理与科技》2023年第11期。

B.3
俄罗斯科技创新发展与国际科技合作研究

于倩文　王　晶　刘奕如　赵海文　封晓茹*

摘　要：　2021 年俄罗斯全社会研发支出约为 476 亿美元，同比下降 4.89%，全球排名第 10。受其影响，2021 年俄罗斯研发人员规模同比下降 2.4%，专利申请数与 SCI 论文发表数量亦同比下滑 14.46% 与 49%。虽然庞大的人才规模是俄的科技创新优势，但创新政策体系的滞后与资金的短缺严重掣肘俄科技进步。俄乌冲突发生以来，面对欧美国家对俄科技封锁与打压，俄政府坚持"科技主权"建设，将包括生命科学、航空航天、能源开采与集输、船舶制造等与国计民生相关的行业列为关键性技术产业。俄政府从资金、标准、政策、市场等方面向本国科技研发机构与企业倾斜，试图突破欧美科技制裁与高端装备封锁。

关键词：　俄罗斯　科技创新　金砖国家

一　俄罗斯科技创新发展基本情况

（一）科技研发投入与产出

1.研发投入

俄罗斯国家统计局数据显示，2021 年俄罗斯全社会研发支出（Gross

---

* 于倩文，中国科学技术交流中心欧亚处助理研究员，研究方向为中俄科技合作；王晶，经济学博士，中国社会科学院俄罗斯东欧中亚研究所俄罗斯经济研究室助理研究员，研究方向为俄罗斯宏观经济、经济制裁；刘奕如，经济学博士，北京航空航天大学外国语学院俄语系，助理教授，研究方向为世界经济、国际关系；赵海文，中国社会科学院俄罗斯东欧中亚研究系博士研究生；封晓茹，科技部新技术中心助理研究员，研究方向为国际科技合作。

Domestic Expenditure on R&D，GERD）按当年价格计算约为 1.30 万亿卢布；按购买力平价计算，约合 476 亿美元，全球排名第 10，较上一年下降 1 名[①]；若按 2010 年不变价格计算，2021 年俄罗斯全社会研发支出同比下降 4.89%（见表 1）。除全社会研发支出出现滑坡外，2021 年俄罗斯全社会研发支出占GDP 的比重也从上一年的 1.09% 进一步下探至 0.99%，全球排名第 37[②]。

表 1　2012~2021 年俄罗斯全社会研发支出及其占 GDP 的比重

	2012 年	2013 年	2014 年	2015 年	2016 年	2017 年	2018 年	2019 年	2020 年	2021 年
按当年价格（十亿卢布）	699.9	749.8	847.5	914.7	943.8	1019.2	1028.2	1134.8	1174.5	1301.5
占 GDP 的比重（%）	1.03	1.03	1.07	1.1	1.1	1.11	0.99	1.04	1.09	0.99
按 2010 年不变价格（十亿卢布）	554.5	564.1	593.2	597.2	599.4	614.7	563.8	602.3	619.1	588.8
以不变价格计算的同比增幅（%）	5.28	1.73	5.16	0.67	0.37	2.55	-8.28	6.83	2.79	-4.89

数据来源：俄罗斯国家统计局。

政府和企业仍是研发资金的主要来源。2021 年俄中央财政、联邦主体与地方财政及国有机构研发投入总额占全国研发总额的 67.4%。其中，俄中央财政、国有机构、联邦主体与地方财政、财政拨款的高等院校占比分别为 52.9%、12.7%、1.8% 和 0.1%。2012~2021 年，俄罗斯全社会研发资金来源占比没有发生显著变化（见图 1），2012 年，中央财政研发投入是企业资金研发投入的 2.5 倍，而 2021 年该比例为 2.3 倍。在科技研发强国中，企业资金研发投入占比通常接近或超过 2/3，如美国（66.3%）、德国（64.5%）、中国（77.5%）、日本（78.3%）等国家的研发资金来源较俄罗斯更为合理。综上，受新冠疫情与全球经济增速放缓等多重因素影响，2021

---

① 前九名包括美国（7209 亿美元）、中国（5828 亿美元）、日本（1741 亿美元）、德国（1434 亿美元）、韩国（1129 亿美元）、法国（746 亿美元）、印度（587 亿美元）、英国（560 亿美元）、中国台湾地区（479 亿美元）。

② 全社会研发支出占 GDP 的比重排名前列的国家和地区包括以色列（5.44%）、韩国（4.81%）、中国台湾地区（3.64%）、瑞典（3.53%）、比利时（3.48%）、美国（3.45%）和日本（3.27%），而中国（2.4%）排名全球第 14。

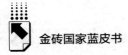

年俄科技研发投入规模与占比均有所下滑，科技研发投入规模和强度与创新型国家的差距愈加显著。

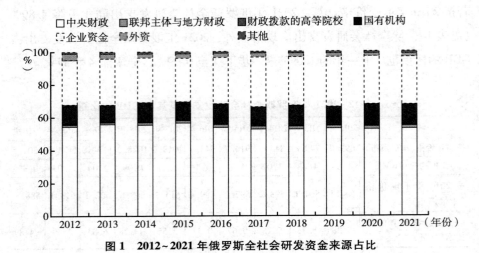

图1　2012~2021年俄罗斯全社会研发资金来源占比

数据来源："Наука Технологии Инновации-Российская наука в 2021 году"，（科技与创新—2021年俄罗斯科技发展），俄罗斯国立高等经济大学官网，2022年8月，https：//issek. hse. ru/news/759541996. html。

2. 研发机构与研究人员

2021年，俄罗斯从事研发的机构数量为4175家，与上一年持平；从结构看，科研机构（38.97%）与高等院校（23.71%）仍是俄罗斯研发机构的重要组成部分（见表2）。虽然整体数据保持平稳，但2019年以来，高等院校逐渐成为俄罗斯研发机构的重要增量来源。

表2　2015~2021年俄罗斯研发机构数量

单位：家

	2015年	2016年	2017年	2018年	2019年	2020年	2021年
研发机构总数	4175	4032	3944	3950	4051	4175	4175
科研机构	1708	1673	1577	1574	1618	1633	1627
设计局	322	304	273	254	255	239	233
设计（探索）机构	29	26	23	20	11	12	13
实验工厂	61	62	63	49	44	35	33

	2015 年	2016 年	2017 年	2018 年	2019 年	2020 年	2021 年
高等院校	1040	979	970	917	951	969	990
工业企业所属研发部门	371	363	380	419	450	441	446
其他	644	625	658	717	722	846	833

数据来源：俄罗斯国家统计局。

2021 年俄罗斯研发人员总数为 66.27 万人，较 2020 年下降 2.4%、较 2012 年下降 8.8%，2012～2021 年研发人员总数整体呈下降的趋势（见图 2）。从人员结构看，2021 年研究人员 34.01 万人（同比下降 1.8%）、技术人员 6.04 万人（同比增长 1.5%）、科研辅助人员 15.20 万人（同比下降 3.9%）、其他人员 11.00 万人（同比下降 4.3%）。①

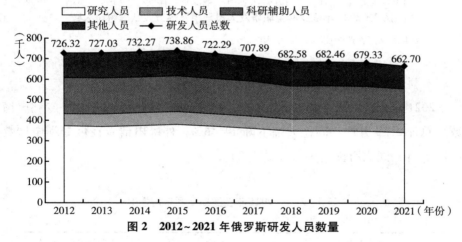

图 2　2012～2021 年俄罗斯研发人员数量

数据来源：俄罗斯国家统计局。

尽管 2021 年俄罗斯研发人员总数有所下降，但俄罗斯研发人员规模仍居世界前列，根据俄罗斯国立高等经济大学统计，2021 年俄罗斯全职研发

---

① "Наука Технологии Инновании краткий статистический сборник 2023"（2023 年俄罗斯科技发展统计手册），俄罗斯国立高等经济大学官网，2022 年 10 月 28 日，https://unescofutures. hse. ru/mirror/pubs/share/789654610. pdf。

人员规模高达 38.92 万人，排全球第 6 位，即在中国（228.1 万人）、美国（158.6 万人）、日本（68.99 万人）、德国（45.19 万人）、韩国（44.67 万人）之后，处于世界领先地位，但每万人中有 55 人从事科研工作，大幅落后韩国、法国、英国、美国、日本等传统创新型国家（见图 3）。

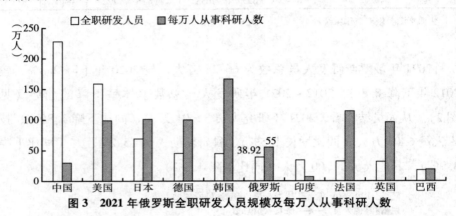

图 3　2021 年俄罗斯全职研发人员规模及每万人从事科研人数

数据来源：俄罗斯国立高等经济大学。

3. 科研产出

2021 年，俄罗斯专利申请数（俄居民与法人在俄境内和境外专利申请数）总计 2.59 万件，同比大幅下降 14.46%，外国申请者在俄专利申请数 1.14 万件，同比增长 1.63%（见表 3）。

表 3　2016~2021 年俄罗斯专利申请情况

单位：件

年份	本国居民与法人在境内专利申请数	本国居民与法人在境外专利申请数	外国申请者在俄专利申请数
2016	27136	4721	14792
2017	23115	4691	14106
2018	25333	5363	13031
2019	23764	5948	12174
2020	24212	6071	11225
2021	20001	5903	11408

数据来源：World Intellectual Property Organization（WIPO）。

受进口替代政策与疫情冲击下供应链调整影响，2020～2021 年俄罗斯商标申请数相对走高，年均高达 42.25 万件，大幅超过此前水平。此外，受经济复苏乏力和研发投入收窄因素影响，2021 年俄罗斯工业外观设计和实用新型申请数分别降至 11773 件与 9000 件，同比小幅收窄 4.90% 与 0.13%（见表 4）。

表 4　2016～2021 俄罗斯知识产权产出情况

单位：件

年份	专利申请数	商标申请数	工业外观设计申请数	实用新型申请数
2016	31857	249280	5780	10845
2017	27806	314888	6402	10349
2018	30696	299485	8305	9484
2019	29712	331200	10063	9828
2020	30283	425643	12379	9012
2021	25904	419390	11773	9000

数据来源：World Intellectual Property Organization（WIPO）。

近年来，受研发投入不足及欧美对俄科技制裁与封锁影响，俄罗斯 SCI 论文发表数量持续下降。其中，2021 年、2022[①] 年 SCI 论文发表数量分别为 13013 篇、7777 篇（见图 4），同比下降 49% 和 40%。论文发表的主要领域仍然集中在电气电子工程、光学、计算机人工智能、应用物理等俄传统优势基础学科领域。

根据世界知识产权组织（WIPO）发布的《全球创新指数 2022》（Global Innovation Index 2022），在 2022 年全球创新指数评级中，俄罗斯排第 47 位，较 2021 年下跌两位。如图 5 所示，在科技创新领域，俄罗斯在政策环境等方面优势明显，在人力资本与研究等方面发展潜力较大。

---

① 按照 Web of Science 核心合集口径统计的发文量，搜索代码 =（cu = russia and py = 2021 - 2022）。

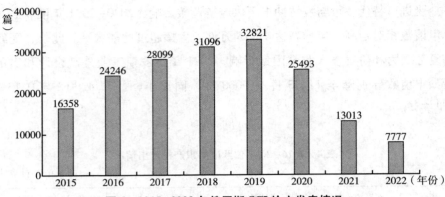

图4 2015~2022年俄罗斯SCI论文发表情况

数据来源：Web of Science。

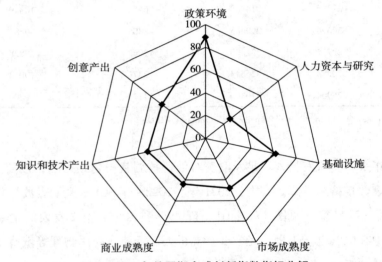

图5 2022年俄罗斯全球创新指数指标分解

数据来源：《全球创新指数2022》。

（二）重要科技进展

在生命科学方面，俄罗斯2021年发明出胰岛素片剂。① 联邦生物医学

---

① 《俄知识产权局：今年主要发明包括抗菌材料和胰岛素片剂》，俄罗斯卫星通讯社网，2021年12月30日，https：//sputniknews.cn/20211230/1036893818.html。

署研制出可用于治疗癌症的疫苗，动物实验结果显示存活率提升 80%。① 南方联邦大学（SFU）在国际合作研究中找到了再生医学中修复受损神经纤维的方法，用含有细胞外囊泡的凝胶制剂治疗受损神经明显提高了蛋白质水平，能够减少大约一半的萎缩性变化，有助于更快地恢复受损肢端的功能。②

在航空航天方面，俄罗斯第一颗用于监测北极气候的"北极-M"卫星于 2021 年开始运行。③ 格洛纳斯（GLONASS）卫星系统的大椭圆轨道卫星和小型导航卫星于 2021 年进入设计阶段，它们将在未来完善俄罗斯的卫星系统。④ 俄罗斯 MS-21-300 客机在检验试验框架内，于 2021 年成功进行了首次练习飞行。⑤

在能源方面，2021 年俄罗斯科学院新西伯利亚分院催化研究所开发出一种独特的催化剂，可用于从柴油中获取含氢气体。⑥ Drive Electro 公司 2021 年完成俄罗斯首辆中型电动卡车的开发并获得认证。⑦ 2022 年，俄罗斯开发出用于生产固体氧化物燃料电池（SOFC）的完整技术循环，在研究过程中还获得了新的电极材料，助力绿色能源发展。⑧

在船舶制造方面，用于冰下作业的新型大排水量"萨尔马"自主无人

---

① 《俄罗斯研制出用于癌症治疗的疫苗》，俄罗斯卫星通讯社网，2022 年 5 月 25 日，https：//sputniknews.cn/20220525/1041582795.html。

② 《俄罗斯南方联邦大学科学家找到修复受损神经组织的方法》，俄罗斯卫星通讯社网，2022 年 12 月 15 日，https：//sputniknews.cn/20221215/1046402297.html。

③ 《俄罗斯首颗北极气候监测卫星"北极-M"开始运行》，俄罗斯卫星通讯社网，2021 年 9 月 14 日，https：//sputniknews.cn/20210914/1034457286.html。

④ 《俄开始升级制导高精度武器的空间系统》，俄罗斯卫星通讯社网，2021 年 10 月 8 日，https：//sputniknews.cn/20211008/1034609369.html。

⑤ 《俄 MS-21-300 客机在检验试验框架内成功进行首次练习飞行》，俄罗斯卫星通讯社网，2021 年 12 月 16 日，https：//sputniknews.cn/20211216/1034982815.html。

⑥ 《俄罗斯科学家研制出一种可从柴油中获取氢气的独特催化剂》，俄罗斯卫星通讯社网，2021 年 12 月 2 日，https：//sputniknews.cn/20211202/1034895720.html。

⑦ 《俄罗斯开发出首辆中型电动卡车》，俄罗斯卫星通讯社网，2021 年 12 月 14 日，https：//sputniknews.cn/20211214/1034970616.html。

⑧ 《俄罗斯正在开发"绿色"能源的新技术》，俄罗斯卫星通讯社网，2022 年 11 月 24 日，https：//sputniknews.cn/20221124/1045783244.html。

潜航器模型在 2021 年国际工业展（Innoprom-2021）上展示。① "红宝石"海洋装备中央设计局称，借助声学模拟潜艇特征以欺骗敌人的"代用品"水下无人航行器于 2021 年在俄罗斯设计完成。②

在大科学方面，俄罗斯拨款 1400 亿卢布（约合 122 亿元）至 2033 年前建成世界上首台新型同步激光加速器"SILA"，占地面积预计超过 18.94 万平方米，包括多个实验室、加速存储综合体、自由电子激光器、数据处理中心和其他基础设施。③

在信息方面，2021 年俄罗斯研制出基于格洛纳斯卫星系统的不间断数字监测地表变动技术，借助这一技术可以对地壳运动进行不间断的数字监测，精确跟踪并预测可能的变化。④ 莫斯科和圣彼得堡间的量子通信干线于2021 年建成，量子通信将被用于金融机构、强力机构和国家机关。⑤

在材料方面，俄罗斯 2021 年开发出最坚固的超分子聚乙烯，计划将其用于生产防弹装甲背心，基于这一新技术已生产出首批防弹衣样品。⑥ 2021年，俄罗斯托木斯克理工大学发明了用于核燃料元件的全新涂层，将显著提升元件的耐腐蚀性，且几乎排除泄漏风险。⑦ 2022 年 10 月，俄罗斯开发出借助激光利用石墨烯对玻璃进行改性的方法，该技术有助于在任何玻璃产品中制造出能够成为积成电子产品基础的石墨烯导电结构，从而开发

---

① 《"金刚石—安泰"和未来研究基金会将展出"萨尔马"冰下无人潜航器》，俄罗斯卫星通讯社网，2021 年 6 月 22 日，https：//sputniknews. cn/20210622/1033935745. html。
② 《"红宝石"海洋装备中央设计局：模拟潜艇的"代用品"水下无人航行器在俄罗斯设计完成》，俄罗斯卫星通讯社网，2021 年 9 月 1 日，https：//sputniknews. cn/20210901/103438 6641. html。
③ 《俄罗斯将耗资 1400 亿卢布建造独一无二的同步加速器》，俄罗斯卫星通讯社网，2021 年 12 月 27 日，https：//sputniknews. cn/20211227/1400-1036839787. html。
④ 《俄罗斯研发出基于格洛纳斯的地壳运动在线观测系统》，俄罗斯卫星通讯社网，2021 年 3 月 12 日 https：//sputniknews. cn/20210312/1033261092. html。
⑤ 《莫斯科至圣彼得堡的量子通信干线建设工作已完成》，俄罗斯卫星通讯社网，2021 年 12 月 21 日，https：//sputniknews. cn/20210420/1033523359. html。
⑥ 《俄罗斯开发出用于防弹衣的新型聚乙烯材料》，俄罗斯卫星通讯社网，2022 年 1 月 26 日，https：//sputniknews. cn/20210115/1032890594. html。
⑦ 《俄专家发明用于核燃料元件的新涂层》，俄罗斯卫星通讯社网，2021 年 12 月 21 日，https：//sputniknews. cn/20211221/1035003290. html。

廉价高效的柔性电子产品、新型光电器件以及具有扩展功能的各种玻璃产品。[①]

（三）科技规划与政策

2022 年 6 月，在第二十五届圣彼得堡国际经济论坛上，俄总统普京强调："技术进步是贯通各领域的发展方向，它不仅将定义当前的十年，而且将定义整个 21 世纪。"论坛期间，俄总统首次提出以"技术主权完全独立"为核心的六项经济发展原则，将高级工程师培养，科技成果转化，为高新企业、高端技术研发提供财政支持，对部分行业实施数字化转型列为 2022 年 12 月俄战略发展委员会会议议题，并指示相关部门起草以融资、税收、初期启动支持、管理优化、创新产品帮扶为主要内容的一揽子扶持政策。[②] 梳理发现，上述俄政府对科技创新的大力支持并非心血来潮，而是贯穿于后疫情时期俄国家发展战略之中。2021~2022 年，普京曾在俄战略发展委员会会议中多次强调科技发展的重要性，最终在 2022 年 12 月将"技术主权完全独立"作为俄罗斯首要发展目标，[③] 并与各部门深入讨论科技发展规划的重要政策。

除了在宏观层面设置科技发展规划之外，俄政府还对优先发展的各领域进行了划定并推出了一系列配套的激励措施。2023 年 4 月，俄政府进一步明确了航空航天、石油天然气开采等有助于国家经济结构调整的 13 个优先发展领域，并对每个优先发展领域内部重点攻克的技术装备方向进行了明

---

① 《俄罗斯科学家开发出制造智能玻璃的独特技术》，俄罗斯卫星通讯社网，2022 年 10 月 18 日，https：//sputniknews. cn/20221018/1044823157. html。

② "СТЕНОГРАММА ПЛЕНАРНОГО ЗАСЕДАНИЯ ПЕТЕРБУРГСКОГО МЕЖДУНАРОДНОГО ЭКОНОМИЧЕСКОГО ФОРУМА"（2022 年圣彼得堡国际经济论坛普京发言实录），俄罗斯总统网站，2022 年 6 月 17 日，http：//prezident. org/tekst/stenogramma-plenarnogo-zasedanija-peterburgskogo-mezhdunarodnogo-ekonomicheskogo-foruma-17-06-2022. html。

③ "Заседание Совета по стратегическому развитию и национальным проектам"（战略发展与国家项目委员会例行会议），克里姆林宫网站，2022 年 12 月 15 日，http：//www. kremlin. ru/events/president/transcripts/statements/70086。

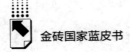

确。商业银行在审批优先发展领域内的项目贷款时，将采取定向为其提供低息贷款的策略。①

二 俄罗斯国际科技合作情况

（一）国际科技合作总体情况

2021 和 2022 年，俄罗斯分别合作发表论文 3811 篇和 2726 篇，分别占当年俄 SCI 论文发表数量的 29% 和 35%（见图 6）。近年来，虽然俄 SCI 论文发表数量与合作发表论文数量均有所下滑，但合作发表论文的占比却逆势上升。从合作国别来看，美国、德国、英国、中国、法国、意大利、加拿大、西班牙、澳大利亚、荷兰是俄罗斯 2022 年合作发表论文前十名的国家。

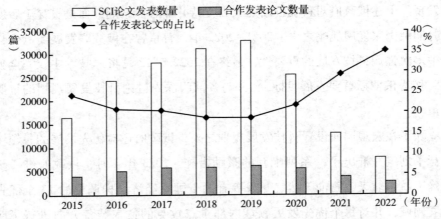

图 6 2015~2022 年俄罗斯 SCI 合作发表论文数量及其占比

数据来源：Web of Science。

受俄乌冲突影响，2022 年赴俄留学人员规模同比下降 4.41 万人，但俄罗斯仍凭借 35.11 万人的留学生规模（见图 7），成为全球第六大留学目的国。

---

① "Угрозы, вызовы и ориентиры: принята Концепция технологического развития РФ до 2030 года"（威胁、挑战和优先事项：俄罗斯通过 2030 年前技术发展构想），俄罗斯报官网，2023 年 5 月 25 日，https：//www.gazeta.ru/tech/2023/05/25/16775408.shtml？updated。

赴俄罗斯留学人员规模排前五位的国家分别是哈萨克斯坦（62358 人）、中国（39959 人）、乌兹别克斯坦（39825 人）、土库曼斯坦（36773 人）、塔吉克斯坦（20251 人）。在上述留学人员中，攻读学士学位的达到 18.36 万人、攻读硕士学位的达到 13.01 万人、攻读副博士及以上学位的为 3.7 万余人。最受留学生欢迎的专业包括医学、工程、商业和管理、教育、艺术等。①

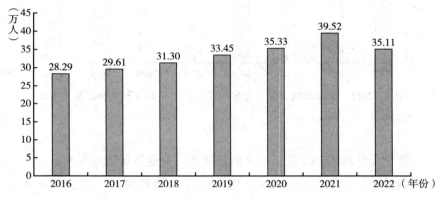

图 7　2016~2022 年在俄罗斯留学的外国学生规模

数据来源：俄罗斯国家统计局。

（二）与金砖国家开展的国际合作情况

2021 年和 2022 年，俄罗斯分别与金砖国家合作发表 SCI 论文 760 篇与720 篇，分别占当年俄合作发表 SCI 论文数量的 20% 和 26%（见图 8）。从合作国别来看，2018~2022 年，俄中合作发表 SCI 论文 2172 篇，占与金砖国家合作发表 SCI 论文数量的 50%；俄印合作发表 SCI 论文 993 篇，占与金砖国家合作发表 SCI 论文数量的 22%；俄巴合作发表 SCI 论文 725 篇，占与金砖国家合作发表 SCI 论文数量的 17%；俄南合作发表 SCI 论文 482 篇，占与金砖国家合作发表 SCI 论文数量的 11%。

---

① "Россия заняла шестое место в мире по числу иностранных студентов"（俄罗斯成为全球第六大留学目的国），俄罗斯公报官网，2023 年 3 月 13 日，https：//www.vedomosti.ru/society/articles/2023/03/13/966139-rossiya-zanyala-6-e-mesto-po-chislu-inostrannih-studentov。

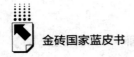

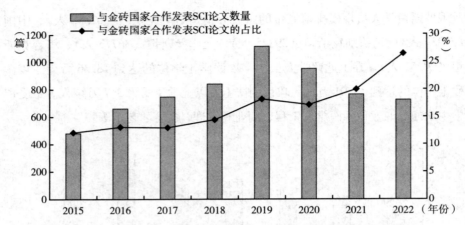

图 8　2015~2022 年俄罗斯与金砖国家合作发表 SCI 论文数量及其占比

数据来源：Web of Science。

在俄中合作发表 SCI 论文中，数量排前三位的领域为电气电子工程、光学与应用物理；在俄印合作发表 SCI 论文中，数量排前三位的领域为核物理、电气电子工程、应用物理。在合作发表 SCI 论文中，俄方主要合作机构包括俄罗斯科学院、俄罗斯国立高等经济大学、乌拉尔联邦大学、圣彼得堡国立大学、莫斯科国立大学等。

俄罗斯除与金砖国家在科研领域积极开展联合研究，发表高质量论文之外，2022 年也积极筹建金砖国家框架内的科技交流平台。2022 年 10月，俄罗斯科学与高等教育部和俄罗斯金砖国家科技创新合作理事会秘书处在莫斯科联合举办了金砖国家科学普及论坛。论坛期间还举办了科普与金砖国家科技合作全会、太空探索讲座等活动，整个论坛有超过 3500 名各国科研人员参与相关活动，① 是近年来俄罗斯举办的规模较大的、涉及金砖国家的科技合作活动。

---

① "Форум популяризаторов науки стран БРИКС объединил участников из России, Бразилии, Индии, Китая и ЮАР"（金砖国家科学普及论坛汇聚来自俄罗斯、巴西、印度、中国和南非的与会者），俄罗斯科学与高等教育部官网，2021 年 10 月 7 日，https://minobrnauki. gov. ru/press-center/news/mezhdunarodnoe-sotrudnichestvo/40972/。

三 俄罗斯新工业革命有关情况

（一）信息通信

2020 年 3 月，俄政府通过第 386-20 号政府令。根据该法案，俄政府计划在 2024 年前分别向信息和电信基础设施及其服务建设、信息环境维护、信息社会安全、信息国家建设等项目拨款 25946 亿卢布。信息和电信基础设施及其服务建设项目主要是确保在信息和电信基础设施的基础上向全俄公民和组织提供电信服务，包括无线通信网络建设、确保交通基础设施覆盖无线语音和数据传输等；信息环境维护项目重点关注符合国家社会政策发展优先事项的健康生活、社会负责、教育和职业发展、传统文化等领域内容；信息社会安全项目将主要落实确保通信、信息技术和大众传播领域的控制和监督、授权和登记活动，打击恐怖主义意识形态、极端主义和暴力宣传等；信息国家建设项目将致力于发展利用远程技术和现代信息与电信技术为国民提供国家各层级的服务平台，有效丰富地方、个人和法律实体之间电子互动机制等内容。①

（二）制造业

根据俄政府 2023 年颁布的《俄罗斯 2030 年前技术发展构想》，从 2023 年起俄政府将计划实施至少 10 个大型工业项目，每个项目的投资不低于 100 亿卢布。该构想详细列举了应进一步实现俄罗斯本地生产的优先产品清单，其中包括基本药物、医疗产品及设备、化工产品、机床、无线电等电子产品、船舶及船舶设备、飞机、中高速柴油发动机及其相关配件、无人机，以及能源设备等。上述项目通过国家预算和外部投资共同实

---

① "Государственная программа Информационное общество"（俄罗斯国家项目信息社会），俄罗斯联邦国家数字发展、通信和大众传媒部官网，2020 年 12 月 24 日，https：//digital. gov. ru/ru/activity/programs/1/。

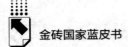

现，而项目落地工作将直接由俄政府各主管部委负责。通过本阶段项目的实施，俄国内预期上述工业领域自主化率将增至75%，推动工业创新企业数量增至20000家。①

2022年俄乌冲突发生以来，工业软件及操作系统的不完善成为俄制造业发展的短板。禁止国外高新技术企业与俄合作，以及针对俄的金融封锁等制裁手段对俄罗斯高新技术产业尤其是软件及操作系统开发企业影响深远，俄面向"不友好国家"的软件销售量减少了15%~20%，并适时将软件出口目标市场转向欧亚经济联盟国及东南亚、中东和拉丁美洲等"友好国家"。"进口替代"成为俄罗斯软件产业2022年的重要标签，俄政府已通过俄罗斯工业技术研究基金拨款约130亿卢布用于软件进口替代。②

（三）能源领域

2021年，俄政府批准了《俄罗斯到2050年前实现温室气体低排放的社会经济发展战略》，该战略的核心目标是在经济可持续增长背景下逐步实现碳中和。为此俄政府出台一系列政策，如从2022年起，二氧化碳年排放量超过15万吨的俄大型企业须提供碳排放报告。自2025年1月1日起，二氧化碳年排放量超5万吨的企业也将被要求提供上述报告。

俄总统普京指出："俄罗斯计划最迟于2060年实现碳中和，具体措施包括引入技术创新、推动基础设施现代化，最终实现保护陆地和海洋生态系统的目标。"③ 大力开发可再生能源也是近年来俄能源领域的又一特征，俄南

① "В повестке: о Сводной стратегии развития обрабатывающей промышленности до 2030 года и на период до 2035 года, об исполнении федерального бюджета за первое полугодие 2023 года, о поддержке регионов Дальнего Востока"（议程项目：2030年前和2035年前制造业发展综合战略，2023年上半年联邦预算执行，对远东地区的支持），俄罗斯政府官网，2023年8月23日，http://government.ru/news/49324/。

② "Тезисы с пресс-конференции 'Руссофт' о развитии ИТ-рынка в 2022 году и прогнозах на 2023 год"（俄罗斯软件公司关于2022年信息技术市场发展和2023年预测的新闻发布会提要），俄罗斯IT网站"Habr"，2023年3月7日，https://habr.com/ru/articles/720072/。

③ "Путин подтвердил планы достичь углеродной нейтральности экономики РФ до 2060 года"（普京确认俄罗斯将在2060年实现碳中和），俄罗斯塔斯社官网，2023年8月23日，https://tass.ru/ekonomika/18562621。

部地区是可再生能源开发中心。俄国家原子能公司所属的六个风电项目即在俄南部运行，总装机容量超过 700 兆瓦，截至 2021 年底，可再生能源在该地区能源供给中所占的比重已超 15%，上述项目每年可减少温室气体排放量 90 万吨。[①]

（四）生物医药

俄罗斯药品市场总额为 22950 亿卢布（不包括新冠疫苗），同比增长 12.7%，俄罗斯联邦财政药品采购连续两年保持增长势头。俄罗斯政府在 2021 年启动针对儿童重症医疗的专项，项目内采购了价值 250 亿卢布的必需药品。其中，大部分是用于治疗严重和罕见疾病的昂贵药品，此外部分采购药品属于未在俄罗斯注册的新型药。截至 2021 年 12 月底，全国共有 6.56 万家药店，与上年同期相比增长了 1.7%（增加了 1080 家药店）。[②] 俄罗斯国产新冠疫苗于 2021 年开始出口，除新冠疫苗本身外，俄罗斯对新冠疫苗技术也进行了全球推广，与 14 个国家签署了合作协议，其中最大的新冠疫苗海外生产基地位于印度血清研究所。截至 2021 年 11 月，50%的 "SPUTNIK" 新冠疫苗在国外生产。[③]

俄乌冲突发生以来，俄罗斯经济并未如西方学者所预料的出现大规模衰退或持续危机，这主要在于俄罗斯具备富饶的自然资源、完善的产业布局与坚实的科技基础，而后两点则是恶劣外部环境下俄经济韧性的根本所在。未来，面对全球经济增速放缓所引发的能源价格下探，以及欧美对俄主要出口

---

① "Эксперты рассказали о перспективах зеленой энергетики на юге РФ"（专家谈俄罗斯联邦南部绿色能源的前景），俄罗斯报官网，2022 年 4 月 26 日，https：//rg. ru/2022/04/26/reg-skfo/eksperty-rasskazali-o-perspektivah-zelenoj-energetiki-na-iuge-rf. html。

② "Аналитический отчет Фармацевтический рынок РОССИИ Итоги 2021 г"（2021 年俄罗斯医药市场发展年终报告），DSM 集团官网，2022 年 2 月 15 日，https：//dsm. ru/news-reports/？PAGEN_2＝4。

③ "Фармацевтический рынок России：итоги 2021 года и события 2022 года"（俄罗斯医药市场：2021 年业绩与 2022 年大事记），Деловой профи 行业分析网，2022 年 6 月 17 日，https：//delprof. ru/press-center/open-analytics/farmatsevticheskiy-rynok-rossii-itogi-2021-goda-i-sobytiya-2022-goda/。

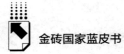
商品的禁运封锁，作为以大宗商品出口为主要支撑的俄国家财政或将面临持续压力。面对赤字规模的进一步扩大，以及医疗、养老、社会保障等财政刚性支出的被迫加大，俄政府或将继续缩减研发投入支出以及研发人员规模，上述举措也会在一定程度上扼杀俄科技研发与进步的潜力和动能。面对不利局面，俄罗斯或将继续做大做强以航空航天、能源开采、船舶制造、核能利用等优势行业为核心的尖端领域，在机械装备、汽车、医药等需要大规模市场集群及精细化产业分工的民用领域进一步强化与包括中国在内的金砖国家开展深入合作。

B.4
南非科技创新发展与国际科技合作研究

田晓翌 格特·格罗布勒（南非） 江 洁 魏 朋 王 珩*

摘　要：　南非始终坚持把科技创新作为国家发展的核心驱动力，近年来在科技创新领域表现出稳健的发展态势。为应对挑战，南非政府制定了全面的科技发展规划和政策，为深化与金砖国家科技创新合作提供了坚实的保障。但近年来，南非在研发投入、科研基础设施水平、创新产出等方面略有下降。南非对与中国等金砖国家开展合作持积极态度，中南两国持续落实科技创新合作的共识，克服困难，开拓创新，深入推动空间科学、能源科技、生物技术等领域的务实合作，取得显著成效。随着金砖新成员的加入，金砖科技创新合作将迈上新台阶，南非科技创新发展和中南合作也将迎来更多机遇。

关键词：　南非　科技创新　金砖合作　中南合作

近年来，受内部环境与外部环境的双重影响，非洲日益意识到科技对国家发展的重要性，出台了《2063 年议程第一个十年实施计划》、《非洲科学、技术和创新战略 2024》（STISA - 2024）、《非洲数字转型战略（2020—2030）》等一系列政策推动科技发展，科技水平有较大提升。2022 年，南非经济发展逐渐恢复。南非统计局 2023 年 3 月发布的 GDP 数据显示，2022

---

* 田晓翌，中国科学技术交流中心七级职员，助理研究员，研究方向为国际科技合作、国别区域等；格特·格罗布勒，浙江师范大学非洲研究院南非籍高级研究员、南非国际关系与合作部欧美司原代理副总司长；江洁，浙江师范大学非洲研究院博士生，研究方向为非洲教育与社会发展；魏朋，中国科学技术交流中心助理研究员，研究方向为国际科技合作；王珩，法学博士，浙江师范大学非洲研究院教授、博士生导师，研究方向为非洲发展与中非关系。

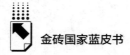

年，南非经济恢复性增长羸弱，扣除价格因素后，全年实际 GDP 同比仅增长 2.0%，三年平均增长 0.1%，人均 GDP 降至 6687 美元。2022 年，南非年中人口数量为 6060.50 万人，同比增加 7.68‰。全年南非人均名义 GDP 为 109535 兰特，同比增长 6.4%，三年平均增长 4.7%，扣除价格因素后，实际增长 1.3%，三年平均下降 0.9%。为摆脱困境，南非制定了《2021—2031 年科技创新十年规划》（The STI Decadal Plan，2021-2031：Progress），规划未来的科技创新发展战略，利用科学技术为南非未来的教育需求和社会发展做准备，力求建立一个影响和造福南非人民的科技创新体系，以实现南非的经济重振和复苏。

一　南非科技创新发展基本情况

（一）重要科技创新指数和数据

1.全球创新指数（Global Innovation Index，GII）

世界知识产权组织（World Intellectual Property Organization，WIPO）发布的《全球创新指数 2023》（Global Innovation Index 2023，GII 2023）显示，非洲地区共有 11 个国家进入全球前 100 名，毛里求斯（第 57 位）和南非（第 59 位）继续领跑撒哈拉以南非洲地区（SSA）。2023 年，南非全球创新指数相较于 2021 年和 2022 年上升了 2 位，排第 59 位（见表 1）。2023 年，撒哈拉以南非洲地区 26 个经济体中，有 9 个经济体排名有所提高，南非（第 59 位）进入了前 60 名。南非虽然在制度、研发投入方面的排名略有下降，但在基础设施、创意产出、优势领域科研和国际合作活动方面时有亮点闪现。南非在知识和技术产出方面居撒哈拉以南非洲地区首位（第 56 位），这要归功于其在软件支出（第 28 位）、原产地专利（第 34 位）、PCT 专利（第 40 位）以及其两家独角兽公司（第 37 位）Promasidor Holdings（消费和零售）和 Cell C（移动和电信）的估值方面的良好表现。在 2023 年各分项指标中，排名最高的为"市场成熟度"，居全球第 45 位，较 2022 年下降了

6 位；"知识和技术产出"居全球第 56 位，与 2022 年保持一致；"基础设施"居全球第 68 位，较 2022 年上升了 9 位；"创意产出"居全球第 63 位，较 2022 年上升了 1 位；"商业成熟度"居全球第 61 位，较 2022 年上升了 2 位；排名较低的为"制度"和"人力资本与研究"，分别居全球第 88 位和第 84 位，较 2022 年分别下降了 7 位、3 位。

表 1　2021~2023 年南非全球创新指数排名

单位：位

年份	总体	制度	人力资本与研究	基础设施	市场成熟度	商业成熟度	知识和技术产出	创意产出
2021	61	55	67	83	23	51	61	79
2022	61	81	81	77	39	63	56	64
2023	59	88	84	68	45	61	56	63

数据来源：《全球创新指数 2021》《全球创新指数 2022》《全球创新指数 2023》。

2. 国家研发投入

南非科技创新部 （South African Department of Science and Technology Innovation，DSI） 2021/22 财年预算中，科技创新总预算为 89.33 亿兰特，其中包括经常性支付 5.66 亿兰特、转移支付和补贴 83.64 亿兰特、固定资产支付 290 万兰特。科技创新总预算包括行政管理、技术创新、国际合作和资源、研发支持、社会经济创新伙伴关系五大类。行政管理预算为 3.28 亿兰特，其中包括经常性支付 3.10 亿兰特、转移支付和补贴 1530 万兰特、固定资产支付 290 万兰特。技术创新预算为 17.8 亿兰特，其中包括经常性支付 7480 万兰特、转移支付和补贴 17.05 亿兰特。国际合作和资源预算为 1.46 亿兰特，其中包括经常性支付 7210 万兰特、转移支付和补贴 7450 万兰特。研发支持预算为 49.49 亿兰特，其中包括经常性支付 5520 万兰特、转移支付和补贴 48.94 亿兰特。社会经济创新伙伴关系预算为 17.29 亿兰特，其中包括经常性支付 5420 万兰特、转移支付和补贴 16.74 亿兰特。

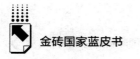

3. 科技产出

国际上最常用的两个科技产出计量指标是"科技论文"和"专利",分别是科学研究和技术成果的反映。世界银行发布的《世界发展指标》(World Development Indicators,WDI)更新数据和南非国家创新咨询委员会(NACI)发布的《2022 年南非科学、技术和创新指数报告》数据显示,在总体科技创新产出方面,中上收入国家的排名从第 61 位下滑至第 65 位,然而南非仍然排在第 68 位。南非在创新投入方面的排名远远高于创新产出,这表明南非的创新投入导致创新产出率低于其他国家。此外,南非的创新投入排名也有所下降,从 2020 年的第 49 位下降到 2021 年的第 55 位。在论文产出方面,2021 年,论文产出数量占非洲论文产出总量的比重最高的是南非(25%),其次是埃及(22%)、突尼斯(8.6%)、尼日利亚(6.3%)。南非在全球 50 个学术生产力较高的国家中排第 35 位,埃及排第 39 位。非洲国家学者发表的论文平均被引次数达 10.79,虽然低于全球平均水平(14.45),但已经高于东欧地区(8.47),这表明非洲科研水平逐步上升。在科学出版物体量方面,南非在 2019 年和 2020 年均排第 80 位,分别为 496 部、505 部,高于中上收入国家的平均水平(2020 年为第 88 位)。在专利申请方面,十年来,非洲专利申请量增长了 29%,年均增长幅度为 2.6%,超过北美洲(1.9%)、大洋洲(1.1%)、欧洲(0.4%)、拉丁美洲(-0.6%)。非洲专利申请量以南非和埃及较多,2021 年南非有 9156 项非居民专利申请、1804 项居民专利申请,埃及有 1343 项非居民专利申请、881 项居民专利申请,其次是苏丹、摩洛哥、突尼斯、肯尼亚和阿尔及利亚。

(二)南非综合性科技创新战略和规划

2021 年 3 月,南非内阁批准了《2021—2031 年科技创新十年规划》,同时授权 DSI 与其他科技密集型部门协商,以确定十年规划中跨部门项目的细节。2021 年 6 月,DSI 公布了该规划的编制进展情况,将科技创新分为三个阶段:2012~2017 年,注重加大研发支出,强调与现有行业相关的科研机会;2018~2023 年,为密集提高生产率奠定基础,同时跨省、跨行业和跨社会部门的创新开始普及；2024~2030 年，强调创新、提高生产力、更集中地追求知识经济和更好地利用一体化大陆的比较和竞争优势来巩固上一阶段的成果。

该规划的主要重点领域包括：循环经济、数字经济、面向未来的教育、可持续能源、未来社会、健康领域创新、高科技工业化（农业、矿业、制造业、生物技术等）、ICT 和智能系统、营养安全和水安全。其系统性目标包括包容和连贯的国家创新体系（National Innovation Systems，NSI），良好的创新环境，增进的和面向未来的人力技能，扩充的和改造的研究体系，扩大的和战略性的科技创新国际化，增加的资金和提高的拨款效率，监测、评估和政策学习（见表 2）。十年规划不仅是 DSI 的规划，还是对整个南非具有广泛影响的规划，更是面向全社会、面向政府、面向大学的规划，相当于整个南非的"十年规划"。

表 2 南非《2021—2031 年科技创新十年规划》草案内容

引 言	第一章：2019 年以来,政策背景的演变、系统目标和变化理论、价值观和原则、平衡对创新的支持和对研究及基础科学的支持、为十年计划提供资源并监测其执行、风险缓解和修订期限
A 部分 专题领域	第二章：以佐证为基础的专题重点领域选择,国家研发战略（NRDS）和十年创新计划（TYIP）的独立审查、前瞻研究的结果
	第三章：前瞻性研究、白皮书、NRDS 和 TYIP 审查（社会重大挑战和使命）的主题重点领域
B 部分 系统性的推动者	第四章：包容和连贯的国家创新体系（NSI）
	第五章：良好的创新环境
	第六章：增进的和面向未来的人力技能
	第七章：扩充的和改造的研究体系
	第八章：扩大的和战略性的科技创新国际化
	第九章：增加的资金和提高的拨款效率
	第十章：监测、评估和政策学习

（三）重点领域的专项计划体系和经费分配情况

专项计划体系旨在通过支持科技创新的重点领域推动经济发展、减少贫困和增进社会福祉。这些重点领域的选择是根据南非国家的战略需求和国际发展趋势而定的，体现了南非政府对科技创新发展的高度重视和战略意图。该专项计划体系对提高南非的科技水平和核心竞争力具有重要意义，为南非实现经济转型升级和社会发展提供了强有力的支撑。该专项计划体系的经费分配情况是根据不同领域的优先级、实际情况、科研实力和人才情况而定的。政府会根据实际情况和需求进行灵活的经费分配，以最大限度地发挥科技创新对南非经济和社会发展的推动作用。

根据 DSI 发布的《2020/21 财年报告》，从欧盟获得的官方援助中，欧洲南非科学和技术进步 2020 计划（ESASTAP2020）资助 500 万兰特、小型农业精油计划资助 4882 万兰特、绿色经济发展计划资助 1.2 亿兰特、国家创新体系计划资助 2.6 亿兰特。2021 年，在南非国家研究基金会（National Research Foundation，NRF）总支出 35.86 亿兰特中，1.27 亿兰特分配给合作经费、0.67 亿兰特分配给南非科学和技术促进会、22.28 亿兰特分配给 RISA、3 亿兰特分配给 iThemba 加速器实验室、0.51 亿兰特分配给南非水生物多样性研究所、0.76 亿兰特分配给南非环境监测网、1.34 亿兰特分配给南非天文台、5.99 亿兰特分配给南非射电天文台、0.04 亿兰特用于其他。2020 年研究基础设施获得 NRF 资助最多的为物理学（1444.02 万兰特），其次为化学（1087.33 万兰特）、生物科学（335.21 万兰特）、技术与应用科学（334.34 万兰特）、基础医学（309.36 万兰特）、农业科学（183.61 万兰特）、工程学（84.38 万兰特）、健康学（39.48 万兰特）、地球与海洋科学（22.89 万兰特）、信息与计算机科学（1.90 万兰特）等。

二 南非重点技术领域发展动态与前沿

南非在科技创新重点技术领域的发展整体呈现多元化的特点，并在一些传统技术领域取得了显著进展，涉及天文学及"平方公里阵列"射电望远镜（SKA）、矿业科技、生物科技、考古与人类进化学、核物理科技等。长期以来，政府和企业大力支持与推动这些传统技术领域的科技创新发展，出台了一系列政策和制订了一系列计划，积极推动国际合作，为科技创新提供有力的支持和保障，同时积极推动和启动新的科技项目，为南非科技创新注入强劲动力。

（一）重点技术领域发展动态

一是天文学及"平方公里阵列"射电望远镜（SKA）。近年来，南非政府积极推动天文学的发展，把天文学研究作为科技创新计划的重点突破内容，通过制定政策和投入资金来支持天文学研究和基础设施建设。2020 年 12 月 17 日，南非射电天文台（SARAO）与德国马普学会共同发表声明宣布意大利国家天文研究所（INAF）加入 SKA 先导项目 MeerKAT 扩建与优化工程（MeerKAT+）。INAF 此次入股投资将超过 600 万欧元，作为交换条件，INAF 将享有科研基础设施和数据的优先使用权。2021 年 7 月 6 日，南非 MeerKAT 射电望远镜发现了一组由 20 个星系组成的新星系群。该星系群可能是有史以来发现的最富含中性氢气的星系群。尽管该星系群位于一个相对熟知的研究区域，但该星系群还是首次被发现。2021 年 10 月 14 日，SKA 观测组织（SKAO）与南非签署东道国协议（HCA），正式确定了在东道国南非建设和运行 SKA 望远镜的安排。HCA 中包括将 64 座 MeerKAT 射电望远镜纳入 SKA-Mid 阵列的细节，是南非对 SKA 的一项实物贡献。

二是矿业科技。南非政府出台了一系列政策和制订了一系列计划，鼓励矿业企业和科研机构进行科技创新与技术改造，积极推动矿业企业的国际化合作，引进国外先进技术和管理经验，提高矿产品的质量和附加值，促进南非矿业科技的进一步发展。2021 年 1 月，金山大学地球科学学院的地震研究中心发明了具有成本效益和环境友好的地震技术，用于获取矿山工作面前方的信息，如隧道地震预测（TSP）。这种创新的主动—被动地震方法预计将重新启用南非的地震采矿方法，使用创新仪器的组合，在 300～3500 米深的嘈杂的近矿井环境中进行勘探，能够降低钻井成本和勘探成本，最大限度地保证矿山安全，增强找到新矿藏的可能性，延长矿山的寿命。

三是生物科技。南非在生物科技领域有着广泛的发展和应用，涵盖了生物医药、农业生物技术、生物能源等多个领域。2021 年，约翰内斯堡一家

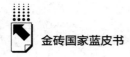

生物科技公司提出的"生物入侵解决方案"（Eco Invader Solutions）以锯末为原料，利用纳米技术发明了一种被命名为"溶解塑料"的生物塑料。根据制成品形态的不同，如吸管、餐具与塑料外包装等，"溶解塑料"在水中能在 36~72 小时被完全降解，而地表降解约需要 61 天，在工业发酵设施中能显著缩短降解时间。2021 年 11 月，科学和工业研究理事会（Council for Scientific and Industrial Research，CSIR）和生物技术公司"Sawubona 菌丝体"用液体培养法生产蘑菇，并能够提取出一种含有 β-葡聚糖的高价值化合物。这种化合物作为一种有效的保湿剂可以用于生物基化妆品，并且对药妆配方中使用的皮肤微生物群有益。

四是考古与人类进化学。南非在考古与人类进化学方面有着重要的发展和贡献，为研究人类的行为、文化和社会发展提供了重要的线索。2021 年 11 月 4 日，金山大学人类深层旅程研究中心的 LeeBerger 教授领导的一个国际研究小组宣布，在约翰内斯堡附近的"明日之星"洞穴深处发现了第一个纳勒迪人儿童的部分头骨，这让科学家开始深入了解这个非凡物种的所有生命阶段。古人类儿童头骨的发现在化石记录中是罕见的，因为幼年的遗骸往往很薄，而且极其脆弱。

五是核物理科技。南非的核物理研究计划始于 20 世纪 50 年代，发展至今，已具有一定的研究和开发能力。南非政府设立了多个研究机构和实验室，如南非核能公司（NECSA）在核物理研究方面有着丰富的经验和实力。近年来，政府和企业也在大力支持和推动核物理科技的发展和应用，南非伽马能谱仪（GAMKA）项目的配套液氮装置投产。GAMKA 项目于 2017 年启动，是西开普大学联合斯坦陵布什大学、祖鲁兰大学、金山大学和 iThemba 实验室计划研制的一种新型伽马能谱仪，用于研究核物理和核天体物理现象，如核形状、短期核寿命和伽马射线强度函数。

（二）新启动科技相关项目

一是极地研究基础设施项目。南非极地研究基础设施（SAPRI）项目主要包括观测站和观测平台、实验室和研究设施、数据中心和信息共享平台等方面。2021 年 9 月 30 日，DSI 和 NRF 启动南非极地研究基础设施项目实施阶段的合同协议。SAPRI 项目的目标是实现极地学科研究的平衡增长，并维持和进一步扩大已经建立的世界级长期观测数据集合，促进对南非极地地区的接触和认知，有利于南非政府制定南极和次南极岛屿战略。

二是空间气象项目。南非科技部门建立了完善的空间气象观测系统，在空间气象模型开发方面也取得了一定进展，同时积极参与国际空间气象合作，为南非及全球的气象预报和气候研究提供了重要支持和工具。2021 年 8 月 4 日，在 DSI 的支持下，南非国家航天局（SANSA）成立国际民用航空组织（ICAO）的南非区域空间气象中心，依照国际民航组织的标准提供空间天气信息，目前已完成开发非洲总电子含量预测模型（AfriTEC），正在推进升级为可运行的 24/7 不间断空间天气能力。

三是光子学原型试验设施。南非的科研机构和大学在光子学领域开展了一系列研究项目，并建立了多个原型试验设施，南非的激光实验室是该领域较为知名的研究设施之一，这些实验室拥有先进的激光器和光学设备，可以开展各种激光技术的研究和开发，为南非在光子学领域的研究提供了重要的支持和保障。2021 年 3 月 5 日，CSIR 宣布启用世界先进的光子学原型试验设施（Photonics Prototyping Facility–PPF），该设施主要用于优化光子学产品研发与上市前测试。该设施能提供 1000 级别光学净室、大部分波段的电子机械与诊断设备领域的技术和光学设备，将根据市场需求，加速光子学技术、产品与设备研发，同时解决南非在该领域设备和产品短缺问题。

四是氢谷项目。南非政府对氢谷项目给予了大力支持，批准了《国家氢能社会路线图》，并设立了多个研究机构和实验室，为氢能领域的研究和开发提供支持。2021 年 10 月 1 日，DSI 提交了建立氢谷的最终报告，氢谷将作为一个区域产业集群，将多种氢应用结合在一起，形成一个完整的氢生态系统。南非国家能源发展研究所（SANEDI）将具体负责氢谷项目的推进，并将氢谷项目贯穿约翰内斯堡至德班走廊。

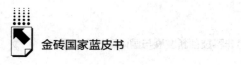

三 南非国际科技合作情况

近年来，南非与金砖国家、欧盟、美国的科技创新合作日益紧密，共同致力于新工业革命领域的合作。南非与金砖各国围绕"新工业革命伙伴关系"积极推动政府间科技创新合作平台建设，包括金砖国家技术转移中心、金砖国家科技创新创业伙伴关系工作组、金砖国家科技创新资金资助方工作组、金砖国家青年科学家论坛等，为金砖国家间的技术转移、合作研发、创业孵化及人才交流等提供了较为全面的支撑和保障。同时，南非与欧盟、美国通过共同开展科研项目、分享技术和经验等方式，加强了在可再生能源、生物技术、先进制造业等领域的合作，推动了科技创新的合作与交流。

（一）与金砖国家的合作

聚焦到金砖国家的具体合作领域，2021 年 7 月，俄罗斯"精密仪器制造系统"科研生产集团公司与 SANSA 签署了太空垃圾探测光电综合体的合同。该综合体用于在高度为 120~40000 公里的近地轨道上自动探测航天器和"太空垃圾"，将是为俄罗斯近地宇宙空间危险情况自动预警系统创建的四个光电综合体中的第二个，计划于 2021 年底投入使用，第一个综合体安装在巴西。2022 年，南非出台了新的十年科学规划，将科技创新置于南非发展的核心，确定了疫苗制造、氢能经济和海洋科学三个优先发展方向，为深化与金砖国家科技创新合作提供了坚强保障。2023 年 8 月，第十一届金砖国家科技创新部长级会议在南非格贝哈市举行，会议以"金砖国家和非洲：通过知识伙伴关系在不断变化的世界中实现包容性可持续发展"为主题，肯定了近一年来金砖国家科技创新合作取得的进展，并通过了《格贝哈宣言》和《2023—2024 年工作计划》。这两个成果文件鼓励金砖国家就应用人工智能技术应对减贫、食品安全、公共卫生、可持续发展、能源转型等方面的挑战开展合作，进一步展望和规划了金砖国家科技创新合作的未来愿景。

（二）与欧盟的合作

1. 合作制订联合研究计划

南非和欧洲的科研机构与大学通过制订联合研究计划，共同推动科研人员之间的交流与合作。这些计划通常涉及共同研究项目、共享资源、联合发表论文等。例如，南非的开普半岛科技园与欧洲的科技园区合作，共同开展人工智能、生物技术、新材料等领域的联合研究。2023年2月7日，非洲大学协会（Association of African Universities，AAU）与诺丁汉大学（University of Nottingham）签署了一份为期五年的谅解备忘录，旨在推动非洲和欧洲的高等教育机构实现互利共赢。具体包括：诺丁汉大学将成立专属办公部门，并设置专门的主管干事，统筹协调非洲大学协会与欧洲各方机构之间现有的和即将建立的伙伴关系，同时双方将协商各类提案，并在寻求资金支持方面共同努力；非洲大学协会向诺丁汉大学分享该机构新的重点领域的动向和成就，包括但不限于职业和技术教育与培训；诺丁汉大学将敦促非洲重要媒体平台推广非洲的学术成果，协助健全非洲大学协会关于非洲的研究、创新和发展（Africa Research，Innovation and Development，AFRID）的网络，以及促进该网络的发展，该网络将动员非洲各方机构和研究人员支持非洲倡议。

2. 合作开展技术转移项目

南非和欧洲的合作方通过共同开展技术转移项目，推动科研成果的商业化。这些项目通常涉及技术转化、知识产权保护、创新产品开发等。例如，南非的科技公司与欧洲的创业投资机构合作，共同开发创新产品并推动其商业化。2021年4月，DSI与欧盟合作实施"服务提供计划中创新的可行性和有效性验证"（VVISDP）项目，以演示、试验和评估技术与创新的适用性，用于改善市政基本服务的绩效和职能。该项目旨在建立技术开发人员与市政当局之间的伙伴关系，促进技术转让，鼓励采用创新做法和技术，以提高城市基本服务的质量。2021年8月27日，CSIR通过南部非洲海洋与海岸环境监测联盟，接收了首套欧盟捐赠的地球观测卫星数字地面接收站。该设施被

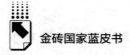

安装在 CSIR 比勒陀利亚园区，包含室外卫星接收天线和室内系统，室内系统包括卫星数据解码器、电源保障系统、数据存储系统、数据显示系统等，一同交付的还包括必要的软件及密钥服务等。

3. 合作参与国际科技组织

南非和欧洲的合作方通过共同参与国际科技组织，加强国际科技交流与合作。这些组织通常涉及科技政策、标准制定、项目实施等。例如，南非和欧洲的科技机构都是国际太阳能联盟的成员，共同参与太阳能技术的研发和应用推广。南非与欧洲还在数字经济、网络安全、新能源等领域展开了合作，双方通过分享经验和技术，共同应对全球性挑战，推动数字经济的发展和网络安全技术的进步。

（三）与美国的合作

1. 抗疫合作

2021 年 3 月 18 日，南非国有疫苗企业 Biovac 与美国 ImmunityBio 公司达成协议，以促进 Biovac 增强生产原料药能力，目前 Biovac 和 Aspen 等南非本地药品生产企业还不能生产原料药，只能进行疫苗封装。ImmunityBio 公司计划在美国和南非对其实验性 hAd5-T 细胞疫苗进行 1 期安全性试验。该疫苗是第二代新冠疫苗，使用 Ad5 腺病毒携带新冠病毒的两个基因，一个用于刺突蛋白，另一个用于更稳定的内部核衣壳蛋白。2021 年 4 月 9 日，DSI 宣布 CSIR 和南部非洲开发银行（DBSA）计划与肯塔基生物工艺公司（KBP）开展疫苗技术转移，以促进疫苗本地化生产，同时 KBP 将与南非卫生产品监管局（SAHPRA）合作开展高价值生物技术药物研究。2021 年 5 月 20 日，ImmunityBio 公司研发的 T 细胞新冠候选疫苗可能被选为加强针给南非 50 万名接种强生疫苗的医护人员接种。ImmunityBio 表示，其生产的疫苗可能对预防在南非发现的新冠病毒变种更有效。2021 年 10 月 29 日，美国 Oramed 制药公司获得 SAHPRA 批准，在南非进行口服新冠疫苗的初步临床试验，开始招募患者进行第一阶段的测试。该口服新冠疫苗是利用类似病毒的粒子，作用于新冠病毒表面 3 种蛋白质，包括不易发生突变的蛋白质，可能会更有效地抵御未来的新冠病毒变种。

2. 生物基因合作

2021 年 9 月,南非流行病应对和创新中心(CERI)创始人兼主任图里奥·德·奥利维拉教授表示,CERI 利用美国因美纳(Illumina)公司的基因测序技术不仅可以缩短确定变异和遗传多样性之间的周转时间,而且可以使人们能够采取一种全面的方法来为未来的疫情做准备。之前,Illumina 曾向非洲疾病预防控制中心(AfricaCDC)捐赠 140 万美元的基因测序系统和相关耗材,用于在南非、埃及等 10 个非洲国家扩大 SARS-CoV-2 测序能力。

3. 信息通信技术(ICT)合作

2021 年 10 月,美国 Vantage 数据中心(Vantage Data Centers)计划在瀑布城建设约翰内斯堡园区,该园区有望成为非洲最大的超大规模数据园区,占地 30 英亩(12 公顷),拥有三个数据中心,能提供 80 兆瓦的关键 IT 负荷,计划 2022 年夏季投入运营。2021 年 11 月 17 日,南非通信运营商 Telkom 的 Openserve 部门宣布,其将作为谷歌在南非的大型伊奎亚诺(Equiano)海底电缆系统的登陆站合作伙伴。该部门表示,150Tbit/s(设计能力)伊奎亚诺系统将在开普敦北部小镇 Melkbosstrand 登陆,这里也是其他海底电缆系统的登陆地点。谷歌非洲总经理 Nitin Gajria 表示,伊奎亚诺将提供比上一条为南非服务的电缆多约 20 倍的网络容量,互联网价格将下降 21%,南非网速将提高到之前的 3 倍。

总的来说,南非与美国之间的科技创新合作呈现了多层次、多领域的态势,为两国在科技创新领域的进一步发展和共同应对全球性挑战奠定了坚实基础。

(四)与其他国家合作

1. 与加拿大的科技人才培养项目

南非国家研究基金会与加拿大非营利组织 MITACS(Mathematics of Information Technology and Complex Systems)签订协议,为在加拿大和南非

的研究和工业机构输送研究生和博士后研究员。通过这一协议，合格的研究生和博士后研究员将被招募到工业界进行联合实习，将进一步加强南非和加拿大公司与大学之间的国际研究合作。该协议从 2022 年开始实施。

2. 与韩国的癌症早期检测合作

2021 年，南非核能公司宣布与韩国原子能研究所签署了一份技术合作谅解备忘录。该谅解备忘录将为扩大在核技术、医用同位素生产、氟基化学品以及人力资源管理等领域的互利贸易关系打开大门，与商定主题有关的合作包括交换信息、参观设施和对关键项目的联合研究和开发，预计将在以锆-89 为基础的放射性药物上进行合作，用于癌症的早期检测。

总体来说，南非与加拿大、韩国的合作涉及多个层面，包括人才培养与技术交流、优势互补与互利合作以及国际研究合作与学术交流，这些合作对推动南非在科技创新和能源领域的发展具有重要意义。

四 中国—南非科技创新交流与合作

在"一带一路"倡议、金砖国家合作机制、中非合作论坛框架下，中国与南非的科技创新交流与合作得到了显著加强，呈现良好的发展势头。2022 年，中南两国元首多次通话或会面，习近平主席对科技领域合作内容作出重要指示批示，在高层的推动下，中南科技创新合作重点领域取得重要突破，包括金砖国家疫苗研发中心正式启动以及 SKA 合作取得里程碑式进展等。2023 年，中国领导人对南非进行国事访问，中南双方发表了《中华人民共和国和南非共和国联合声明》，签署了《中南关于同意深化"一带一路"合作的意向书》《中华人民共和国商务部和南非共和国总统府电力部关于推动新能源电力投资合作的框架协议》《中华人民共和国科学技术部与南非共和国科学创新部关于加强科技创新合作的谅解备忘录》《中国载人航天工程办公室与南非国家航天局关于载人航天领域合作谅解备忘录》《中国国家航天局与南非国家航天局关于国际月球科研站合作的谅解备忘录》等多项合作文件。中南合作呈现新的特点，一是科技创新合作的重要性进一步凸显，二是越来越多的双边科技创新合作受益于合作机制。依托"一带一路"倡议、中非合作论坛、金砖国家合作机制等平台，中南科技创新合作得到进一步加速，南方与中国开展合作的积极性也进一步提升。

（一）航天科技合作取得突破性进展

2021 年 8 月 18 日，中国国家航天局与巴西航天局、俄罗斯国家航天集团、印度空间研究组织和南非国家航天局举行视频会议签署了《关于金砖国家遥感卫星星座合作的协定》，建立"遥感卫星虚拟星座"，完善数据共享机制，共同应对全球气候变化、重大灾害和环境保护等挑战。2021 年 12 月 1 日，《中国卫星导航系统管理办公室与南非国家航天局关于卫星导航用于和平目的的合作谅解备忘录》于"中南北斗/GNSS 应用研讨会"期间在线上签署，后续双方将落实首届中非北斗合作论坛上发布的《促进中非北斗卫星导航领域合作构想》，在完善系统、高精度应用、非洲区域北斗/GNSS 中心建设、人才交流等领域继续深入合作。

2022 年 8 月 18 日，中国资源卫星应用中心访南非落实政府间国际科技创新合作项目"中巴地球资源卫星数据南部非洲接收能力建设和应用示范工程"，协助南非国家航天局建立并维护中巴 04A（CBERS-04A）卫星接收系统，双方于 8 月 19 日签署会议纪要，明确了项目后续实施方案。

（二）中南科技园合作再上新台阶

2022 年 3 月，豪登省政府与中国驻南非使馆举行视频会，副省长帕克斯·塔吴、执行委员会顾问扎克·科赛夫向使馆通报了关于拟用于建设中南科技园的 LANSERIA 高新技术经济区发展规划最新情况。7 月，中南跨境孵化器 2022 年度重点项目推介会在线上成功举办，进一步宣传了中南双边市场合作机会、筛选了一批具有明确投资与合作意向的企业，有助于进一步推动中南跨境孵化器重点项目在南非落地实施。10 月，世界生命科学大会——中国南非生命健康产业项目对接会在约翰内斯堡中关村南非科技园开幕。

此外，中南跨境孵化器合作稳步推进，相关工作主要以市场需求为导向，打造"服务平台+业务伙伴"的跨境孵化模式。一方面，通过引入第三方合作机构对服务体系进行充实完善，为中南两国出海企业提供包括市场调研、法律咨询、财税咨询、宣传推广、天使投资、渠道对接、落地深耕等综合跨境服务；另一方面，通过自营业务对跨境业务平台进行深入探索，率先替企业"走弯路+踩地雷"，帮助企业降低海外业务风险和成本，提高后期业务落地的成功率。

（三）联合研究中心合作多点开花

近年来，中南在林业、化工与环境、天文、新能源、智能交通、纳米分离膜以及清洁能源等领域的多家联合研究中心积极创新，取得了不俗成绩。中南林业联合研究中心双方合作单位——中国林业科学研究院速生树木研究所与南非比勒陀利亚大学林农生物技术研究所续签林木保护合作项目谅解备忘录，进一步加强中南在林业领域的合作。中南天文学联合研究中心双方合作单位——中国科学院国家天文台（NAOC）与南非夸纳大学（UKZN）计算天体物理学中心共同筹备签署下一个五年联合研究合作谅解备忘录。中南化工与环境联合研究中心成功申请"国家重点研发计划政府间国际科技创新合作"专项项目，开展太阳能光热驱动生物质燃料膜制氢关键技术研发。中南新能源联合研究中心成功申请"国家重点研发计划政府间国际科技创新合作"专项项目，开展太阳能光能还原二氧化碳生产清洁燃料技术。中南智能交通联合研究中心成功承办"南非中国卫星导航及遥感应用培训班"，为北斗卫星导航系统应用在南非落地打下良好基础。中南纳米分离膜联合研究中心成功获得南非技术创新署的"种子基金"支持。

（四）能源科技创新合作成果丰硕

2022年8月25日，中南两国科技部正式确定将ICT、生物技术、空间科学与技术、海洋科学作为中南第13轮政府间联合研究项目优先支持领域。在电力领域，南非整合型资源计划指出，至2030年，大力发展风光发电，适度发展燃气发电，谨慎发展煤电，停止开发核电，预计实现27.6GW的再生能源累计安装量，其中风力约 11GW，光伏约 8.2GW。此外，中南双方签署了《中华人民共和国商务部和南非共和国总统府电力部关于推动新能源电力投资合作的框架协议》《中华人民共和国商务部和南非共和国贸易、工业和竞争部关于推动绿色经济和工业发展的谅解备忘录》《援南电力设备项目立项换文》《中国国家电网公司同南非电力公司战略合作备忘录》《南非电力部与中非发展基金、国家电网、中广核、中国能建、华为公司、特变电工、全球能源互联网合作组织的合作备忘录》等多个合作协议。

五　总结与展望

2023 年是中国和南非建交 25 周年。25 年来，中南关系实现跨越式发展，政治互信不断增强，务实合作全面推进，多边协作日益紧密。在构建人类命运共同体、推动经济复苏与全球合作的潮流中，金砖科技创新合作将迈上新台阶，未来，南非应围绕共建"一带一路"、新能源电力、农产品、经济特区和工业园区、蓝色经济、科技创新、高等教育等领域，继续加强国际科技合作，推动创新发展，促进人文交流，为开创科技合作的新局面和国家的长期繁荣与进步奠定坚实基础。

（一）拓新发展载体，推动科技合作扩容提质

金砖科技创新合作拥有巨大潜力和光明前景。南非应充分利用好金砖合作机制这一平台，顺应经济全球化大潮和科技产业革命大势，以科技创新合作拓新共同发展载体，放大中非合作论坛的效用，发挥中非整体合作的优势，联通非洲整体层面的重大发展规划，如"中非科技伙伴计划""中非工业化合作计划""中非基础设施合作计划"等，使科技与工业化相互促进、共同发展，推动金砖合作扩容提质。针对金砖自身发展和共同面临的问题开展卓有成效的合作，并向其他发展中国家辐射，使广大发展中国家从合作机制中受益。要大力推广"金砖+"合作理念与模式，为更多新兴市场国家和发展中国家搭建合作平台，为推动南南合作、促进共同发展发挥重要作用。

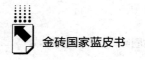

（二）注入发展动能，促进科技合作提能增效

创新是引领发展的第一动力，要通过科技创新注入发展活力和动能。南非需加大科技研发投入，优化基础研究、应用研究和试验开发投入结构，优化合作研发任务的整体布局，围绕双方重大需求，系统设计重点研发项目。新兴科技产业是推动科技合作向高层次发展的重要突破口。中南科技合作可以重点发展绿色科技，增强双方绿色、低碳、循环发展能力，助力共同应对气候变化，保护生态环境和生物多样性，可以依托数字科技共同建设"中非科技合作网络系统"、数据库，包括需求供给信息、咨询联络、投资渠道等功能，打造实时的、动态的、开放的、统一的信息化平台，破除制约创新要素、资金自由流动的壁垒，实现信息资源共享，提高合作信息传递的实效性、广泛性和有效性，进一步挖掘合作潜力。

（三）强化发展韧性，实现科技合作互利共赢

科技创新是金砖国家合作的重要领域，金砖国家就科技创新合作达成广泛共识。多年来，金砖国家科技创新合作在机制平台建设、创新政策交流、联合研究项目、青年科学家交流等方面卓有成效，为国家整体实力的发展提供了重要科技支撑。金砖国家经济互补性较强，均处于新旧动能转换、转型升级加快的关键期，有着加强产业合作、实现互利共赢的共同诉求，尤其是在数字经济、高端装备、生物医药、新材料等领域各具优势，具有较大的合作空间。面对气候变化、能源安全等各种公共问题的严峻挑战，作为新兴市场国家和发展中国家代表，金砖国家要坚持"以合作促科技"与"以科技促合作"两者日益统一，实现向"互利共赢"的模式转变。

南非一直致力于推动科技创新和数字化转型，南非政府意识到科技创新发展的重要性，将其视为实现经济增长、促进社会发展和提高生活质量的关键因素，作为金砖国家成员，南非一直将共同发展作为合作重点，在新一轮科技革命和产业变革蓬勃兴起的时代背景下，积极推动创新合作，主动融入全球创新网络，利用科技搭建文明交流互鉴之桥，推动科技成果造福全人

类。当前，南非知识经济发展已经初具规模，影响力不断扩大。相信金砖机制随着新成员的加入，金砖科技创新合作将迈上新台阶，机制也将更大力度地推动南非科技创新的发展，为构建人类命运共同体做出更多新的贡献。

参考文献

秦铮、黄宁、刘琳：《金砖国家科技创新合作的进展、问题与对策》，《科技中国》2021 年第 6 期。

"Global Innovation Index 2021：Tracking Innovation through the COVID‐19 Crisis"，World Intellectual Property Organization，2021，https：//www. wipo. int/edocs/pubdocs/en/wipo_ pub_ gii_ 2021. pdf.

"Global Innovation Index 2022：What is the Future of Innovation-driven Growth?"，World Intellectual Property Organization，2022，https：//www. wipo. int/edocs/pubdocs/en/wipo‐pub‐2000‐2022‐en‐main‐report‐global‐innovation‐index‐2022‐15th‐edition. pdf.

"Global Innovation Index 2023：Innovation in the Face of Uncertainty"，World Intellectual Property Organization，2023，https：//www. wipo. int/edocs/pubdocs/en/wipo‐pub‐2000‐2023‐en‐main‐report‐global‐innovation‐index‐2023‐16th‐edition. pdf.

"The STI Decadal Plan，2021‐2031：Progress"，Science and Technology Republic of South Africa，2022，https：//www. gov. za/sites/default/files/gcis_ document/201409/ten‐year‐plan‐science‐and‐technology. pdf.

"South African Science，Technology and Innovation Indicators Report 2022"，NACI，2022，https：//www. naci. org. za/wp‐content/uploads/2022/07/141483‐DST‐Report‐25‐July‐12h20. pdf.

"The Status of Innovation in the TVET Colleges"，NACI，2021，https：//www. naci. org. za/wp‐content/uploads/2021/09/The‐Status‐of‐Innovation‐in‐the‐TVET‐Colleges‐Final. pdf.

"South African Science，Technology and Innovation Indicators Report 2021"，NACI，2021，https：//www. naci. org. za/wp‐content/uploads/2022/07/South‐African‐Science‐Technology‐and‐Innovation‐Indicators‐Report‐2021. pdf.

B.5

巴西科技创新发展与国际科技合作研究

吴雨苏 李 嫣 陈纪瑛 宋均营*

摘 要： 巴西是拉丁美洲与加勒比地区重要的创新大国，科技水平居拉美各国之首。近年来，巴西政府将科技创新视为国家发展的重心。一方面，不断加大投入力度，利用现有资源，通过多元化思路，出台一系列战略政策，逐步完善国家科技创新体系，在物联网、人工智能、空间技术等领域取得进展，创新产出持续稳定；另一方面，通过南南、双边和多边等途径，积极寻求空间技术、人工智能、卫生健康、气候变化等领域的国际科技创新合作，以创造更大利益。

关键词： 巴西 金砖国家 科技创新

2022 年是巴西独立 200 周年，也是总统和国会大选之年，作为拉丁美洲最大的经济体，巴西国内生产总值（GDP）达到 9.9 万亿雷亚尔（约合1.9 万亿美元），同比增长 2.9%（见图 1），根据国际货币基金组织预测居第 12 位，与第 11 位伊朗相当。

世界知识产权组织（World Intellectual Property Organization，WIPO）发布的《全球创新指数 2022》显示，巴西创新能力在统计的 132 个国家中居第 54位，自 2019 年居第 66 位起连续 3 年上升，在拉丁美洲与加勒比地区的 18 个国家中居第 2 位，是拉丁美洲与加勒比地区主要的创新大国。其中，创新产出

---

* 吴雨苏，中国科学技术交流中心美大处助理研究员，研究方向为国际科技合作政策与科技管理；李嫣，科技部新技术中心副处长，研究方向为国际科技合作政策与科技管理；陈纪瑛，中国科学技术交流中心美大处研究员，研究方向为国际科技合作政策与科技管理；宋均营，博士，中国国际问题研究院拉美与加勒比研究所所长，研究方向为国际关系。

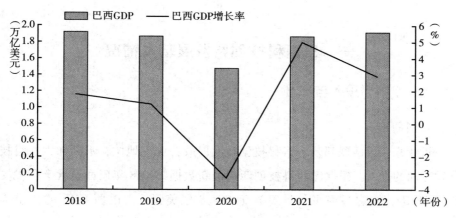

图1　2018~2022 年巴西 GDP 及其增长率

数据来源：世界银行。

表现优于创新投入，创新投入居第 58 位，较上一年下降 2 位；创新产出居第 53 位，自 2020 年起稳步上升（见表 1）。利用科技和创新服务国家再工业化，是巴西政府的优先事项和当代社会的迫切需求。一方面，巴西通过内部政府框架调整梳理，明确科技创新政策相关框架，2016 年明确提出巴西国家创新体系；2019 年重建国家科技理事会，作为制定和实施国家科学技术发展政策的最高咨询机构；2020 年拆分科技创新与通信部，组建科技创新部和通信新闻部，并出台实施《2016—2022 年国家科技创新战略》《2020—2023 年国家科技创新战略计划》《巴西数字化转型战略 2022~2026》等战略规划。另一方面，巴西联邦政府积极寻求国际合作，采取南南、双边和多边等方式与其他国家一同推进空间技术、人工智能、卫生健康、气候变化等领域合作。在金砖合作框架下，巴西也表现突出，在数字经济、航天、科技创新政策等方面取得丰硕成果。

表1　2020~2022 年巴西全球创新指数排名

单位：位

年份	创新指数	创新投入	创新产出
2020	62	59	64
2021	57	56	59
2022	54	58	53

数据来源：WIPO。

一 巴西科技创新发展基本情况

（一）科研投入与产出

1. 科研投入

近年来，巴西联邦政府将科技创新发展放在优先地位，不断加大在科技研发方面的投入。根据巴西科技创新部最新数据，2018 年巴西全社会研发支出（GERD，按购买力平价计算）为 894.8 亿美元，占巴西 GDP 的比重为 1.21%，相较于 2017 年的 817.9 亿美元略有上升（见图 2）。其中，政府研发支出占 48.3%，比 2018 年的 54.6% 略有下降，政府研发支出自 2017 年起连续 2 年稳步增加；企业研发支出占 51.7%，自 2017 年起连续 2 年稳步上升。各州政府的研发支出为 137.85 亿雷亚尔，其中圣保罗州（占 66.1%）、里约热内卢州（占 8.5%）和巴拉那州（占 7%）的研发支出位列前三。①

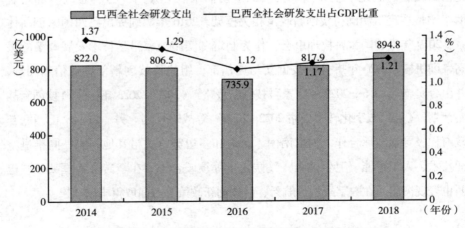

图 2　2014~2018 年巴西全社会研发支出及其占 GDP 比重

数据来源：巴西科技创新部官网。

---

① "Recursos Aplicados - Indicadores Consolidados", MCTI, https：//antigo. mctic. gov. br/mctic/opencms/indicadores/detalhe/recursos_ aplicados/indicadores_ conso lidados/2_1_ 3. html, accessed at Dec. 14, 2023.

根据联合国教科文组织发布的《2021 年科学报告》，巴西实施的《2016—2022 年国家科技创新战略计划》预计，到 2022 年，GERD 占 GDP 的比重为 2%，研发领域活跃企业数达到 1 万家，研发领域全时研究人员和技术人员总数为 12 万人，授予博士学位数将超过 2.8 万个（见表 2）。根据巴西国家科技发展委员会最新数据，截至 2016 年，注册的巴西研究机构有 531 所，研究小组有 37460 个。

表 2　《2016—2022 年国家科技创新战略计划》主要进展指标

指标	2014 年	2017 年	2022 年目标
GERD 占 GDP 的比重(%)	1.27	1.16	2
私营部门 GERD 占 GDP 的比重(%)	0.6	0.63	1
公共部门占 GERD 的比重(%)	0.67	0.53	1
联邦政府占 GERD 的比重(%)	0.45	0.39	0.8
研发领域活跃企业数(家)	5600	5500	10000
研发领域全时研究人员和技术人员总数(人)	105452	89689	120000
研究人员占百万居民数(人)	888	—	3000
授予博士学位数(个)	17286	22894	28987

数据来源：联合国教科文组织发布的《2021 年科学报告》。

受新冠疫情冲击，巴西经济结构中的缺陷被放大，2020 年 GDP 下降 3.3%，达到 1996 年有记录以来的最差数值，政府紧急出台多项措施，但仍面临多重问题。其中，利用科技和创新服务国家再工业化，是巴西政府的优先事项和当代社会的迫切需求。针对上述需求，巴西政府在 2022 年尽可能加大科研相关投入。巴西科学促进会（Sociedade Brasileira para o Progresso da Ciência，SBPC）数据显示，2022 年巴西科技创新部年度预算支出总计 99.3 亿雷亚尔，比上一年增长 6.2%，其中可支配支出 66.4 亿雷亚尔，同比增长 138%；国家科技发展委员会预算支出 13.2 亿雷亚尔，其中用于推动科研工作的预算支出总计 3500 万雷亚尔，同比增长 47%；巴西教育部下属高教基金委员会年度预算支出 31.4 亿雷亚尔，比上一年减少 7%。但由于政府财政压力增大，2022年5月，巴西联邦政府宣布削减各部委预算开支共计82亿雷亚尔，其中科技创新部削减29亿雷亚尔（约合6.01亿美元），占2022年可支配支出的44%。

2. 科研产出

自2011年起，巴西的科研产出在数量和质量上均取得亮眼成绩。WIPO发布的《全球创新指数2022》显示，2022年巴西的创新产出优于创新投入，其中在创意产出、知识和技术产出指标方面均优于中上收入经济体和拉丁美洲与加勒比地区国家平均值（见图3）。2020年巴西原创专利数为5300项，知识产权收入为6.34亿美元，高科技产品出口额为59亿美元，文化创意服务出口额为12亿美元；2021年可引用论文H指数690，在132个参与国家中居第23位，全球品牌价值达到571亿美元，比上一年增加16个百分点。

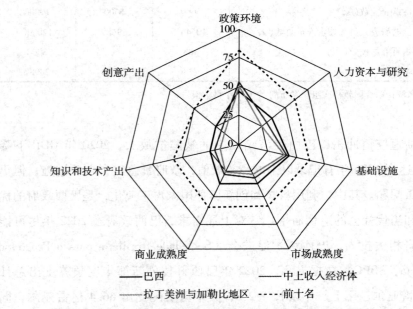

图3 2022年巴西全球创新指数指标分解与其他经济体对比

数据来源：WIPO。

2023 年 6 月，巴西科技创新部智库战略研究与管理中心（Centro de Gestão e Estudos Estratégicos，CGEE）公布《科技与创新年度观察报告 2022》，2022 年，全球共有 238.45 万篇文章被 Web of Science 平台收录，其中仅有不到 7.9 万篇来自巴西，巴西发表文章最多的领域是工程学、环境与生态学、化学以及农业。2019～2021 年，发表文章最多的细分领域为电气工程，共计 5434 篇，占工程学的 28.7%；公共健康领域的文章数量在这 3 年增加最多；环境与生态学是文章总数排名上升最快的领域，从 2019 年的第 4 位上升到 2021 年的第 2 位。

巴西科技创新部公布的《国家科技创新指标 2022》显示，2020 年巴西在 Scopus 数据库索引的科学期刊上发表论文 8.91 万篇，该数量占拉丁美洲与加勒比地区发表论文总量的 51.08%，占全球发表论文总量的 2.76%；巴西在 Scopus 数据库索引的科学期刊上发表论文的总引用量为 7.71 次，占拉丁美洲与加勒比地区总引用量的 51.91%，占全球总引用量的 1.32%。巴西国家工业产权研究所（Instituto Nacional da Propriedade Industrial，INPI）2020 年专利相关数据显示，巴西居民共提交专利申请 7986 项，其中发明专利 5280 项，实用新型专利 2662 项；获授权的发明专利共计 1793 项，实用新型专利 782 项，获授权的发明专利最多的四个领域分别是仪器、化学、机械工程和电气与电子工程。2020 年，巴西向美国专利商标局申请的发明专利总数为 950 项，获授权的发明专利有 194 项。

（二）科技创新体系

2012 年巴西联邦政府将科技创新行动计划升级为国家创新战略，出台《2012—2015 年国家科技创新战略》，第一次提出建立"巴西国家科技创新体系"；2016 年出台的《2016—2022 年国家科技创新战略》，阐明巴西国家科技创新体系的结构，根据角色将该体系分成 3 个层次，分别为决策层、资助层和执行层，包括联邦、州、研究所和企业等（见图 4）。

巴西联邦政府负责在政府层面协调各领域的科技发展，通过建立相应公共机构制定科技发展的方针和政策，协调各科技领域的发展。1996 年，巴

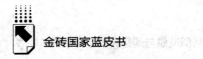

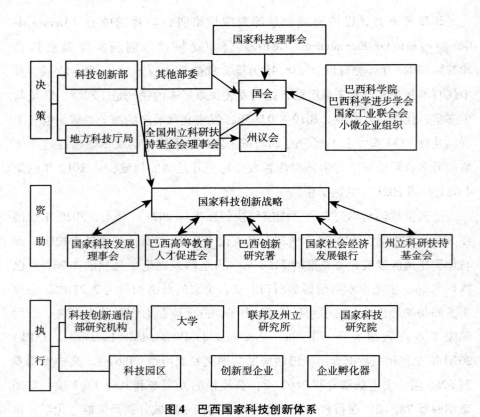

图 4　巴西国家科技创新体系

资料来源：《2016—2022 年国家科技创新战略》。

西建立国家科技理事会，后取消，又于 2019 年重建，国家科技理事会是巴西总统制定和实施国家科学技术发展政策的最高咨询机构。其中，总统担任理事会主席，科技创新部部长担任秘书长，设有 14 位常任委员，由总统府民事办公室、科技部、国防部等各部部长担任，6 位科技界实体代表，8 位科技应用界或生产者代表及 8 名替补代表，至少每半年开一次集体会议，讨论相关科技创新战略政策。

《2016—2022 年国家科技创新战略》明确了巴西科技创新部是国家科技创新体系的总协调员，负责拟定鼓励科技创新的法律法规，管理国家科学技术发展基金，编制国家科技创新战略，制定覆盖 15 个行业的国家科技创新政策，下属的巴西创新研究署和国家科技发展理事会属于主要资助机构。这些要素与法律赋予其能力，保证了巴西科技创新部能整合国家资源，并在该体系中发挥领导作用。其他部委也在该国家科技创新体系中发挥相应作用，其中一些部委有专门司局来管理相应的科技创新事务或为其提供科研经费，有的部委则有相关领域的科研机构。

（三）重要科技战略

1.《2016—2022年国家科技创新战略》

该战略于2016年出台，明确将工业创新具体目标定于2022年，是科技创新领域公共政策中期指导文件，首次明确阐述了国家科技创新体系重大部署，并弥补"国家科技创新战略"中未制定的科研投入相关具体指标，如科研支出、活跃在创新领域的企业数量、研究人员数量、科技园区等。2018年为全面落实该战略，巴西科技创新部先后发布了细分领域的详细科技创新计划，包括石油天然气、战略矿产、可再生能源、先进制造、纳米技术、海洋、南极、气候、卫生、生物技术、生物经济、生物群落、农业可持续、粮食和食品安全、社会和人文科学、社会融合等。每个领域分别提出了执行计划、行动方案及目标、预算以及落实的2030年可持续发展议程。

2.《2020—2030年战略规划》

2020年5月，原巴西科技创新与通信部公布《2020—2030年战略规划》，确定了2030年战略规划的15大目标和31项重要指标。该战略规划是为落实《2019—2031年国家经济社会发展战略》、《2016—2022年国家科技创新战略》和《2020—2023年联邦政府多年期计划》制定的科技创新领域中长期规划，确定到2030年的重要战略目标和指标，并在内部指定了具体责任落实部门。其中，重申联邦政府在科技创新领域的增强国家科学能力、促进核技术及其应用的发展、促进创新创业和技术应用、为可持续发展做出贡献、完善科研体系、确保科研基础设施的维护、促进科学教育、促进科学传播和普及、促进数字化转型等战略目标。

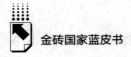

3.《2020—2023年国家科技创新战略计划》

该计划于 2022 年 8 月发布，针对下一阶段提出巴西科技创新发展的重点和行动策略，并为科技管理者有效管理机构提供了参考。该计划旨在为巴西创造知识、财富，提高人民的生活质量，共分为 15 个战略目标，其中对实现各项战略目标的评价指标与相关措施均做了清晰的描述。该计划规定在各项战略目标执行过程中，监测将通过所确立的指标来进行，每 6 个月提交一份报告。

4.《巴西数字化转型战略2022~2026》

2022 年 11 月，巴西科技创新部出台《巴西数字化转型战略 2022 ~ 2026》。[①] 该战略的更新以 4 年为一周期，对巴西数字化转型所面临的挑战进行了新的诊断，公布了未来 4 年的新行动计划，旨在协调联邦行政部门与数字环境相关的举措，并利用数字技术的潜力，通过创新提高竞争力、生产力以及本国的就业和收入水平，促进可持续和包容性的经济与社会发展，构建自由、平等、繁荣的社会。该战略通过基于数字化转型的"支撑轴"和在以上基础上对政府和经济活动进行数字化转型的"数字转型轴"两大类实现（见图 5）。

（四）重要科技成就

1. 成功应对寨卡疫情与新冠疫情

巴西科学家已经成功应对 2015 年的寨卡疫情和 2020 年的新冠疫情。2015 年 5 月，巴西东北部首度出现寨卡病毒。随后的一年时间里，该疫情在巴西以及美洲多个国家迅速流行开来，包括多个太平洋岛屿及东南亚也有疫情爆出。自寨卡疫情爆发以来，巴西随即组织科学家及相关机构开始进行研究。同时，

---

① "MCTI Publica atualização da Estratégia Brasileira para a Transformação Digital 2022 – 2026— Ministério da Ciência, Tecnologia e Inovação", Ministério da Ciência, Tecnologia e Inovação, https：//www. gov. br/mcti/pt – br/acompanhe – o – mcti/noticias/2022/11/mcti – atualiza – estrategia–brasileira–para–a–transformacao–digital–para–o–periodo–2022–2026, accessed at Dec. 14, 2023.

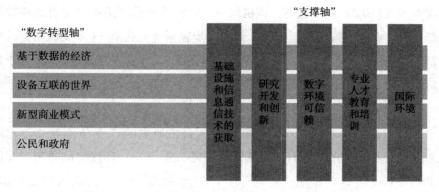

图 5　《巴西数字化转型战略 2022~2026》的实现

巴西里约热内卢正好是 2016 年奥运会和残奥会的举办地。2016 年 7 月的 *Sciences* 杂志网站发表文章称，此次的寨卡疫情已经达到顶峰，预计会在 2~3 年自行结束，但巴西仍未停止相关研究。据统计，2014~2018 年，全世界共计发表研究寨卡病毒的文章 4455 篇，其中巴西科学家发表相关文章 674 篇；世界关于寨卡病毒与小头症研究的文章 840 篇，其中巴西发表相关文章 212 篇。[①]

2020 年 2 月底，巴西公布首例新冠确诊病例后立即组织知名专家开展研究工作，巴西国家科学技术发展委员会专门设立新冠专项基金，总额为 5000 万雷亚尔（约合 1000 万美元），用于资助各大实验室开展相关研究。2021 年 3 月，巴西宣布研发出第一款 100%国产的新冠疫苗。

2. Sirius 同步辐射光源

巴西国家能源与材料研究中心（CNPEM）的 Sirius 同步辐射光源位于圣保罗州坎皮纳斯市（Campinas，São Paulo），是世界上最早建成的第四代同步辐射光源之一，也是巴西有史以来建造的最复杂的科研设施——一个进行尖端科学研究以及为健康、农业、能源和环境等领域的全球问题提供解决方案的战略基础设施，现已向巴西和国际科学界开放，为学术和相关研究提供先进的科学仪器，每年使数千名科学家受益。Sirius 同步辐射光源由巴西同步辐

---

① "Publicações científicas sobre zika e microcefalia"，Pesquisa，https：//revistapesquisa.fapesp. br/publicacoes-cientificas-sobre-zika-e-microcefalia/，accessed at Dec. 14, 2023.

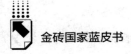

射实验室（LNLS）负责运营，该机构是一家私营非营利组织，受巴西科技创新部监管。在第一阶段的运行中，新的同步辐射光源将有14个实验站，其中6个已经完全投入运行，5个正在进行科学调试，2个正在建设中，1个处于规划阶段。未来，Sirius同步辐射光源将能够容纳多达38条光束线。

3. 巴西首颗自主研发卫星成功发射

2021年2月，由巴西国家空间研究所自主研发的"亚马孙1号"地球观测卫星，在印度的萨迪什·达万航天中心发射升空。印度空间研究组织使用PSLV-C51运载火箭将"亚马孙1号"及18颗卫星一同送入预定轨道，下一阶段的任务是对卫星进行测试并调试其携带的摄像头。"亚马孙1号"是巴西国家空间研究所的雨林盗伐实时检测系统（Deter）的组成部分，它将被用于观察和监测亚马孙地区森林的砍伐情况，及时提供预警。

4. 人工智能系统和物联网

在牛津研究院发布的2019年人工智能准备指数（AI Readiness Index）中，巴西在192个国家中居第40位，表明这个南美巨头正在人工智能世界中崛起。同时，德勤（Deloitte）和其他机构研究发现，以巴西为首的南美正迅速成长为支持人工智能业务的"领头羊"。根据斯坦福大学发布的2019年人工智能指数报告，巴西未来经济的发展将很大程度地依赖于人工智能技术，该国目前在南美已是遥遥领先。该研究还发现，在过去几年中，巴西已成为全球人工智能岗位招聘增长最快的5个国家之一。巴西政府部门，银行、农业等具有创新性和竞争力的经济部门等已开始采用人工智能技术，其中，中央银行的新即时支付系统有望彻底改变巴西的金融交易现状，巴西是世界上首批采取此类举措的国家之一。在食品和生物燃料生产领域，巴西也正在开发和部署人工智能系统与物联网。

二 巴西国际科技合作基本情况

（一）国际科技合作总体情况

在国际科技合作方面，巴西优先选择同美国、英国、日本、欧盟等国家或组织开展合作，同时寻求进一步发展与拉丁美洲国家、金砖国家等科技发展水平相近国家的战略关系。具体看，巴西国际科技合作可分为南南科技合作、双边科技合作和多边科技合作三种模式。南南科技合作注重通过咨询、培训和设备援助等方式，以非营利模式推广技术经验，促进合作伙伴能力的提升；双边科技合作旨在加强两国间的科技知识、经验与科学实践交流分享，实现共同利益最大化；多边科技合作是指巴西同国际组织开展的致力于社会、经济和环境的科技项目与工程，通过与其他国际组织分享经验、共同实践，为国际科技合作创造更大利益。

（二）与金砖国家开展的国际合作

1. 金砖框架下的多边合作

金砖国家是新兴经济体和发展中国家间合作的重要平台，正在逐步深化南南合作。中国作为 2022 年金砖国家轮值主席国，2022 年 6 月 23 日，习近平主席主持金砖国家领导人第十四次会晤并提出"推动完善全球科技治理，让科技成果为更多人所及所享"①，时任巴西总统博索纳罗出席会议。会上指出，应加快金砖国家新工业革命伙伴关系厦门创新基地建设，举办工业互联网与数字制造发展论坛、可持续发展大数据论坛，达成数字经济伙伴关系框架，发布制造业数字化转型合作倡议，建立技术转移中心网络、航天合作机制。2022 年 9 月 27 日，巴西科技创新部参加了第十届金砖国家科技创新部长级会议，各国就科技创新政策和实践开展深入交流，听取各国科技创新合作工作组关于工作开展情况和科技创新框架计划的报告。会议还通过了《第十届金砖国家科技创新部长级会议宣言》和《工作计划（2022—2023 年）》。

（1）基础设施和大科学项目

2022 年 8 月，金砖国家汇集了五国科技部的代表讨论金砖国家内部大

---

① 《金砖国家领导人第十四次会晤举行　习近平主持会晤并发表重要讲话》，中国政府网，2022 年 6 月 24 日，https://www.gov.cn/xinwen/2022-06/24/content_5697417.htm。

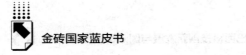

科学项目的科学合作，这是研究基础设施和大科学项目的第四次工作组会议，旨在促进基础设施的合作，鼓励为实施大科学项目做出有效贡献的举措，并创建设施以在应用和基础研究活动中寻找前沿科学解决方案。

（2）抗疫合作

2020 年 11 月，第八届金砖国家科技创新部长级会议在线上举行，会议强调了国际科技合作在抗击疫情中的重要作用并呼吁携手应对疫情大流行，金砖国家科技和创新框架计划支持金砖五国科学家携手开展科研合作与攻关。2022 年 3 月 22 日，金砖国家疫苗研发中心启动，提出《加强疫苗合作，共筑抗疫防线》的倡议。

2. 与中国的合作情况

作为两个发展中大国和重要新兴市场国家，2012 年，中国和巴西两国关系提升为全面战略伙伴关系。1982 年，中巴两国签署政府间科技合作协定，对两国科技合作进行顶层设计规划，是双边科技合作的重要基石。两国政府科技主管部门共同建立中巴高委会科技创新分委会、中巴高级别科技创新对话等政府间科技合作机制。在两国元首的引领下，双方在空间技术、卫生健康、信息通信技术、农业、科技园区、新能源技术、地质调查研究等诸多领域开展了卓有成效的合作，成为中巴关系发展的重要推动力量。

（1）空间技术

作为中巴科技合作的旗舰项目，中巴地球资源卫星近年来继续稳步推进。2022 年 5 月，中巴高委会航天合作分委会第六次会议召开，中巴双方同意尽快启动《2023—2032 年中国国家航天局与巴西航天局航天合作计划》，继续推动 CBERS 系列卫星数据在更多国家与地区的分发和应用，尽快开展 05 星、06 星的论证，加强双方在空间技术、应用、科学以及人员培训等领域的合作，促进航天合作成果在两国经济社会发展各领域得到广泛应用。中国—巴西空间天气联合实验室的建设得到中巴两国高层的高度关注和大力支持，成为中巴科技合作的新亮点和南南合作的新典范。

（2）卫生健康

两国在传染病防治合作研究方面，持续进行卓有成效的合作。巴西联合中国多家学术研究机构、医院等进行联合研究，开展传染病基础研究等合作，包括寨卡病毒、黄热病毒、禽流感等多种传染病机理研究以及检测技术和疫苗开发。加强疫苗、药物及诊断试剂、传染病等领域的合作。新冠疫情发生后，巴西积极与中方有关机构进行科技合作以应对新冠疫情。2021年7月，圣保罗州政府与中国科兴就新冠疫苗在巴西进行临床三期试验达成一致，双方签署了技术转让协议。

（3）农业

作为两个农业大国，中巴农业合作有高度的互补性，农业科技日益进步。2019年10月，中国科学院种子创新研究院与巴西农牧研究院签署合作谅解备忘录，将在大豆育种方面开展联合研究。2019年12月，首届中拉农业科技创新合作圆桌会议在巴西福塔莱萨举办，会议就中拉农业科技政策、合作前景、农业技术、农业市场发展等开展了研讨交流。2021年11月，巴中企业家委员会主办首届"中巴生物技术、农业与可持续发展"在线论坛，双方商定进一步加强在农业生物技术联合创新、生物安全法规制度建设、生物技术产品应用及贸易等领域的合作。

（4）科技园区

2015年中国和巴西签署了《中巴科技园区领域双边合作谅解备忘录》，旨在鼓励和促进两国科技与创新的参与者在科技园区、企业孵化器以及其他相似领域的合作，加快建设由市场驱动的技术创新生态系统，现阶段科技园区合作逐渐成为中巴科技交流新亮点。巴西和中国组织科技园区管理人员、企业家等相关人员多次互访，了解相关科研创新情况，促进科技园区对接。2021年10月，中国科技部火炬中心主办"中巴科技园区对接交流会"，多家科技园区机构代表参会，分别围绕生物医药和现代农业两个领域介绍了各自园区的发展情况和对接需求，围绕产业技术领域开展深入交流，促进双方在园区、机构和企业等多个层面开展务实合作，为国际科技园区合作提供新的思路和途径。

（5）新能源技术

近年来，中国和巴西两国在可再生能源领域的合作日益深入。中国国家电网和巴西国家电力公司合作，采用了中国自主研制的具有世界先进水平的特高压输电技术，建成美丽山水电站并投入运营，满足巴西 2200 万人的用电需求。比亚迪为巴西新能源市场注入新的动力，其太阳能板工厂实现量产，与坎皮纳斯州立大学共建新能源联合研究中心，成功签约巴西首个锂电池集装箱式储能项目；生产的电动大巴已在巴西 4 个城市运营。

（三）与其他国家开展的国际合作

1. 与美国的科技合作

美国和巴西自 20 世纪 60 年代以来即在航天领域开展了较为密切的合作，两国在该领域的实力优势互补大大助力了两国的航天合作。2019 年 3 月，两国签署了技术保障协议和高能物理科学合作协议、干旱监测合作协议等研发协议。

2. 与英国的科技合作

2018 年 3 月，巴西和英国宣布 2018~2019 年为两国科技创新年，两国举办一系列旨在推动两国科技创新合作的活动，英国牛顿基金会为巴西提供约合 1 亿美元的资助。2020 年 10 月，巴西和英国续签了气候研究合作协议，联合开展天气、气候和环境的研究，共享气候和自然灾害预防数据。2021 年 5 月，巴西科技创新部部长与英国科技部部长举行线上会晤，讨论在人工智能、空间和新冠病毒测序领域开展联合工作的可能性。2022 年 3 月，巴西科技创新部和英国驻巴使馆共同推出 VIEW Point 平台，提供关于气候变化对农业、能源、卫生和基础设施等方面影响的前沿科学研究。

3. 与德国的科技合作

2019 年 11 月，第 29 届巴西—德国科技合作联委会会议召开，巴方强调了与德国在生物多样性、海洋研究和气候监测等领域开展新研究项目的意向，重点针对亚马孙地区。2021 年 3 月，首届巴西—德国数字对话举行。双方提议将在人工智能、物联网、区块链、大数据、云计算等信息领域加强合作。

4. 与国际组织等多边合作

（1）参与"阿尔忒弥斯计划"

2022 年 9 月，巴西航天局主席在法国出席"阿尔忒弥斯计划"会议。包括巴西在内已有 21 个国家参与该计划，巴西认为参与该计划有利于其跻身航空航天技术主导国家之列。

（2）与世界卫生组织签署合作协议

2022 年 3 月，巴西科技创新部与世界卫生组织在日内瓦签署了合作谅解备忘录，该备忘录初步期限为 10 年，鼓励开展疫苗、治疗、诊断和医疗设备的联合研发，重点是抗微生物药物耐药性和被忽视的热带病。

（3）加入欧洲核子研究组织

2022 年 3 月，巴西科技创新部部长签署了成为欧洲核子研究组织准成员的协议。该组织有 23 个正式成员国、9 个准成员国和 3 个观察员国。在非成员国中，巴西是第四大派遣研究人员参加的国家，也是南半球唯一加入该组织的国家。

（4）加入全大西洋研究与创新联盟

2022 年 7 月，巴西与其他国家在美国华盛顿签署宣言，宣布成立全大西洋研究与创新联盟，旨在通过协调努力和整合科技创新知识来支持大西洋的可持续发展。

三　巴西新工业革命相关领域进展

2018 年，在南非约翰内斯堡举行的金砖国家工商论坛上，习近平主席发表重要讲话指出，"我们将共同建设金砖国家新工业革命伙伴关系，加强宏观经济政策协调，促进创新和工业化合作，联手加快经济新旧动能转换和转型升级"[①]。金砖国家新工业革命伙伴关系倡议在金砖国家领导人第十次

---

① 《习近平在金砖国家工商论坛上的讲话（全文）》，中国政府网，2018 年 7 月 26 日，https://www.gov.cn/xinwen/2018-07-26/content_5309266.htm。

会晤上获得正式核可，并写入《金砖国家领导人第十次会晤约翰内斯堡宣言》。新工业革命伙伴关系旨在深化金砖国家在数字化、工业化、创新、包容、投资等领域合作，最大限度把握第四次工业革命带来的机遇，应对相关挑战。其中，巴西也在发挥自身优势，重视工业革命相关技术的研究、应用与转化，出台一系列战略规划，把握第四次工业革命带来的机遇。

（一）战略规划

1.《巴西人工智能战略》（EBIA）

2021 年 4 月，《联邦官方公报》（DOU）发布了《巴西人工智能战略》，以指导联邦政府在各个领域开展人工智能的创新和寻找解决方案。[1] 该战略旨在制定开发和使用人工智能的道德原则，促进对人工智能研发的持续投资，消除人工智能创新的障碍，培训和教育人工智能生态系统的专业人员，在国际环境中激励巴西人工智能的创新和发展，优化公共和私营实体、行业和研究中心之间的合作环境，以发展人工智能技术等。[2]

2.《巴西数字化转型战略》（E-Digital）

2018 年，由巴西联邦政府发起的《巴西数字化转型战略》涵盖了国家在基础设施建设、研发创新、专业培训、经济、公民等方面的 100 个行动计划，以 4 年为一周期。随着社会在数字技术的使用方面发生了深刻的变革，物联网、人工智能、大数据分析、云计算、移动系统、社交和协作网络、网络物理系统、深度学习、信息安全、网络安全、高性能计算、量子计算以及最近的元宇宙等数字技术已经深入社会。巴西科技创新部重新审视战略方向并确定资源优先级，于 2022 年 11 月出台《巴西数字化转型战略 2022~2026》，以实现巴西数字化转型的预期目标，公布了未来 4 年要实施的新行

---

[1] "Publicada Estratégia Brasileira de Inteligência Artificial", Ministério da Ciência, Tecnologia e Inovação, https：//www. gov. br/pt－br/noticias/educacao－e－pesquisa/2021/04/publicada－estrategia-brasileira-de-inteligencia-artificial, accessed at Dec. 14, 2023.

[2] 《巴西发布"人工智能战略"》，中国科学院科技战略咨询研究院网站，2021 年 8 月 9 日，http：//www. casisd. cn/zkcg/ydkb/kjzcyzxkb/2021/zczxkb202106/202108/t20210809_6155336. html。

动，旨在充分发挥数字技术的潜力，全面提升竞争力、生产力以及本国的就业和收入水平，构建自由、平等、繁荣的社会。[1]

3. 巴西国家数字政府战略

2021 年 3 月，巴西政府制定"国家数字政府战略"，旨在提供公共数字服务，推进数字经济。[2] 其部分目标是促进公共部门的数字化转型，以提高政府服务的效率、透明度、可及性和扩大政府服务的积极影响；加强公民参与，推动技术创新；创建一个更加现代化、灵活和以公民为中心的公共管理机构。2021 年 3 月 29 日，第 14129 号法律（《数字政府法》）对该战略做出了规定，目前该战略正在建设之中，由公共服务管理与创新部牵头，全国行政国务秘书理事会等多家机构参与执行。综合来看，巴西"国家数字政府战略"旨在推进服务转型，侧重于四大核心领域，即智慧城市、医疗保健、涉农产业和制造业。[3]

4. 巴西第五代网络（5G）战略

5G 技术将给巴西经济社会带来革命性变化，其在智能城市、自动驾驶汽车、远程医疗和教育、自动化以及在生产和服务中使用机器人等方面的潜在应用，将成为人民日常生活的一部分，以提高生产力和增进人民的福祉。2021 年 9 月，巴西国家电信局理事会召开特别会议，通过关于 5G 的法令最终版本；同年 11 月，巴西国家电信局举行 5G 频段运营许可拍卖，三家巴西电信运营商成功中标，经营权有效期为 20 年。[4]

5. 半导体行业技术发展支持计划（PADIS）

2022 年 1 月，巴西联邦政府宣布半导体行业技术发展支持计划的有效

---

① 《巴西科技创新部出台〈巴西数字化转型战略 2022~2026〉》，中国科学院科技战略咨询研究院网站，2023 年 4 月 3 日，http://www.casisd.cn/zkcg/ydkb/kjzcyzxkb/2023/zczxkb 202301/202304/t20230403_6726409.html。

② "Estratégia Nacional", Governo Digital, https://www.gov.br/governodigital/pt-br/estrategiana cional/estrategia-nacional, accessed at Dec. 14, 2023.

③ 《巴西"数字政府战略"推进服务转型-创意 2030 研讨会》，国际在线网站，2021 年 4 月 8 日，https://city.cri.cn/20210428/7d193d7c-2ca4-d120-a347-1bca60739a3a.html。

④ 《巴西加快 5G 建设》，人民网，2022 年 8 月 17 日，http://world.people.com.cn/n1/2022/ 0817/c1002-32504155.html。

期延长至 2026 年 12 月 31 日，继续支持和鼓励半导体与显示器行业的发展，为半导体电子设备行业提供税收优惠，如 LCD 和等离子显示器、存储芯片等。半导体行业技术发展支持计划于 2007 年启动，旨在吸引和加大半导体和显示器领域的投资。这些激励措施包括用于太阳能的光伏电池和模块/面板及相关的硅锭和纯化硅。相关企业可享受免除某些联邦税和对受益设备的生产、进口和销售征收的费用，作为条件企业有义务对研发活动进行最低限度的投资。

6.《国家生物燃料发展规划》

2016 年 12 月，巴西矿能部、环境部和农业部联合制定了《国家生物燃料发展规划草案》，以规范和鼓励国内生物燃料生产和应用。2017 年 12 月，《国家生物燃料发展规划》正式被批准。该规划明确提出，到 2030 年要把可再生能源在全国能源结构中的比重提高到 45%，其中生物燃料的比重为 18%，全国有 1/3 的城市投资开发生物燃料，可为国民经济提供大约 1500 亿雷亚尔（约合 283 亿美元）的产值，还将创造大约 100 万个就业岗位。同时，该规划鼓励开发新型生物燃料，从事生物燃料生产的企业，在经过巴西国家石油、天然气和生物燃料管理署的资格审批后，可获得"减排信用证"，在这之后可以上市交易，这成为生物燃料企业新的融资手段。①

（二）相关领域进展

1. 人工智能创新计划

2021 年 4 月，巴西官方发布"人工智能战略"，指导联邦政府各方面的行动。2022 年 3 月，巴西政府颁布人工智能创新计划，科技创新部负责在初创企业中选择与人工智能有关的创新项目进行立项，重点是农业 4.0、健康 4.0、工业 4.0、旅游 4.0 和智能城市部门的技术开发，共计资助 8000 万雷亚尔。巴西公司可以单独申请项目，或与其他国家公司一起合作参与该项

---

① 《巴西生物燃料产业步入发展快车道》，中国经济网，2022 年 4 月 22 日，http://tech.ce.cn/news/202204/22/t20220422_37520564.shtml。

目。该计划目标是促进初创企业和其他机构之间的合作伙伴关系，以促进人工智能技术的发展。该计划中新项目的执行初始期限为3年。

2. 5G 建设

2022年8月，巴西利亚和圣保罗相继开通5G网络，是巴西第一批拥有5G网络服务的城市。随着政策的推进，无人驾驶、物联网、远程医疗、智能制造、智慧农业、智慧城市建设等多项5G技术的应用在巴西加速推广，为巴西经济发展提供新动力。巴西经济部研究显示，未来10年5G需求将给巴西经济领域带来1010亿雷亚尔（约合191亿美元）的收入，潜在收益可达5900亿雷亚尔。

3. 开发新型生物燃料

作为农业大国，巴西重视玉米、甘蔗等作物的生产。玉米可作为开发乙醇的新型原料来源；甘蔗可提炼乙醇，在此过程中产生的原料可通过发酵产生沼气，提纯制取甲烷。巴西沼气和生物甲烷协会研究显示，巴西的沼气生产潜力为每年820亿立方米，如果转化为电能，可满足巴西所有家庭一个月的用电需求。

四　中巴科技合作展望

自1974年8月建交以来，中巴两国始终相互尊重、平等相待、合作共赢，两国关系持续稳定向前发展。当前，世界之变、时代之变、历史之变正以前所未有的方式展开，在全球政治经济格局加速调整的背景下，当前的中巴关系已超越双边范畴，"全局性、战略性、全球性"影响日益突出，成为国际舞台上推动发展中国家团结与发展的重要力量，中巴两国在科技方面的合作前景广阔。

一是以两国元首共识为引领，科技合作走深走实。1993年，巴西成为首个同中国建立战略伙伴关系的发展中大国；2012年，两国关系提升为全面战略伙伴关系。2023年是中国和巴西建立战略伙伴关系30周年，两国元首进行了多次会晤交流，从战略层面引领开辟新时代中巴关系新未来。2023

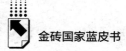

年 4 月巴西总统卢拉访华，此访也是卢拉就任以来首次出访，充分彰显了其对与中国合作的高度重视，在访华期间与中国领导人进行了友好会谈，并签署了一系列涉及经贸、科技、能源、农业等领域的合作协议。

二是双边与多边相结合，助推合作高质量发展。中巴双边合作在元首共识引领下不断走深走实，同时作为发展中国家的独特合作平台，两国在金砖国家合作机制等多边框架下的合作基础也日益夯实，领域逐渐拓展。2023年是金砖国家合作机制成立的第 17 年，曾经巴西是该组织中拉美国家的唯一代表，2023 年金砖国家扩员，将明显提升金砖国家在世界舞台上的影响力，在该多边机制的协调下，中巴科技合作势必朝高质量方向发展。

三是从传统科技合作领域向外延伸，优势互补添动能。中国与巴西分属东西半球最大的发展中国家，社会经济发展水平接近，从研发重点领域和技术优势来看，两国各有特点，科技合作互补性很强，发展潜力巨大。本着优势互补、互利共赢的原则，两国已在卫生健康、信息通信技术、农业、科技园区、新能源技术、地质调查研究等领域展开了卓有成效的合作。近年来，中巴科技交流已走出传统领域，开始涉足生物技术、纳米技术、信息技术领域，并积极探索在新能源、可再生能源方面的合作潜力。中巴建交将于2024 年迎来 50 周年，科技合作作为两国关系的重要组成部分，也将面临继往开来的新任务，有望为两国经济社会发展提供新动能。

印度科技创新发展与国际科技合作研究

高 颖 罗春玲*

摘 要: 印度是亚洲科技创新大国。近年来,印度科技创新水平不断提高,创新发展潜力巨大。印度政府十分注重基础研究和战略技术发展,通过颁布相关政策法规,努力推动技术本土化,摆脱技术进口依赖,聚力打造全球研发中心。印度政府重视开放合作,国际科技合作向美西方国家倾斜,重点加强了与美国、德国、法国、日本、澳大利亚等西方科技强国之间的科技创新合作,并积极与其他国家开展对话交流。印度在电子信息、航空航天、生物医药、能源等领域具有较大优势并取得了一定成果。

关键词: 印度 科技创新 国际科技合作

一 印度科技创新发展基本情况

2019~2022 年,印度国民经济总额持续上涨,是具有潜力的新兴发展中国家。2020 年,新冠疫情的严重冲击导致印度经济增长大幅下降,GDP 约为 2.62 万亿美元,同比下降 6.14%。2021 年印度经济出现复苏迹象,GDP 达 2.86 万亿美元,增长率达到 9.81%。2022 年 GDP 增长 6.93%,基本与疫情冲击前的增长率持平,GDP 首次突破 3 万亿美元。①

随着经济复苏,印度科技创新水平不断提高。根据世界知识产权组织

---

* 高颖,博士,中国科学技术交流中心专技十级职员,研究方向为科技管理与政策;罗春玲,博士,杭州师范大学教授,研究方向为决策分析与运筹优化。

① CEIC Database, https://www.ceicdata.com/en.

（WIPO）发布的 2015~2022 年《全球创新指数》①，印度全球创新指数排名
从 2015 年的第 81 位持续攀升至 2022 年的第 40 位，7 年内上升了 41 位，印
度是金砖国家中排名增幅最大的国家（见图 1）。从印度科技现状和未来发
展趋势来看，印度科技创新发展仍然具有较大潜力和空间。

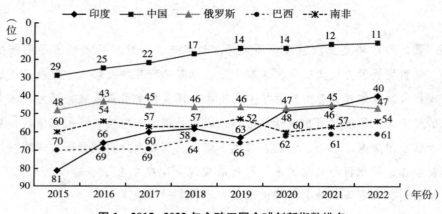

图 1　2015~2022 年金砖五国全球创新指数排名

数据来源：2015~2022 年《全球创新指数》。

（一）科研投入

印度全国研发投入较为不足，近 10 年一直不到 GDP 的 1%。2023 年印
度科技部发布的《研发统计一览（2022—2023）》显示，2010~2011 财年，
印度全国研发投入约为 0.60 万亿卢比，约占 GDP 的 0.80%。与 2010~2011
财年相比，2020~2021 财年印度全国研发投入增加了 1 倍，约为 1.27 万亿
卢比，但却仅占 GDP 的 0.64%，与 2019~2020 财年相比，研发投入的 GDP
占比下降了 0.02 个百分点。

如图 2、图 3、表 1 所示，印度全国研发经费支出占 GDP 的比重近年来
呈现下降趋势。研发经费支出以政府投入为主，2020 年政府研发投入占研

---

① "Global Innovation Index", WIPO, https：//www.wipo.int/publications/en/series/index.jsp?
id=129.

发总投入的 54.76%，较 2010 年下降了 7.62 个百分点；企业研发投入占研发总投入的 32.19%，较 2010 年的 32.12%有小幅度提升；高校研发投入占研发总投入的 8.82%，较 2010 年提升了 3.33 个百分点。

图 2　2010~2020 年印度全国研发经费支出占 GDP 的比重

数据来源：《研发统计一览（2022—2023）》，印度科技部网站，2023 年 5 月，http：// www.nstmis-dst.org/Pdfs/R&D%20Statistics%20at%20a%20Glance,%202022-23.pdf。

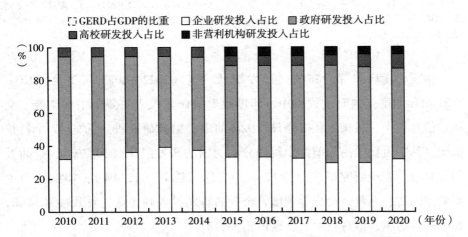

图 3　2010~2020 年印度全国研发经费支出按来源和执行部门划分的比重

注：2010~2014 年，非营利机构研发投入占比没有获得相关数据；2010~2020 年，GERD 占 GDP 的比重不到 1%，故未在图中展现。

数据来源：《科技指标表（2019—2020）》，印度科技部网站，2020 年 5 月，http：//www.nstmis-dst.org/Pdfs/S&TIndicatorsTables2019-20.pdf；《科技指标表（2022—2023）》，印度科技部网站，2023 年 5 月，http：//www.nstmis-dst.org/Pdfs/S&T%20INDICATORS%20TABLES%202022-23.pdfs。

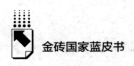

表1　2010~2020年印度全国研发经费支出所占比重

单位：%

	2010年	2011年	2012年	2013年	2014年	2015年	2016年	2017年	2018年	2019年	2020年
GERD占GDP的比重	0.77	0.76	0.74	0.71	0.70	0.69	0.67	0.67	0.66	0.66	0.64
企业研发投入占比	32.12	35.32	36.63	38.45	37.20	33.22	33.49	32.39	29.95	29.73	32.19
政府研发投入占比	62.38	59.37	58.36	54.03	56.50	55.88	55.37	56.39	58.88	58.74	54.76
高校研发投入占比	5.49	5.32	5.01	5.05	6.30	6.39	6.68	6.84	7.05	7.50	8.82
非营利机构研发投入占比	—	—	—	—	—	4.52	4.46	4.38	4.12	4.03	4.22

注：GERD，即全国研发经费支出，—表示没有获得相关数据。表中的非营利机构和企业分别对应印度科技部《科技指标表（2022—2023）》中的科学与工业研发机构和私人机构。

数据来源：《科技指标表（2019—2020）》，印度科技部网站，2020年5月，http://www.nstmis-dst.org/Pdfs/S&TIndicatorsTables2019-20.pdf；《科技指标表（2022—2023）》，印度科技部网站，2023年5月，http://www.nstmis-dst.org/Pdfs/S&T%20INDICATORS%20TABLES%202022-23.pdfs。

　　根据印度科技部发布的《研发统计一览（2022—2023）》，在2020~2021财年印度全国研发投入中，印度政府的研发投入主要集中在制药、交通、信息技术、机械工程等领域，92%的中央财政研发投入面向12个科技机构，其中占比最高的前四个机构分别为国防研发组织（30.7%）、空间署（18.4%）、农业研究理事会（12.4%）、原子能署（11.4%）；印度政府主要关注国防、燃料、冶金等领域，企业的研发投入则主要关注民生和市场，如医药、纺织、信息技术、交通运输等领域。[①]

　　根据印度教育部发布的《2010—2020年高等教育发展报告》，2010~2020

---

① 《研发统计一览（2022—2023）》，印度科技部网站，2023年5月，http://www.nstmis-dst.org/Pdfs/R&D%20Statistics%20at%20a%20Glance,%202022-23.pdf。

年，印度高等教育毛入学率整体呈递增趋势，其中 2020 年高等教育毛入学率为 27.3%（见图 4）。但在金砖五国中，印度高等教育毛入学率仍然偏低。

图 4 2010~2020 年印度高等教育毛入学率

数据来源：《2010—2020 年高等教育发展报告》，印度教育部网站，2023 年 8 月 11 日，https：//aishe. gov. in/aishe/gotoAisheReports；jsessionid = 83ADACE1D1A0E6C142CBDE8F3A720A1B。

（二）科研产出

据美国国家科学基金会（NSF）统计，2020 年，印度发表科研论文数量位居世界第三。其科学与工程（S&E）同行评审出版物占全球总量的 5%，论文出版量占比靠前的其他国家还有中国（23%）、美国（16%）、德国（4%）、英国（4%）和日本（3%）。[①] Web of Science 核心合集检索数据显示，2010~2022 年，印度发表科研论文数量从 41510 篇增至 147267 篇（见图 5），年均增长率为 11.12%，远高于全球 6.5% 的年均增长率。从 2020~2022 年印度科研论文重点领域分布来看，印度科研论文主要集中在材料科学、电气电子工程、化学物理和环境科学等领域（见图 6）。

根据 WIPO 公布的 131 个国家的所有知识产权专利申请情况，2010~2021 年印度的专利申请量总体保持增长态势（见图 7），2021 年印度专利申请总量

---

① Amy Burke et al.，"Science and Engineering Indicators 2022：The State of U. S. Science and Engineering 2022"，NSF，January 18，2022，https：//ncses. nsf. gov/pubs/nsb20221.

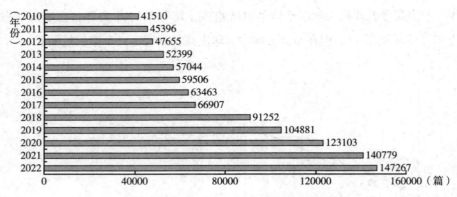

图5　2010~2022年印度发表科研论文数量

注：检索关键词——发表年份为2010~2022年；国家为INDIA；文献类型为论文。

数据来源：Web of Science核心合集检索数据，https：//www.webofscience.com/wos/alldb/basic-search。

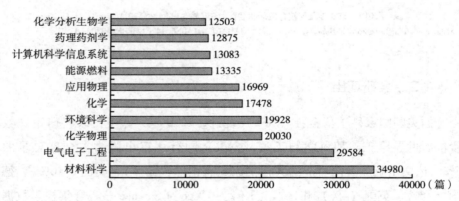

图6　2020~2022年印度科研论文重点领域分布及数量

注：检索关键词——发表年份为2020~2022年；国家为INDIA；文献类型为论文。

数据来源：Web of Science核心合集检索数据，https：//www.webofscience.com/wos/alldb/basic-search。

居第6位。根据世界知识产权组织知识产权统计数据中心[1]，2010~2021年，印度专利申请总量为710903件，主要集中在药物、计算机、化学和电子等领域。但其中印度本国居民专利申请量占比较低，近10年印度本国居民专利申请量平

①　WIPO IP Statistics Data Center，https：//www3.wipo.int/ipstats。

均占专利申请总量的25%。在2021年印度专利申请总量中，海外专利申请量占21.53%，其中，海外专利申请量排前5名的国家分别为美国（11410件）、日本（4617件）、中国（3989件）、德国（2705件）、韩国（2639件）。① 如图8所示，印度专利授权数量近年来大幅增加，2021年达到38959件。

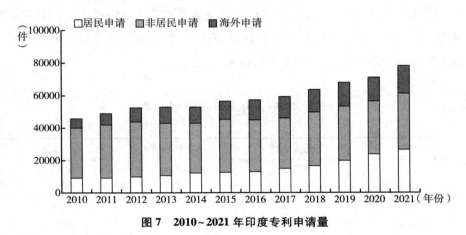

图7　2010~2021年印度专利申请量

数据来源：世界知识产权组织统计数据库（WIPO Statistics Database）。

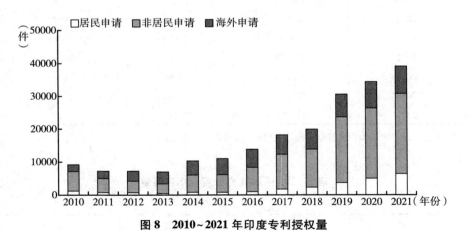

图8　2010~2021年印度专利授权量

数据来源：世界知识产权组织统计数据库（WIPO Statistics Database）。

---

① "Intellectual Property Statistical Country Profile 2021", WIPO, March 2023, https://www.wipo.int/edocs/statistics-country-profile/en/in.pdf.

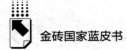

近年来，印度商标申请量和注册量呈增长趋势。2021 年印度商标注册量达 356063 个，占商标申请量的 72.78%。其中，印度本国居民商标注册量占注册总量的 84.99%（见表 2 和表 3）。印度工业品外观设计申请量与注册量在 2020 年均有所下滑，但在 2021 年工业品外观设计申请量增加至 23263 个，同比增长 62.56%；工业品外观设计注册量增加至 14669 个，同比增长 44.04%。2021 年印度工业品外观设计注册数量占设计申请量的 63.06%，该占比相较于前两年有所下降（见表 4）。

表 2 2010~2021 年印度商标申请量

单位：个

年份	居民申请	非居民申请	海外申请
2010	172120	17806	9501
2011	176386	22161	10397
2012	176044	14806	12110
2013	183172	16284	13085
2014	200140	23616	18654
2015	250585	24240	19844
2016	264662	31660	19520
2017	242482	23688	19465
2018	297750	26266	21344
2019	322293	26654	26403
2020	382284	24750	23282
2021	435581	29377	24267

数据来源：世界知识产权组织统计数据库（WIPO Statistics Database）。

表 3 2010~2021 年印度商标注册量

单位：个

年份	居民注册	非居民注册	海外注册
2010	58117	9695	9322
2011	122440	20503	8890
2012	48014	7177	9452
2013	52117	8165	10657

年份	居民注册	非居民注册	海外注册
2014	45720	13062	14065
2015	53515	16145	14169
2016	158415	28831	14658
2017	287138	33638	16796
2018	306468	33715	17028
2019	272125	29485	21952
2020	214218	25524	20651
2021	302628	32063	21372

数据来源：世界知识产权组织统计数据库（WIPO Statistics Database）。

表4　2010~2021年印度工业品外观设计申请量与注册量（居民+非居民+海外）

单位：个

年份	工业品外观设计申请量	工业品外观设计注册量
2010	7655	6224
2011	9533	7483
2012	9347	7392
2013	9421	7896
2014	10553	7958
2015	11713	8693
2016	11523	8163
2017	12824	11751
2018	14251	9767
2019	15254	15074
2020	14310	10184
2021	23263	14669

数据来源：世界知识产权组织统计数据库（WIPO Statistics Database）。

二　印度国际科技合作情况

印度重视通过开放合作提升科技创新水平和发展能力。印度国际科技合作战略整体向美西方国家倾斜。近年来，印度积极与其他国家开展对话交

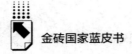

流，重点加强了与美国、德国、英国、法国、日本、澳大利亚等西方科技强国之间的科技创新合作，与亚洲科技发达国家的合作更加密切。

（一）印美科技合作

随着美国与中国的博弈日益加剧和印度全球科技创新地位的凸显，印度从国家发展战略需求出发，在科学技术等多领域深入发展与美的关系，从战略层面谋划、布局与美的科技合作，推动印美科技合作关系不断升级。2022年5月23日，印美两国签订印美投资激励协议，旨在加强美国国际开发金融公司在印度的"投资支持"，进一步帮助印度发展。2023年1月，印美两国共同启动关键和新兴技术倡议（Initiative on Critical and Emerging Technology，iCET）。该倡议具有显著的战略性特征，是印美关系发展的一个重要里程碑，印美共同启动该倡议标志着印美科技合作关系迈入新阶段。2023年6月21日，印度总理莫迪访美期间，与美方达成共识，印美两国将探索加强高技术贸易的方式，进一步促进印美工业界、政府和学术机构之间的技术共享、联合研发生产和技术转让。[1]

近年来，印美两国通过联合研发、科技人文交流、企业合作等方式，不断巩固、深化印美科技合作关系。在联合研发方面，近五年，美国国家科学基金会在与印度科学家、工程师和教育工作者的联合研究中投入超过1.46亿美元。[2] 印度原子能部向美国能源部费米国家实验室提供了1.4亿美元实物捐款，用于合作开发质子改进计划-II加速装置。[3] 美国国家科学基金会宣布与印度科技部在计算机和信息科学与工程、信息物理系统以及网络安全

---

① "Joint Statement from the United States and India", The White House, June 22, 2023, https：//www.whitehouse.gov/briefing-room/statements-releases/2023/06/22/joint-statement-from-the-united-states-and-india/.

② "NSF Signs U.S.-India Implementation Arrangement to Streamline the Process of Funding Projects between the Two Nations", National Science Foundation, February 1, 2023, https：//new.nsf.gov/news/nsf-signs-us-india-implementation-arrangement.

③ "FACT SHEET：Republic of India Official State Visit to the United States", The White House, June 22, 2023, https：//www.whitehouse.gov/briefing-room/statements-releases/2023/06/22/fact-sheet-republic-of-india-official-state-visit-to-the-united-states/.

等领域开展 35 项联合研究项目。此外，美国国家科学基金会与印度电子和信息技术部还将为半导体、下一代通信、网络安全、可持续性和绿色技术以及智能交通系统等应用研究领域的联合研发项目提供新的资金支持。[①] 作为印美关键和新兴技术倡议的一部分，印美两国还进一步简化了两国科研人员对研究项目的选择和资助过程。[②]

印美两国进一步增强科技人文交流。2022 年，美国向印度学生发放了 12.5 万份签证，创下新的纪录。美国大学协会和印度理工学院等印方高校共同成立新的联合工作组，以扩大与深化两国之间的研究和大学伙伴关系。由美印教育基金管理的富布赖特-卡拉姆气候研究奖学金推进了印度和美国顶尖学者在解决气候变化问题上的合作。美方通过本杰明·吉尔曼国际奖学金项目资助了 100 名美国本科生赴印度学习、实习，以加强印度学术机构与美国高校合作开发海外学习项目的能力。同时，印方资助支持休斯敦大学设立泰米尔研究教授岗位，并欢迎芝加哥大学任命印度哲学家、社会活动家维韦卡南达为客座教授。[③]

印美企业合作不断增强。美国科技巨头充分认识到印度巨大的市场潜力和人才资源，进一步拓展在印业务。美国应用与服务供应商公司 Infor 宣布，将在海得拉巴科技城建立面积约 35 万平方英尺（约 32516 平方米）、可容纳 3500 名员工的新开发中心。[④] 在印度政府的支持下，美国半导体公司

---

① "Joint Statement from the United States and India", The White House, June 22, 2023, https：//www. whitehouse. gov/briefing－room/statements－releases/2023/06/22/joint－statement－from-the-united-states-and-india/.

② "International Collaborations (India)", National Science Foundation, https：//www. nsf. gov/od/oise/IntlCollaborations/India. jsp；"NSF Signs U. S. － India Implementation Arrangement to Streamline the Process of Funding Projects between the Two Nations", National Science Foundation, February 1, 2023, https：//new. nsf. gov/news/nsf－signs－us－india－implementation-arrangement.

③ "FACT SHEET：Republic of India Official State Visit to the United States", The White House, June 22, https：//www. whitehouse. gov/briefing－room/statements－releases/2023/06/22/fact－sheet-republic-of-india-official-state-visit-to-the-united-states/.

④ "Info Expands Presence in India with New Hyderabad Development Campus", India Times, October 13, 2022, https：//cio. economictimes. indiatimes. com/news/corporate－news/infor－increases-presence-in-india-with-new-hyderabad-development-campus/94835718.

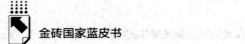

AMD 宣布，未来五年将在印度投资约 4 亿美元，在班加罗尔建设 AMD 园区，作为 AMD 公司最大的设计中心。① 美光科技有限公司（Micron Technology Inc.）宣布将投资超过 8 亿美元，在印度建立一个新的半导体组装和测试设施。应用材料公司（Applied Materials）表示将在印度建立一个半导体商业化和创新中心，以进一步加强两国半导体供应链的多元化。

印度积极链接美国政府和民间资源，与美国在半导体、量子、人工智能、地球科学、空间科技、清洁能源等前沿领域开展深度交流合作。在半导体领域，2022 年，印度电子和半导体协会与美国半导体行业协会签署谅解备忘录，旨在促进两国在半导体领域的合作。② Lam Research 公司也将通过其"Semiverse 解决方案"培训 6 万名印度工程师，以加速实现印度半导体教育和劳动力发展目标。③ 在量子和人工智能领域，为促进量子领域联合研究深入开展，印度和美国联合建立量子协调机制。美国鼓励印度参加量子纠缠交换和量子经济发展联盟，以促进量子领域交流。美印科技捐赠基金发起了一项 200 万美元的赠款，用于人工智能和量子技术的联合开发和商业化。2023 年，美国 Meta 公司与"India AI"④ 签署了一份谅解备忘录，以促进人工智能领域的合作。这次合作将建立"India AI"与 Meta 公司之间在人工智能和新兴技术领域的合作框架，包括使 Meta 公司的开源人工智能模型可供印度人工智能生态系统使用。在地球科学、空间科技领域，印度成功签署《阿尔忒弥斯协定》。美国宇航局和印度空间研究组织正在制定一项载人航天合作战略框架。印度空间研究组织宇航员将获得美国宇航局提供的高级培训。印度

① "AMD Announces Plan to Invest Approximately ＄400 Million Over the Next Five Years to Expand Research, Development and Engineering Operations in India", AMD, July 28, 2023, https：// ir. amd. com/news - events/press - releases/detail/1145/amd - announces - plan - to - invest - approximately-400-million.

② "US Semiconductor Industry Association Signs MoU with IESA", The Times of India, April 12, 2022, https：//timesofindia. indiatimes. com/gadgets - news/us - semiconductor - industry - association-signs-mou-with-iesa/articleshow/90806998. cms.

③ "FACT SHEET：Republic of India Official State Visit to the United States", The White House, June 22, 2023, https：//www. whitehouse. gov/briefing-room/statements-releases/2023/06/22/ fact-sheet-republic-of-india-official-state-visit-to-the-united-states/.

④ 印度电子和信息技术部数字印度公司（Digital India Corporation，DIC）下属的独立业务部门。

批准了一项 3.18 亿美元的投资，用于在印度建造一个激光干涉引力波观测站，该观测站将与美国、欧洲和日本的类似设施协同工作，以寻找时空中的引力波。NASA-ISRO 合成孔径雷达（NISAR）的科学有效载荷已交付印度，并计划于 2024 年发射，NISAR 将测量地球不断变化的生态系统，如自然灾害和海平面上升。印美双方还致力于加强地球科学研究领域的数据交换。美国地质调查局和印度空间研究组织正在就扩大双边数据交换面进行谈判。① 在清洁能源领域，印度与美国启动《印美清洁能源议程 2030 年伙伴关系》，召开印美联合氢能工作组会议，与美国在可再生能源、新型燃料等领域开展合作，共商可再生能源制氢技术研发。

（二）印中科技合作

印中两国科技交流活动始于 20 世纪 50 年代。1988 年，印度总理拉·甘地访华，印中双方正式签订政府间科技合作协议，标志着两国政府间科技合作正式开始。2006 年 9 月，印中两国科技部在北京签署《科技合作谅解备忘录》，成立部长级中印科技合作指导委员会，进一步协调解决双边合作中的战略性问题，指导和促进两国科技合作的发展。② 2013 年 5 月，李克强总理访问印度，两国发表《中华人民共和国和印度共和国联合声明》，声明指出："双方同意进一步加强在节能环保、新能源和可再生能源、高科技等领域的合作。"③ 2015 年莫迪总理应邀访华，中印两国发表《中华人民共和国和印度共和国联合声明》④，科技合作与交流被列为中印双边合作的重要

① "FACT SHEET：Republic of India Official State Visit to the United States"，The White House，June 22，2023，https：//www.whitehouse.gov/briefing-room/statements-releases/2023/06/22/fact-sheet-republic-of-india-official-state-visit-to-the-united-states/.
② 《专访中国驻印度使馆科技参赞文钧：新一轮科技和产业革命，中印合作顺势而为》，中国科技网，2018 年 1 月 10 日，http：//stdaily.com/guoji/xinwen/2018-01/10/content_620974.shtml。
③ 《中华人民共和国和印度共和国联合声明》，中华人民共和国外交部网站，2013 年 5 月 20 日，http：//bbs.fmprc.gov.cn/ziliao_674904/zt_674979/ywzt_675099/2013nzt_675233/lkqzlfw_675275/zxxx_675277/201305/t20130520_9283274.shtml。
④ 《中华人民共和国和印度共和国联合声明》，中华人民共和国外交部网站，2015 年 5 月 15 日，https：//www.mfa.gov.cn/web/gjhdq_676201/gj_676203/yz_676205/1206_677220/1207_677232/201505/t20150515_9307486.shtml。

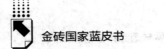
内容。多年来，中印科技合作已遍布物理、农业、生物技术、化工、医学、电子信息、新材料、环境、能源等诸多领域。中印两国已召开 6 次政府间科技合作联委会，民间科技合作也获得较大发展。

近年来，印中关系面临较大的挑战和外部压力，印中科技合作受两国关系影响较大。受印度政策因素影响，中国科技企业在印发展受阻。中国对印度的投资也受到更严格的审查和限制。

印中两国在金砖国家合作机制下有一定交流，通过金砖国家科技创新部长级会议、专业领域工作组会议等方式，分享各自科技创新政策和实践。2023 年 7 月，金砖国家信息通信技术与高性能计算工作组①第七次会议在上海举办。包括印度在内的五国专家组围绕金砖国家在智能时代下的发展需求，就信息与通信技术、高性能计算、人工智能等领域的工作进展与计划展开了深入交流。中印两国在气候变化等领域积极推进政策协调，进一步推动完善全球科技治理。在科技人文交流方面，印度高校和科研机构、企业、其他非政府组织对与中国开展合作持开放态度，且表现出一定兴趣，但受印度政策和两国关系影响，来华开展科技交流合作的印度科研人员数量明显减少。

（三）印欧科技合作

欧洲国家也是印度开展科技合作的重点，在西方的国际科技合作战略指引下，印度加强了与欧盟、德国、法国、挪威、芬兰等欧洲组织和国家的科技合作。

为加强数字治理、绿色和清洁能源技术、弹性价值链、贸易投资等新兴技术战略合作，应对贸易、通信技术和安全方面的挑战，2022 年 4 月，印度和欧盟共同成立贸易和技术理事会②，作为应对关键贸易、通信技术和安

---

① 金砖国家信息通信技术与高性能计算工作组，是五国部长级会议在科技创新领域的重要智库组织，主要职责是为金砖国家之间在信息通信与高性能计算领域的合作提供旗舰项目和一般项目的建议，为金砖国家部长级会议及领导人峰会提供科技领域合作的关键议题。

② "EU-India: Joint Press Release on Launching the Trade and Technology Council", European Commission, April 25, 2022, https://ec.europa.eu/commission/presscorner/detail/en/IP_22_2643.

全挑战的协调平台①。2023 年 5 月 16 日，印欧贸易和技术理事会首次部长级会议在布鲁塞尔召开。印度和欧盟表示，将在量子和高性能计算研发项目上开展合作，以帮助应对气候变化和自然灾害等挑战，并通过个性化医疗改善医疗保健服务。双方还承诺在可信赖的人工智能领域寻求合作，并通过专门的谅解备忘录协调双方在战略性半导体领域的政策。双方还将致力于缩短数字技术差距，促进数字人才交流，将通过在 5G、电信和物联网标准化方面的合作，加强各自数字公共基础设施的相互操作性，推动提出安全、保护隐私的解决方案。印欧双方还将从安全和可持续发展的角度推动创新和加大研究力度。印欧双方将重点关注废水管理、电动汽车电池回收及其标准。在贸易、投资和弹性价值链领域，印欧双方还同意深化在弹性价值链方面的协作，努力解决双边市场准入问题，并就双方外国直接投资审查机制交换信息。②

2022 年，印度和德国签署了《绿色和可持续发展伙伴关系意向声明》。该声明指出，德国将为印度重新造林提供支持，并与印度开展绿氢领域合作。在印度政府人员访问柏林期间，德国承诺为印度提供约 100 亿欧元的额外资金，用于气候行动和可持续发展。③印德两国还同意在人工智能初创公司、人工智能研究及其在可持续发展和医疗保健领域的应用方面开展合作。④ 2022 年 5 月初，印度—德国科学技术中心提议为医疗保健和可持续发

① "First EU-India Trade and Technology Council Focused on Deepening Strategic Engagement on Trade and Technology", European Commission, May 16, 2023, https://ec.europa.eu/commission/presscorner/detail/en/ip_23_2728.

② "First EU-India Trade and Technology Council Focused on Deepening Strategic Engagement on Trade and Technology", European Commission, May 16, 2023, https://ec.europa.eu/commission/presscorner/detail/en/ip_23_2728.

③ Kerstine Appunn, "India and Germany Announce Cooperation on Climate, Hydrogen and Forests", Jornalism for the Energy Transition, May 3, 2022, https://www.cleanenergywire.org/news/india-and-germany-announce-cooperation-climate-hydrogen-and-forests.

④ "India and Germany Agree to Work together with Focus on Artificial Intelligence (AI) Start-Ups as well as 'AI' Research and its Application in Sustainability and Health Care", Ministry of Science & Technology, May 3, 2022, https://pib.gov.in/PressReleasePage.aspx? PRID=1822324.

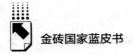

展领域的初创企业、研究和应用制订一个联合人工智能计划。[①] 2023 年 2 月，印度外交秘书表示，印度和德国还将在 5G 技术方面开展密切合作。

印度政府与法国积极开展核技术合作。2023 年 7 月，印法两国领导人举行代表团级会谈。会谈后的联合声明指出，法国和印度已同意"致力于在中、低功率模块化反应堆或小型模块化反应堆和先进模块化反应堆方面建立伙伴关系"[②]。此外，法国和印度还将继续在朱尔斯·霍洛维茨研究堆上进行合作，共同促进核技术的发展，加强核技术领域交流。

（四）与其他国家的科技合作

1. 日本

2022 年，印度和日本举行了工作组会议，讨论加强在 5G、开放式无线接入网、电信网络安全、海底电缆系统、互联汽车、量子通信和 6G 创新方面的合作。[③] 2022 年 3 月 19 日，日本和印度宣布建立"印度—日本清洁能源伙伴关系"。该伙伴关系旨在促进日本和印度之间的能源合作，利用所有能源和技术，通过多样化和实现能源转型，确保能源安全、碳中和与经济增长。日印能源政策对话中涉及的双边能源合作领域将扩大到包括清洁能源在内的 11 个领域。[④] 印度阿育吠陀研究所与日本国家先进工业科学与技术研究所签署谅解备忘录，旨在促进印度阿育吠陀传统医药体系领域的研究合作

---

① Samaya Dharmaraj, "India, Canada Renew Agreement to Collaborate on Technology", OPen Gov, May 24, 2022, https: //opengovasia. com/india−canada−renew−agreement−to−collaborate−on−technology/.

② "France, India Expand Cooperation to Include SMRs", World Nuclear News, July 17, 2023, https: //www. world − nuclear − news. org/Articles/France, − India − expand − cooperation − to − include−SMRs.

③ Samaya Dharmaraj, "India, Canada Renew Agreement to Collaborate on Technology", OPen Gov, May 24, 2022, https: //opengovasia. com/india−canada−renew−agreement−to−collaborate−on−technology/.

④ "Japan and India Announced the India−Japan Clean Energy Partnership（CEP）", Agency for Natural Resources and Energy of METI, March 22, 2023, https: //www. enecho. meti. go. jp/en/category/others/cep/20220319. html.

和能力建设。① 印日两国还共同致力于加深先进技术领域的科技人文交流。

2. 新加坡

印度与新加坡签署《科学、技术和创新领域合作谅解备忘录》，该谅解备忘录将进一步推动印度和新加坡共同开发与应对经济和社会挑战相关的产品合作。其主要内容包括：分享两国在研究、发展创新政策和计划方面的经验，交流和分享科技信息，组织与共同关注领域相关的研讨会、专题讨论会，开展联合研发项目，促进科学家、研究人员、技术人员和研究生交流培训等。该谅解备忘录有效期为 5 年，到期后自动延期 5 年。② 根据该谅解备忘录，新加坡企业发展局和印度科技部也签署了一份实施协议。该协议的签署将印新两国公司和初创企业联合起来，合作开发新的创新技术和寻找新的解决方案。新加坡企业发展局和印度科技部每年将至少发布一项需求，邀请新加坡和印度公司提交联合提案，并资助最终获批的创新项目。③ 印度可再生能源公司 Greenko 和新加坡吉宝基础设施公司（Keppel Infrastructure）在新加坡国际能源周期间签署谅解备忘录，以进一步共同探索两国在绿氢领域的合作。该谅解备忘录指出，印度将从 2025 年开始向新加坡出口绿氢。④

3. 加拿大

在第七届印度—加拿大联合科技合作委员会会议上，印加两国续签谅解

---

① "All India Institute of Ayurveda signs MoU with National Institute of Advanced Industrial Science and Technology", Japan, October 7, 2023, https：//pib. gov. in/PressReleasePage. aspx? PRID = 1865904.

② "New MoU Will Help Industry and Research Institutes from India & Singapore to Jointly Develop Products Related to Economic & Societal Challenges", Department of Science & Technology, https：//dst. gov. in/new－mou－will－help－industry－and－research－institutes－india－singapore－jointly－develop－products－related.

③ "Singapore and India Enhance Cooperation in Science, Technology and Innovation", Ministry of Trade and Industry, February 23, 2022, https：//www. mti. gov. sg/Newsroom/Press－Releases/2022/02/Singapore－and－India－enhance－cooperation－in－Science－Technology－and－Innovation.

④ "India to Export Green Energy to Singapore from 2025, Greenko-Keppel Sign Hydrogen MoU", The Economic Times, October 25, 2022, https：//economictimes. indiatimes. com/industry/renewables/india－to－export－green－energy－to－singapore－from－2025－greenko－keppel－sign－hydrogen－mou/articleshow/95076960. cms? from＝mdr.

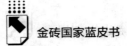
备忘录。根据 2005 年的科技合作协议，印度科技部分别与加拿大自然科学与工程研究委员会和加拿大国家研究委员会签署了谅解备忘录，合作的重点领域包括量子计算、人工智能和信息物理系统等。双方同意在 2022～2024 年继续监督双边科学、技术和创新项目中关键优先项目的进展。[①]

三　印度重要的科技成就与科技政策

（一）印度重要的科技成就

印度在电子信息、航空航天、生物医药、新能源和可再生能源等领域的科技水平具有一定优势。WIPO 发布的《全球创新指数 2022》显示，印度首次进入全世界前 40 名，在 36 个中低等收入经济体中排名第一，同时在中亚和南亚地区排名第一，连续 12 年刷新其全球创新指数纪录。

当前，信息技术行业已成为印度经济增长最重要的催化剂之一，为印度的 GDP 和公共福利做出了巨大贡献。根据印度软件和服务业企业行业协会的数据，2021～2022 财年，印度信息技术行业的收入达到 2270 亿美元，约占印度 GDP 的 9%，比上一财年增长 15.5%。[②] 作为信息技术行业的重要组成部分，印度软件服务（SaaS）行业近 5 年迅速成熟，已成为仅次于美国的全球第二大 SaaS 生态系统。印度 SaaS 行业年度经常性收入（Annual Recurring Revenue，ARR）从 2017 年的约 50 亿美元增加到 2022 年的 120 亿～130 亿美元；行业投资总额在 2022 年接近 48 亿美元，比 2021 年增长了近 3 倍。[③]

---

① Samaya Dharmaraj, "India, Canada Renew Agreement to Collaborate on Technology", OPen Gov, May 24, 2022, https://opengovasia.com/india-canada-renew-agreement-to-collaborate-on-technology/.

② Debjani Ghosh, "Technology Sector In India 2022: Strategic Review", NASSCOM, February 15, 2022, https://nasscom.in/knowledge-center/publications/technology-sector-india-2022-strategic-review.

③ A. Sheth et al., "India SaaS Report 2022", Bain & Company, January 23, 2023, https://www.bain.com/globalassets/noindex/2023/bain_report_india_saas_report_2022.pdf.

在航空航天领域，印度在卫星通信系统、自研轨道卫星、运载火箭、月球探测器等方面的技术已走在世界前列。近年来，印度空间研究组织成功发射多颗商业通信卫星，建成覆盖全球的卫星互联网；首枚私营运载火箭Vikram-1 试飞成功，推动印度迈出了商业航天发展的第一步；2023 年，印度通过实施"月船3号"项目实现月球软着陆，印度成为继美国、俄罗斯、中国后第四个完成月球软着陆的国家。

在生物医药领域，印度是全球最大的仿制药和疫苗供应国，全球超过20%的仿制药来自印度。印度政府经济调查报告显示，2020~2021 年，受新冠疫情影响，印度制药行业国外投资激增，增长率达200%。① 截至 2023 年7 月，印度的生物技术初创公司数量已经增加至约 6000 家，生物经济规模增加至 1000 亿美元。

印度在新能源和可再生能源领域取得了一系列成就。印度的可再生能源装机容量将在 2023 年达到 174 吉瓦，占国家总能源供应的 37%；② 印度政府计划新增输电线路，将各行政区的可再生能源项目与电网连接，降低碳排放并提高可再生能源产量；印度数据中心运营商 CtrlS 部署亚洲最大的气体绝缘变电站，为数据中心可持续发展提供了动力支持；印度国家热电公司建成全球最大的浮动太阳能发电项目，旨在减少煤炭消耗和二氧化碳排放。

（二）印度科技创新战略、政策及科技管理变化

近年来，印度十分注重基础研究和战略技术发展，通过颁布相关政策法规，努力推动技术本土化，摆脱技术进口依赖，努力打造全球研发中心。

印度政府重视整体科研能力的提升，通过政策协调积极整合国内科研力

---

① Press Information Bureau, "India's External Trade Recovers Strongly in 2021-22", Government of India, January 31, 2022, https://static.pib.gov.in/WriteReadData/specificdocs/documents/2022/jan/doc202213111201.pdf.

② Neha Dewan, "How India Became a Frontrunner in the Global Renewable Energy Market", The Economic Times, January 31, 2022, https://economictimes.indiatimes.com/industry/renewables/how-india-became-a-frontrunner-in-the-global-renewable-energy-market/articleshow/100271905.cms.

量和资源，促进产研深度融合。一方面，印度积极整合中央和地方科研力量，增强中央与各邦在科技领域的合作。2022年9月10日，印度召开"中央与邦科学会议"，各邦将任命专门官员与特别委员会协调合作，以打破中央和各邦区的藩篱。① 印度科技部在声明中指出："本着联邦制的精神，它将加强中央和邦的协调和合作机制，在全国范围内建立一个强大的科学、技术和创新生态系统。"② 另一方面，印度政府更加关注基础研究和先进技术研发，致力于推动产研合作，不断加大对科学研究的支持力度。2023年7月，印度政府宣布创建新的国家研究基金会计划，该基金会将在5年内投入60亿美元用于科学研究。③ 作为印度科学研究的最高机构，印度国家研究基金会将取代现有的科学与工程研究委员会，旨在促进学术、工业和政府部门之间的合作，引领科研方向，帮助推动印度的科学研究和创新。印度政府注重太空等战略前沿领域的先进技术研发。2023年4月20日，印度发布了《印度太空政策2023》，旨在推动印度在太空领域的研究取得突破性进展。该政策指出，印度太空研究组织将放弃开发和运营太空系统，转而专注于先进技术研发。该政策允许非政府实体提供印度国内和国际太空通信服务，鼓励其在太空领域开展各种活动。该政策还强调，印度太空促进与授权中心将作为一个政府组织，推动和引导国内的太空活动。④ 为进一步深化产研合作，印度政府启动产业和研发合作平台——Manthan。Manthan将加强产业主体和研发主体之间的互动，促进创新。同时，在印

---

① "PM Inaugurates Centre - State Science Conclave in Ahmedabad via Video Conferencing", Department of Science & Technology, https://dst. gov. in/pm-inaugurates-centre-state-science-conclave-ahmedabad-video-conferencing.

② "PM Modi to Inaugurate Science Conclave in Ahmedabad on Saturday", India Today, September 9, 2022, https://www. indiatoday. in/science/story/pm - modi - to - inaugurate - science - conclave-in-ahmedabad-on-saturday-1998428-2022-09-09.

③ Pratik Pawar, "India Aims to Invigorate Science with Hefty New Funding Agency," Science, July 11, 2023, https://www. science. org/content/article/india - aims - invigorate - science - hefty - new-funding-agency.

④ "Indian Space Policy: ISRO to Focus on R&D", The Hindu, April 22, 2023, https://www. thehindu. com/sci - tech/science/indian - space - policy - isro - to - focus - on - rd/article66761773. ece.

度政府首席科学顾问办公室领导下，Mathan 将通过信息交流、展览及其他活动促进知识转移与互动。

印度政府积极营造良好的创新创业环境，不断加强创新生态系统建设。目前，印度政府正专注于基础设施、投资、创新和包容性建设，致力于建立一个"有利的生态系统"，使印度到 2047 年跻身发达国家之列。① 对此，2023 年 7 月，印度政府发布了《国家深度科技初创企业政策》草案。该草案作为对已有"创业印度"政策的补充，旨在支持深度科技初创企业，为之创造有利的创业生态，通过政策干预解决深度科技初创企业面临的问题，促进印度向知识经济转型，推动科技领域发展，从而提高印度的整体生产力。② 印度政府还加大对企业科技创新的支持力度，通过政策、资金和税收优惠政策对企业科技创新活动予以支持。印度政府加大对科技基础设施的投资，包括对高等教育机构、科研实验室、医院、信息和通信技术关键基础设施进行投资。在关键技术领域对科技创新企业进行补充性投资和任务驱动型投资。在监管指导方面，印度政府简化监管制度，减少企业获得风险投资的障碍。印度电子和信息技术部推出"技术孵化与创业发展"（Technology incubation and Development of Entrepreneurship，TIDE 2.0）计划，旨在推动新兴创业公司为金融科技、医疗保健、教育、农业、环境、清洁能源和其他新兴科技领域的社会问题提出创新技术解决方案。该计划将为创业公司提供联合办公空间、创业指导等全方位孵化支持，其为初创企业提供的资金支持将为企业知识产权申请提供便利。③

---

① "Focus on Infra, Investment, Innovation, Inclusiveness to Make India Developed Nation by 2047", The Economic Times, July 29, 2023, https：//economictimes. indiatimes. com/news/economy/infrastructure/focus－on－infra－investment－innovation－inclusiveness－to－make－india－developed-nation-by-2047-fm/articleshow/102232715. cms.

② "Draft National Deep Tech Startup Policy Published by Principal Scientific Adviser", The Hindu, July 31, 2023, https：//www. thehindu. com/news/national/draft－national－deep－tech－startup－policy-published-by-principal-scientific-adviser/article67142857. ece.

③ "Technology Incubation and Development of Entrepreneurs（TIDE－2. 0）Scheme", IndiaFilings, https：//www. indiafilings. com/learn/technology-incubation-and-development-of-entrepreneurs-tide-2-0-scheme/.

印度政府致力于推动关键技术产业发展，提出"生产关联激励计划"（Production Linked Incentive），该计划提供与生产相关的激励措施，旨在促进印度制造业发展，减少对进口产品的依赖，提升印度制造的全球竞争力，使印度在全球供应链中占据一席之地。2020 年以来，印度政府已经推出 14 项"生产关联激励计划"，总投资约 20 万亿卢比。预计到 2025 年，该计划将使印度制造业增值 2000 亿美元。2022 年，印度政府批准太阳能光伏组件、芯片设计等"生产关联激励计划"。

为保障电子制造等高技术领域制造业发展，印度限制笔记本电脑、平板电脑等电子设备的进口，并致力于促进此类信息技术硬件生产。2023 年 5 月，印度推出一项为期 6 年总额 20 亿美元的刺激计划以吸引信息技术硬件制造领域的大额投资，其目标是到 2026 年年产能达到 3000 亿美元。[1] 2023 年 8 月 3 日，印度政府对笔记本电脑等电子设备的进口施加限制。根据印度对外贸易总局通知，采购商进口上述设备需要获得许可。在针对笔记本电脑、平板电脑和个人电脑的新进口许可制度生效之前，印度将提供大约 3 个月的过渡期，从 11 月 1 日起，进口清关将需要政府许可证。[2]

四 印度重点科技领域发展动态

（一）电子信息

2022~2023 年，印度在电子信息领域取得了一系列重要进展。印度的半导体制造生态趋向完善，生产制造能力不断提高。2022 年 10 月，印度政府

---

[1] Munsif Vengattil, "India Launches ＄2 Billion Incentive Package to Boost IT Hardware Production", Reuters, May 17, 2023, https://www.reuters.com/technology/india – expands – production – incentive-plan-it-products-2-bln-2023-05-17/.

[2] Sarita Chaganti Singh, Shivangi Acharya, "India Delays Import Restriction on Laptops, Tablets by 3 Months", Reuters, August 5, 2023, https：//www.reuters.com/world/india/india – seeks – boost-manufacturing-with-laptop-licensing-move-2023-08-04/.

与比利时微电子研究中心签署协议，获得了 28 纳米及以上芯片制造技术的授权，以协助建立更强大的半导体生态系统。① 为进一步推动半导体和显示器的制造，印度政府于 2022 年 5 月 31 日宣布启动"半导体芯片设计关联激励计划"②，该计划的目的在于通过各种激励和支持机制，促进印度的半导体制造业发展。

印度正致力于推动高性能计算领域快速发展。截至 2022 年 5 月，印度已经研发了 15 台超级计算机，总计算能力达到 24 petaFLOPS（每秒浮点运算）。③ 在国家超级计算任务（NSM）的推动下，超级计算基础设施已经安装在印度理工学院、印度科学研究院等 10 个高水平研究机构中，将有助于满足石油勘探、洪水预测、基因组学及药物研发等领域日益增长的计算需求，增强了印度在超级计算机领域的自主研发能力。④

印度加强了人工智能行业的政策监管。2023 年，印度政府公布了《数字印度法案》草案⑤，旨在取代《信息技术法》。该法案的重点监管对象是人工智能，并提出设立专门的互联网监管机构，以实现有效的治理，最大限度地减少用户可能遭受的损害。同时，印度将采用独特的"护栏"措施，以确保其监管规范与全球标准相适应。

---

① Nivedita Mookerji, "India Signs Deal with Belgium-Based IMEC to Get Chip-Making Technology", Business Standard, October 30, 2021, https：//www. business-standard. com/article/economy-policy/india-signs-deal-with-belgium-based-imec-to-get-chip-making-technology-122103000459_1. html.

② Madhavi Gaur, "Semiconductor Incentive Scheme：Promoting Semiconductor Manufacturing", Adda247, June 12, 2023, https：//currentaffairs. adda247. com/semiconductor-incentive-scheme/.

③ Drishti IAS, "Climate Change and Loss and Damage", Drishti IAS, June 11, 2022, https：//www. drishtiias. com/current-affairs-news-analysis-editorials/news-editorials/11-06-2022/print/manual.

④ PIB Delhi, "India Evolving as Frontrunner in High Power Computing", Ministry of Science & Technology, Government of India, February 22, 2022, https：//pib. gov. in/PressReleseDetail. aspx? PRID=1800356.

⑤ Khyati Anand, "Digital India Bill 2023：Key Provisions, Stakeholder Perspectives", CNBC TV18, July 3, 2023, https：//www. india-briefing. com/news/digital-india-bill-2023-key-provisions-stakeholder-perspectives-28755. html/.

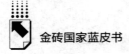
印度正在大力建设数字技术中心。2022 年 5 月，印度移动电信巨头
Bharti Airtel 宣布将在普纳设立数字技术中心，这是其在印度西部的第一个
数字技术中心和在印度的第四个数字技术中心。[1] 此举旨在推动印度信息技
术领域的发展，更好地迎接 5G 时代。

印度正加快 5G 平台建设，扩大 5G 服务覆盖范围。2022 年 7 月，印
度总理纳伦德拉·莫迪启动了印度的首个 5G 测试平台。该测试平台投
资 2 亿卢比建设，旨在为行业参与者和初创企业提供本地测试与验证印
度制造产品的平台。印度电信部门称，设立 5G 测试平台是印度迈向
"自力更生"的重要步骤。[2] 截至 2022 年，印度政府已经成功完成了首次
5G 频谱拍卖，[3] 并且印度政府计划于 2024 年 1 月再次进行 5G 频谱拍卖，
目的在于提供更多的 5G 频谱资源来支持电信运营商在 5G 时代的持续发
展。印度通信部部长表示，印度计划在 2024 年底前实现全国范围 5G 服
务覆盖。[4]

（二）航空航天

2022~2023 年，印度在太空领域取得了一系列成就，运载火箭发射、卫
星部署技术趋向成熟。2022 年 2 月 14 日，印度空间研究组织从萨迪什·达
万航天中心使用极地卫星运载火箭"PLSV-C52"以"一箭三星"方式发射
了地球观测卫星"EOS-04"以及名为"INSPIREsat-1"和"INS-2TD"的

① Khushbu Soni, "Airtel to Set Up New Digital Technology Hub in Pune, to Hire 500 Professionals
by Fiscal-End", CNBC TV18, May 15, 2022, https://cionews.co.in/digital-technology-
hub-to-be-set-up-by-airtel/.

② Anindya Saha, "India's First 5G Testbed Project-The Dawn of Disruptive Changes", Dataquest
India, May 17, 2022, https://www.dqindia.com/indias-first-5g-testbed-project-the-dawn-
of-disruptive-changes/.

③ Naina Bhardwaj and Melissa Cyrill, "India's 5G Spectrum Auction: A Look at the Bids and
Commercial Roll-Out", India Briefing, August 12, 2022, https://www.india-briefing.com/
news/indias-5g-spectrum-auction-list-of-bidders-expected-commercial-roll-out-25328.html/.

④ Juan Pedro Tomás, "India to Reach Full Coverage with 5G Tech by End-2024: Report", RCR
Wireless News, 7 March 2023, https://www.rcrwireless.com/20230307/5g/india-reach-full-
coverage-5g-tech-end-2024-report.

两颗卫星。① 2022 年 3 月 25 日，一枚 LVM3 火箭从印度的萨迪什·达万航天中心成功发射，将印度卫星互联网服务提供商 OneWeb 的最后 36 颗卫星部署入轨。② OneWeb 卫星的部署使印度能在全球范围内提供更加稳定、高速的互联网服务。

印度私营企业开始进入航天领域。印度 2020 年宣布向私营企业开放本国航天领域。2022 年 5 月，初创企业 Skyroot Aerospace 公司成功完成了 Vikram-1 火箭的全程测试发射。③ Vikram-1 是印度首个由私人设计和开发的商业任务火箭，测试过程中火箭产生了 100kN 的峰值真空推力。2022 年 6 月 9 日，印度内阁批准将十颗在轨通信卫星转让给公共部门企业——印度新空间有限公司（NewSpace India Limited，NSIL）。根据太空行业改革的要求，NSIL 将作为卫星运营商在商业太空运营领域展开业务。④ 2022 年 11 月 18 日，印度首枚由私营企业制造的火箭"维克拉姆-S"（Vikram-S）号在印度东南部安得拉邦斯里赫里戈达岛的萨迪什·达万航天中心发射升空。印度媒体报道称，这枚单级固体火箭由初创企业 Skyroot Aerospace 设计制造，以印度航天事业的主要开创者维克拉姆的名字命名。首次发射任务成功验证了这枚火箭的设计和所用技术，证明其有能力将载荷送入近地轨道。这是在印度成功发射的第一枚由私营企业制造的火箭，其飞行过程达到了所有设计参数，该火箭抵达的最高高度

---

① "PSLV-C52/EOS-04 Mission", The Indian Space Research Organization, February 14, 2022, https://www.isro.gov.in/mission_PSLV_C52.html.

② Mike Wall, "Indian Rocket Launches Final 36 Satellites for OneWeb's Broadband Constellation", Space.com, March 26, 2023, https://www.space.com/indian-rocket-launch-oneweb-satellites-march-2023.

③ Sudarsanan Mani, "Indian Start-Up Skyroot Aerospace Completes Full Duration Test-firing of Vikram-1 Rocket Stage," CNBCTV18, May 19, 2022, https://www.cnbctv18.com/india/indian-start-up-skyroot-aerospace-completes-full-duration-test-firing-of-vikram-1-rocket-stage-13539282.htm.

④ Madhavi Gaur, "Transfer of 10 In-Orbit Communication Satellites from the Government to NSIL Approved by Cabinet", Adda247, June 9, 2022, https://currentaffairs.adda247.com/transfer-of-10-in-orbit-communication-satellites-from-the-government-to-nsil-approved-by-cabinet/.

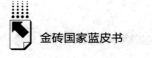

近 90 千米。①

印度政府出台太空政策。2023 年 4 月 6 日，印度联合内阁批准了《印度太空政策 2023》，该政策旨在明确印度太空部门的职能，保证印度空间研究组织任务的顺利完成，并促进学术界、研究机构以及初创企业参与太空业务。②

印度登月探月工作取得重要进展。2023 年 7 月 14 日，印度成功发射了"月船 3 号"飞船③，成为第四个在月球上实现控制着陆的国家。

（三）能源

计划增加绿氢产能。2022 年 1 月 4 日，印度内阁批准了《国家绿色氢能任务》以推进绿氢和绿氨的生产，并计划于 2030 年前实现 500 万吨绿氢产能的目标。该任务的主要目的在于减少对化石燃料和原油的依赖，将绿氢作为未来印度市场的主要燃料。④

提高氢气在城市燃气分配中的比重。2022 年 1 月 31 日，印度天然气管理有限公司（GAIL）已在马德拉斯邦印多尔市启动了印度首个混合氢气到天然气系统的项目。根据国家氢气使命的目标，GAIL 启动了混合氢气的试点项目，旨在确定在城市燃气分配网络中混合氢气的技术和商业可行性。这一项目标志着印度朝着碳中和迈出了重要的一步。⑤

---

① 《印度首枚私企制造的火箭发射成功》，新华网，2022 年 11 月 18 日，http：//www.news.cn/world/2022-11/18/c_1129140489.htm。

② Rakesh Sood，"A Ground View of the Indian Space Policy 2023"，The Hindu，May 11，2023，https：//www.thehindu.com/opinion/lead/a-ground-view-of-the-indian-space-policy-2023/article66835931.ece.

③ Rhea Mogul，"Sania Farooqui and Manveena Suri，Chandrayaan-3：India Launches Historic Mission to Land Spacecraft on the Moon"，CNN，July 14，2023，https：//www.cnn.com/2023/07/13/india/chandrayaan-3-moon-mission-launch-intl-hnk-scn/index.html.

④ National Portal of India，"National Green Hydrogen Mission"，Government of India，August 13，2023，https：//www.india.gov.in/spotlight/national-green-hydrogen-mission.

⑤ J. K. Jha，"GAIL Starts India's Maiden Project of Blending Hydrogen into the CGD Network"，The Hans India，January 31，2022，https：//www.thehansindia.com/business/gail-starts-indias-maiden-project-of-blending-hydrogen-into-the-cgd-network-727175.

促进光伏组件和太阳能电池生产制造。2022 年 3 月 2 日，印度政府推出了"生产关联激励计划"，预算为 2400 亿卢比。在该计划下，经过筛选的太阳能光伏组件制造商将在投产后的 5 年内，根据高效太阳能光伏组件的生产和销售情况，获得生产关联激励。该计划的目标是促进印度本土高效太阳能光伏组件和太阳能电池的生产，推动可再生能源产业的发展。[1]

建立浮动太阳能发电项目。2022 年 7 月 20 日，印度在泰伦加纳邦的拉马贡德姆建成了最大的浮动太阳能发电项目，总容量为 100 兆瓦。该发电厂位于印度国家热电总公司的水库中，有效地节约了宝贵的土地资源，同时通过减少水体蒸发来保护水资源。浮动太阳能板的存在有助于降低水体蒸发率，预计每年可避免约 325 万立方米的水蒸发，并可避免约 16.5 万吨的煤炭消耗和 21 万吨的二氧化碳排放。[2]

推进绿色能源规模化生产。2023 年 7 月 18 日，阿达尼集团将在古吉拉特邦 Khavda 的沙漠中心建设全球最大的混合可再生能源园区，预计占地 72000 英亩（437061 亩），可产生 20 吉瓦（GW）的绿色能源。[3] 通过该计划，阿达尼集团的可再生能源投运组合增长了 49%，可再生能源容量超过 8GW，成为印度最大的可再生能源投运组合。该计划的目标是通过规模化生产，生产成本最低的清洁能源，并于 2030 年将可再生能源容量提高至 45GW。

（四）节能环保

设立降低碳排放量及创新技术发展目标。2022 年 8 月，印度向《联合

① Sangita Shetty，"Scheme Gets Overwhelming Response"，SolarQuarter，March 2，2023，https：//solarquarter. com/2023/03/02/indian-governments-2-4-billion-solar-manufacturing-incentive-scheme-gets-overwhelming-response/.

② M. Somasekhar，"India's Largest Floating Solar Power Plant in Ramagundam Excels；NTPC to Set Up More Such Units"，The Siasat Daily，April 17，2023，https：//www. siasat. com/indias-largest-floating-solar-power-plant-in-ramagundam-excels-ntpc-to-set-up-more-such-units-2570659/.

③ Sudheer Singh，"We are Building the World's Largest Hybrid Renewable Energy Park of 20 GW：Gautam Adani"，The Economic Times，July 18，2023，https：//energy. economictimes. indiatimes. com/news/renewable/we-are-building-the-worlds-largest-hybrid-renewable-energy-park-of-20-gw-gautam-adani/101850047.

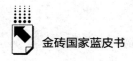
国气候变化框架公约》提交了更新后的国家自主贡献目标（Nationally Determined Contributions，NDC）。[1] 更新后的国家自主贡献目标旨在增强印度在应对气候变化威胁方面的贡献力，符合《巴黎协定》的要求。根据更新后的国家自主贡献目标，印度承诺到2030年，将其GDP排放强度在2005年的基础上降低45%，并使非化石能源发电装机容量占比达到50%左右。此外，印度国家自主贡献目标中还提出了清洁能源过渡新转型框架（2021—2030）和促进低排放产品制造并推动绿氢等创新技术发展的方案。[2]

举行可再生能源峰会。2023年4月3日，Mercom印度可再生能源峰会在新德里举行。这次峰会汇聚了开发商、制造商、投资者和创新者，来共同探讨印度可再生能源领域的计划和进展，包括可再生目标、政策驱动因素、长期风险缓解、技术需求以及实现2050年零排放能源体系的计划。[3]

推进能源转型及净零碳排放计划。2023年7月7日，印度石油公司计划通过发行股权配售筹集2200亿卢比的资本。这一举措是政府节能减排计划的一部分，旨在为三家国有燃油企业的零排放项目提供资金，以支持它们的能源转型以及净零碳排放计划。[4]

加强可再生能源领域融资。2023年7月1日，为推动国内能源转型，印度与世界银行达成合作协议，成功申请到15亿美元的融资，这笔资金将用于印度的可再生能源生产领域。该合作旨在促进印度在能源领域的可持续发展，实现可再生能源更广泛地应用，减少对传统化石燃料的依赖，降低碳排放，以应对气候变化和环境挑战。

---

① 国家自主贡献（NDC）指《巴黎协定》下各国自主制定和提出的控制与减缓温室气体排放的承诺和行动，印度NDC最新内容见 https：//unfccc. int/sites/default/files/NDC/2022−08/India%20Updated%20First%20Nationally%20Determined%20Contrib. pdf。

② United Nations Development Programme（UNDP），"India：Climate Promise"，Climate Promise，November 2022，https：//climatepromise. undp. org/what-we-do/where-we-work/india.

③ Satish Shetty，"Mercom India Renewables Summit 2023 Publication"，Mercom India，April 3，2023，https：//www. mercomindia. com/mercom-india-renewables-summit-2023.

④ Jamma Jagannath，"IOC Announces Rs 22, 000-cr Rights Issue"，BusinessToday，July 7，2023，https：//www. businesstoday. in/latest/corporate/story/ioc − announces − rs − 22000 − cr − rights − issue−388799−2023−07−07.

（五）生物医药

推动国内外医药行业的发展，加强生物技术研发合作。2022年，印度政府与世界卫生组织签署了一项协议，印度政府提供2.5亿美元的支持，用于建立全球传统医药中心。该举措旨在促进传统医药的发展，改善人类和地球的健康。[①] 同时，印度致力于推动国内制药行业的发展，于2022年7月推出了"强化制药行业计划"，为中小微企业提供资本补贴，提高企业的药物产量和质量，推动印度成为制药领域的全球领导者。[②] 2022年8月，印度科技部部长吉滕德拉·辛格博士宣布为生物技术计划提供75项"Amrit"赠款，涉及初创企业、工业、学术界和研究机构的全面合作。[③]

建立南亚首个生物安全三级移动实验室。2022年2月18日，印度建立了南亚地区首个生物安全三级移动实验室，旨在研究具有高度传染性和对人类有致命潜力的病毒。该实验室将能够快速收集实时数据，迅速控制并防止新病毒的传播，为印度的公共卫生安全提供重要解决方案。这一举措展示了印度在健康基础设施和疾病防控方面的不懈努力，标志着印度在公共卫生领域的持续进步和自主发展。[④]

---

① BL Mumbai Bureau, "WHO Establishes Centre for Traditional Medicine in India", BusinessToday, March 25, 2022, https://www.thehindubusinessline.com/news/who - establishes - global - centre-for-traditional-medicine-in-india/article65260476. ece.

② Naina Bhardwaj, "India Launches New Schemes to Strengthen Pharmaceutical MSMEs", India Briefing, July 25, 2022, https://www.india - briefing.com/news/india - launches - new - schemes-to-strengthen-pharmaceutical-msmes-25572. html/.

③ "Union Minister Dr Jitendra Singh Announces 75 'Amrit' Grants for Biotech Initiatives Involving Startups, Industry, Academia and Research Bodies in Integrated Collaboration：DBT - BIRAC 75 Amrit Team Grant Initiative Will Give a Big Boost to Prime Minister's Call for 'Jai Anusandhan'", Ministry of Science & Technology, Government of India, August 22, 2022, https://pib. gov. in/ PressReleasePage. aspx? PRID = 1853621.

④ "India's First Biosafety Level 3 Mobile Laboratory Inaugurated in Nashik, Mobile Laboratories Can Help During Outbreaks of Highly Infectious Pathogens, in Early Detection and Quick Containment： DG, ICMR", Ministry of Health and Family Welfare, Government of India, February 18, 2022, https://pib. gov. in/PressReleaseIframePage. aspx? PRID = 1799305.

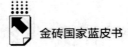

生物经济规模增长迅速。印度科技部部长吉滕德拉·辛格发言指出①，截至 2023 年 7 月，印度的生物技术初创公司数量已经飙升至大约 6000 家，生物经济规模也从 2014 年的 80 亿美元增加到目前的 1000 亿美元，新的目标是在 2025 年达到 1500 亿美元。印度在 2021~2025 年将重点发展生态系统、新兴技术、产业合作和生物制造，为国内外市场提供高质量的生物医药产品。

推出首个本土研发的宫颈癌疫苗。在肿瘤医学领域，印度血清研究所在 2022 年推出了首个本土开发的宫颈癌疫苗 CERVAVAC，为宫颈癌防治做出巨大贡献。②

（六）材料

实行"增材制造国家战略"。2022 年 2 月 24 日，印度电子与信息技术部宣布了"增材制造国家战略"。③ 该战略将印度定位为全球增材制造发展和部署的中心，旨在保护印度的增材制造知识产权，创建一个可持续的增材制造行业生态系统。

发现红外光转换新材料。2022 年 7 月，印度贾瓦哈拉尔·尼赫鲁高级科学研究中心发现了一种名为"单晶氮化钪"（ScN）的新材料，能够将红外光转化为可再生能源。新材料 ScN 能够发射、检测和调制红外光，因此在太阳能和热能收集以及光通信设备方面具有实用价值。④

① "India Home To Nearly 6000 Biotech Startups, We Need More: MoS Jitendra Singh", Business World, July 10, 2023, https://bwdisrupt. businessworld. in/article/India-Home-To-Nearly-6-000-Biotech-Startups-We-Need-More-MoS-Jitendra-Singh/10-07-2023-483598/.

② Raihana Maqbool, "Millions to Benefit from Indian-Made Cervical Cancer Vaccine", Gavi, The Vaccine Alliance, October 12, 2022, https://www. gavi. org/vaccineswork/millions-benefit-indian-made-affordable-cervical-cancer-vaccine? gclid = EAIaIQobChMIhZmzrIPAgAMVuNEW BR0H7AbeEAAYASAAEgJByvD_ BwE.

③ Ada Shaikhnag, "Advancing Additive Manufacturing in India, the World's Fifth-Largest Economy", 3D Printing Industry, February 23, 2023, https://3dprintingindustry. com/news/interview-advancing-additive-manufacturing-in-india-the-worlds-fifth-largest-economy-220862/.

④ "New Material Discovered Can Convert Infrared Light to Renewable Energy", Ministry of Science & Technology, Government of India, July 5, 2022, https://pib. gov. in/PressReleaseIframePage. aspx? PRID = 1839314.

开设材料科学应用和发展中心。2023 年 4 月 26 日，Brenntag 公司在印度新孟买开设新的材料科学应用和发展中心，专注于为涂料、黏合剂、建筑、聚合物和橡胶等行业需求提供应用开发和配方支持。[①]

研发高性能电池阴极材料。2023 年 5 月 17 日，印度科学家开发了一种新的阴极材料，可以制造出高性能、低成本、环保的钠离子电池。[②] 新开发的材料展现出优异的电化学循环性和稳定性，可以暴露在空气和水中，为开发低成本和可持续的储能系统提供了可能。由该材料开发的储能系统应用领域广泛，包括消费电子、电网能量储存、再生能源储存和电动汽车等。

（七）地球科学

发现印度洋的"重力漏洞"。2023 年 7 月 5 日，印度科学家在印度洋发现了一个"重力漏洞"。[③] 此处的地球引力较弱、质量较低，导致海平面下降超过 328 英尺（约 100 米）。研究人员认为，这一现象的形成可能与来自地球深处的岩浆柱类似于火山形成的过程有关。这一发现对地质学和地球科学领域具有重要影响，有助于更好地理解该地区的地质演变和异常现象形成的原因。

发现含有古代海水的矿物沉积物。2023 年 7 月 27 日，印度科学研究所和日本新潟大学的科学家在喜马拉雅山发现了一种含有古代海水的矿物沉积物，这些海水可能存在于 6 亿年前。[④] 这些沉积物中的镁碳酸盐在结晶时能

---

① Brenntag Specialties, "Brenntag Specialties Launches New Material Science Application and Development Center in Mumbai", July 15, 2023, https：//corporate. brenntag. com/en/media/news/brenntag – specialties–launches–new–material–science–application–and–development–center–in–mumbai. html.

② Swarajya Staff, "Indian Scientists Develop Stable and High–Performance Cathode Materials for Sodiumion Batteries", Swarajya, May 17, 2023, https：//swarajyamag. com/science/indian – scientists–develop–stable–and–high–performance–cathode–materials–for–sodium–ion–batteries.

③ Sonika Nitin Nimje, "Indian, Japanese Scientists Discover 600 Million–Year–Old Ancient Ocean", Business Standard, July 28, 2023, https：//www. business–standard. com/world–news/indian – japanese–scientists–discover–600–million–year–old–ancient–ocean–123072800622_1. html.

④ "India Home to Nearly 6000 Biotech Startups, We Need More：MoS Jitendra Singh", Business World, July 10, 2023, https：//economictimes. indiatimes. com/news/science/iisc – japanese – scientists – discover – 600 – million – year – old – ocean – water – in – himalayas/articleshow/ 102196476. cms? from＝mdr.

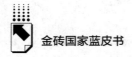

够将古代海水留存在其孔隙中，形成了一种"古海洋的时间胶囊"。科学家利用这些海水的化学和同位素组成，重建了古代海洋的环境和演变过程，为理解地球历史上的重大事件提供了新的证据和解释，也为探索地球过去的气候和生命变迁提供了新的途径。

印度推出北极政策与南极法案。2022 年 3 月 17 日，印度发布了《印度的北极政策：建立可持续发展伙伴关系》。[①] 该政策分析了印度在北极地区的利益和目标，并强调了印度在能源开发、采矿、粮食安全和航运等方面与北极的联系。印度承诺在其北极活动中遵循可持续发展原则，保护北极环境和生物多样性，促进低碳发展，加强气候变化适应能力。该政策从侧面反映出印度在国际的崛起，以及其对全球治理和合作的贡献。2022 年 8 月 1 日，印度议会通过了《印度南极法案2022》。[②] 这是印度首部关于南极的法案，旨在保护南极环境和生态系统，规范印度在南极的活动，并履行印度作为南极条约体系成员的义务。该法案禁止了对南极环境有害的活动，如核爆炸、处置放射性废物和引入非无菌土壤，促进了印度与其他国家在南极领域的合作和交流。

（八）前沿技术

印度在量子通信领域实现新突破。2021 年 3 月 22 日，印度首次成功演示距离超过 300 米的自由空间量子通信实验。该实验在位于艾哈迈达巴德的太空应用中心举行，在两栋视距内的建筑物之间演示了自由空间量子密钥分发。实验还演示了使用量子密钥加密的实时视频会议。印度空间研究组织表

---

① Kanagavalli Suryanarayanan, "Third Pole's View on the North Pole-India's Arctic Policy", The Polar Connection, April 12, 2022, https：//polarconnection. org/third - pole - india - arctic - policy/.

② Ritika Kumar, "India Antarctic Bill 2022 Has Been Passed", Ensure IAS, August 13, 2022, https：//ensureias. com/blog/2022/indian-antarctic - bill - 2022 - has - been - passed - - source - - the-hindu-.

示，目前正加紧准备在两个印度卫星地面站之间演示自由空间量子密钥
分发。[①]

碳捕获和利用研究取得进展。2022 年 4 月，印度化学技术研究所海得
拉巴的一组科学家在碳捕获和利用研究中取得了重要进展[②]，设计出一种混
合材料，这种材料能够吸收甲烷并将其转化为洁净氢，为应对全球气候变暖
带来新的希望。

印度研制首台 Overhauser 磁力计。2022 年 10 月，印度科学家研发了国
产的 Overhauser 磁力计。[③] 该磁力计采样成本低、收集的地磁数据质量高，
现已被全球各地的磁力观测站广泛使用。其应用领域包括地球物理勘探、航
空导航、地震预警等，打破了国外对印度 Overhauser 磁力计技术的垄断，提
高了印度在地球物理学领域的国际竞争力。

五　结语

作为亚洲地区新兴大国和科技创新国家，印度从国家战略发展层面对科
技创新进行系统部署，使印度近年来在电子信息、航空航天、能源、节能环
保、生物医药、材料、地球科学等前沿技术领域实现了新的突破。国际科技
合作是推动科技创新事业发展的必由之路，为印度的科技创新发展积累了宝
贵的资源，仍将在印度的科技创新发展进程中发挥重要作用。印度和中国作
为亚洲地区具有重要影响力的科技创新型国家，两国科技创新合作颇受世界
关注。未来，中印两国可在共同管控矛盾与分歧的基础上，聚焦气候变化、

---

① 《印度宣布其自由空间量子通信演示获突破，传输距离超 300 米》，环球网，2021 年 3 月 23
日，https：//3w. huanqiu. com/a/c36dc8/42QFG1cP13Y? agt = 829734。

② "New Materials & Processes for Carbon Capture and Utilization Could Show New Light for Global
Warming Challenge"，Department of Science and Technology，Government of India，April 11，
2022，https：//dst. gov. in/new - materials - processes - carbon - capture - and - utilization - could -
show-new-light-global-warming-challenge.

③ Priyankadasgupta，"Indian Scientists Develop First Indigenous Overhauser Magnetometer"，
Adda247，October 29，2022，https：//currentaffairs. adda247. com/indian - scientists - develop -
first-indigenous-overhauser-magnetometer/.

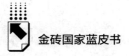 **金砖国家蓝皮书**

能源和粮食安全、全球治理等共性发展需求，发挥金砖国家等多边机制的协调与沟通作用，通过拓展科技人文交流保持互知互信，将科技创新合作作为助推器，进一步推动中印两国关系健康发展。

参考文献

"Building an Ecosystem to Foster Future Technologies and Innovation", Meta, September 13, 2022, https：//about. fb. com/news/2022/09/building-an-ecosystem-to-foster-future-technologies-and-innovation/.

Nidhi Verma, "India To Invest ＄16. 1 Bln To Link More Green Energy Projects To Grid", Reuters, January 6, 2022, https：//www. reuters. com/markets/commodities/india-invest-161-bln-link-more-green-energy-projects-grid-2022-01-06/.

Uma Gupta, "CtrlS Datacenter Deploys Asia's Largest Gas-Insulated Substation in Mumbai", pv magazine India, January 12, 2022, https：//www. pv-magazine-india. com/2022/01/12/ctrls-datacenter-deploys-asias-largest-gas-insulated-substation-in-mumbai/.

领域报告

B.7

金砖国家农业合作发展现状研究

方慈 李寒凝 马颖*

摘　要： 农业在金砖国家中地位特殊，巩固和加强农业合作是推动未来金砖国家共同发展的重要方面。本研究在梳理金砖五国农业合作机制的基础上，分析了13年来金砖国家农业合作机制对农产品贸易、农业投资、农业基础研究、产业园区建设、农业科技人文交流等方面的影响。研究发现，中国、俄罗斯是金砖国家主要农产品出口市场，巴西是金砖国家主要农产品进口来源国；中国农业利用外商直接投资规模总体下降，农业投资主要流向俄罗斯；金砖五国在气候变化、农业设施、农业物联网、疫病防治等领域的基础研究合作紧密，民间主体开展联合研究长效机制日渐丰富，现代农业产业合作载体初具规模，农业科技人文交流形式多样。针对

* 方慈，环境科学与工程博士，中国科学技术交流中心调研与协调处助理研究员，研究方向为国际科技合作；李寒凝，管理学博士，杭州师范大学经济学院副教授，研究方向为农业经济管理；马颖，环境科学与工程博士，自然资源部国土整治中心基础研究所博士后研究人员，研究方向为土地和水资源管理。

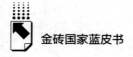
全球粮食安全面临的严峻挑战，金砖国家应进一步完善农产品贸易合作机制，优化调整金砖国家间农业项目投资结构，加大金砖国家农业领域基础研究项目支持力度，加强应用型农业技术创新和成果转化，持续推进金砖国家间农业领域科技人文交流。

关键词： 金砖国家　农业合作　农产品贸易　农业科技

金砖国家（BRICS）是世界经济增长的后起之秀、是推动全球经济的主要动力之一。据估算，2021 年五国经济总量约占世界的 25.24%，贸易总额占世界的 17.9%。农业在金砖国家中地位特殊，金砖五国拥有的耕地占世界的 35.60%，直接关乎全球 42% 人口的生计。[1] 2010 年第一届金砖国家农业部长会议召开以来，金砖五国不断探索构建长期稳定的农业合作机制，聚焦粮食安全和减贫领域，在技术创新、农业生产示范等方面加强交流合作，推动农产品贸易发展、完善农业产业链、促进农业创新现代化体系建设。

金砖国家农业合作尤其是农产品贸易、粮食安全以及农业科技合作方面，引起学者的广泛关注，取得了一定进展，同时在金砖国家合作机制研究方面进行了探索。在农产品贸易、粮食安全方面，已有研究多关注金砖国家农产品贸易规模与结构，[2] 通过对比金砖国家双边贸易比较优势与合作潜力，[3] 评估金砖国家农产品贸易合作对粮食安全的影响等，[4] 剖析当前金砖

---

① 世界银行数据库，https://databank.Worldbank.org/home.aspx。
② 任育锋等：《金砖国家农业合作机制进展与展望》，《中国农业科技导报》2021 年第 10 期；刘艺卓、封岩：《金砖国家合作框架下的中印农产品贸易现状、问题和对策》，《南方农村》2020 年第 2 期。
③ 翟荣花、张庆萍：《基于"双循环"视角的中国与其他金砖国家畜牧产业：比较优势与合作潜力》，《中国农业资源与区划》2023 年第 8 期；吴殿廷等：《金砖五国农业合作潜力测度研究》，《经济地理》2014 年第 1 期。
④ 张蛟龙：《金砖国家粮食安全合作评析》，《国际安全研究》2018 年第 6 期。

国家双边农产品贸易面临的问题和挑战。例如，Ren 等研究表明，金砖国家总体粮食安全呈现波动增长趋势，金砖国家粮食安全合作应立足于自身资源禀赋和社会经济特点①，进而完善经贸合作机制、提升农产品贸易便利化水平。在农业科技合作方面，王丹等从农业科技协同创新视角，构建了国家农业科技协同创新网络理论模型；许鸿分析了金砖各国科技创新优势，提出了加强中国—金砖国家科技创新合作的对策建议。② 金砖国家未来需要不断增强合作和行动意识，聚焦科技合作、信息化。

通过文献梳理发现，目前已有一些关于金砖国家农业合作的系统性研究，但是对农业科技与经济相融合的合作情况研究较少，尤其是在新形势下对金砖国家农业合作的最新进展及典型案例的梳理分析仍亟待补充。因此，本研究将基于对金砖国家农业合作政策体系与推动机制的梳理，分析 13 年来金砖国家农产品贸易、农业投资、农业基础研究、产业园区建设、农业科技人文交流等方面的发展变化，归纳金砖国家农业合作的成果与不足，并对未来金砖国家农业合作的路径提出相关建议。

一 金砖国家农业合作机制

2010 年首届金砖国家农业部长会议召开以来，经过 13 年的发展，金砖国家已经初步形成了以农业部长会议为引领、以工作组会议为协调机制、以各类农业合作论坛为补充、以各类双边协定为基础的农业合作机制（见表 1）。金砖国家农业合作机制从初步探索到逐步完善，并不断深化。

———————

① Ren, Y., Li, Z., Wang, Y., Zhang, T., "Development and Prospect of Food Security Cooperation in the BRICS Countries," *Sustainability* 5 (2020): 2125.
② 王丹等：《农业科技协同创新网络的理论模型、结构特征与优化对策研究》，《中国科技论坛》2023 年第 9 期；许鸿：《中国—金砖国家科技创新合作现状与对策建议》，《科技中国》2021 年第 3 期。

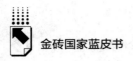

表1　历届金砖国家农业部长会议成果及主要共识

届数	时间	成果文件	主要共识
1	2010年3月	《"金砖四国"农业和农业发展部长莫斯科宣言》	围绕农业信息体系、粮食安全、食物供给、农业科技合作创新这四个领域开展广泛合作
2	2011年10月	《第二届金砖国家农业部长会议共同宣言》和《金砖国家农业合作行动计划(2012—2016)》	金砖国家农业合作的五大行动方向:建立金砖国家农业基础信息交流系统、制定战略保障最脆弱人口的粮食安全、减少气候变化对粮食安全的负面影响、加强农业技术合作与创新、促进农业贸易与投资
3	2013年10月	《第三届金砖国家农业部长会议共同宣言》	明确建立金砖国家农业基本信息交流系统、金砖国家农业技术合作战略联盟
4	2015年3月	《第四届金砖国家农业部长会议共同宣言》	就大幅改善农业市场准入,创造公平竞争环境,加强金砖国家农业科技、创新和能力建设,相关国家政策、方案、计划和适应气候变化战略交换信息与分享经验等达成共识
5	2015年10月	《第五届金砖国家农业部长会议共同宣言》	明确成立金砖国家新开发银行,加强农业技术合作与创新,建立农业基础信息交流的联络机制以及信息交换机制
6	2016年9月	《第六届金砖国家农业部长会议共同宣言》	就促进农业可持续发展、信息技术在农业领域应用以及小农经济发展等达成共识
7	2017年6月	《第七届金砖国家农业部长会议共同宣言》《金砖国家农业合作行动计划(2017—2020)》《金砖国家农业发展报告》	确定了今后五年金砖国家将重点在提高粮食安全保障能力、小农生产适应气候变化、科技创新与示范、农产品投资贸易以及农业信息技术应用等五个领域加强合作
8	2018年6月	《第八届金砖国家农业部长会议共同宣言》	积极探索应对气候问题对粮食安全挑战的方法与合作路径
9	2019年9月	《第九届金砖国家农业部长会议共同宣言》	提出强化以科技为支撑,通过增加农业产量和增强生产力、可持续管理自然资源和农业贸易,确保实现粮食安全和食品安全、解决营养不良、消除饥饿和贫困的目标
10	2020年9月	《第十届金砖国家农业部长会议共同宣言》	就加强农业领域合作,特别是促进贸易和投资,利用数字技术,促进农业可持续发展,落实2030年可持续发展议程和国际援助项目,促进发展、确保食品安全、改善营养、支持弱势群体等达成共识

届数	时间	成果文件	主要共识
11	2021年8月	《第十一届金砖国家农业部长会议共同宣言》和《金砖国家农业合作行动计划（2021—2024）》	致力于通过提高农业产量和生产力、加强国际和国家机制来增强粮食安全和营养；促进知识分享和技术落地应用，保持农业生物多样性，确保可持续自然资源的利用；建立了基础农业信息交流系统（BAIES）和农业研究平台（ARP）；就农业生物多样性促进粮食安全和营养、小农户和家庭农户合作赋能、可持续渔业和水产养殖等方面达成了共识
12	2022年6月	《第十二届金砖国家农业部长共同宣言》和《金砖国家粮食安全合作战略》	增强粮食和农业生产系统的适应能力，共同做好极端天气监测、预报、预警，探索推动和实施具有气候韧性的措施，促进可持续农业发展；重申促进数字技术与农业产业深度融合；促进农业研究、推广、技术转让、信息和政策交流、最佳实践分享及培训和能力建设领域的合作
13	2023年8月	《十三届金砖国家农业部长会议共同宣言》	强化信息分享与合作，共同应对气候变化对农业的影响；共同确保粮食供应链稳定，加强金砖国家之间农业可持续生产和农村发展方面的知识和经验分享；确保农产品贸易投资的稳定，强化农业技术合作与交流

金砖国家农业部长会议机制日益完善，成为推动金砖国家农业合作机制稳定发展的重要方面。2010年在莫斯科召开的首次部长会议中，提出了《"金砖四国"农业和农业发展部长莫斯科宣言》，确定了四个农业合作的重点领域；2011年的第二届金砖国家农业部长会议中，除签署了《第二届金砖国家农业部长会议共同宣言》外，还提出了《金砖国家农业合作行动计划（2012—2016）》，宣告将进一步加强国家间的农业合作。2017年的第七届金砖国家农业部长会议期间，成功召开了金砖国家农业合作论坛，首次发布《金砖国家农业发展报告》，丰富了金砖国家农业部长会议主导下的农业合作机制形式与内容。2021年，第十一届金砖国家农业部长会议通过了《金砖国家农业合作行动计划（2021—2024）》，该行动计划旨在实现维持和加快农业发展、提高农业用水效率、支持全球层面的减贫和反饥饿事业、推进疫情复苏机制、促进农业生物多样性等目标。2022年的金砖国家农业部长会议通过了《金砖国家粮食安全合作战略》，举办了金砖国家农村发展

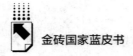
和减贫研讨会并成立金砖国家农业农村发展论坛，在应对气候变化、保障粮食安全、促进农业可持续发展等目标上达成合作共识。2023 年 8 月的第十三届金砖国家农业部长会议主题为"加强金砖国家合作，共同促进疫后农业可持续生产"，为建设更高效、更包容、更有韧性和可持续的农业粮食体系共同努力。

二　金砖国家农业合作现状

（一）农产品贸易：中国、俄罗斯是金砖国家主要农产品出口市场，巴西是金砖国家主要农产品进口来源国

金砖五国具有坚实的气候、环境、土地等自然资源和农业生产基础，拥有世界 50% 左右的灌溉面积，粮食总产量约占全球的 40%，农业总产值占世界的比重超过 50%。2021 年，金砖国家农业总产值达到 23022 亿美元，比 2011 年增长了 21.11%（见图 1）。在农业贸易合作方面，金砖国家市场匹配度高，农产品贸易具有很强的互补性，为全球粮食安全做出了贡献。2021 年，金砖国家与其他国家农产品贸易总额达到 5883 亿美元，比 2010 年增长了 128%。①

1. 中国

如图 2 所示，2022 年中国向其他四国出口农产品的金额为 29.92 亿美元，与 2011 年的 29.17 亿美元总体持平，这期间，2013 年、2014 年的出口额超过 30 亿美元，2020 年则降至 21.01 亿美元，2021~2022 年出口额有所回升。2022 年中国从其他四国进口农产品的金额为 609.47 亿美元，比 2011 年的 174.23 亿美元增长了 250%。2011~2022 年，中国与其他四国农产品进出口份额结构变动不大。就出口对象而言，俄罗斯是中国最主

---

① 本报告对农产品的范围界定以《商品名称及编码协调制度的国际公约》（HS 编码）为基准，参照相关学者对农产品范围界定的通用做法，将 HS 编码第 1~24 章界定为农产品，暂未包含港澳台数据。

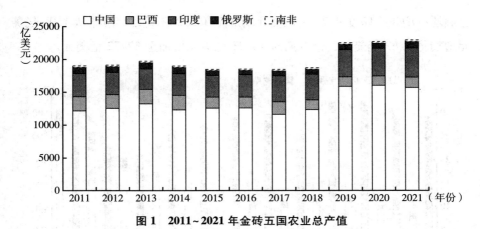

图1　2011～2021年金砖五国农业总产值

数据来源：联合国粮食及农业组织数据库（FAOSTAT）。

要的农产品出口国，2011～2022年，中国向俄罗斯出口农产品的金额占中国向其他金砖国家出口农产品总额的比重均在50%以上，并从60.68%增长到66.97%。中国向俄罗斯出口的农产品以蔬菜、水产品和水果等低附加值产品为主，主要为劳动密集型和资源密集型产品，占比在90%以上。以2021年为例，俄罗斯从中国进口的农产品主要包括新鲜鳞茎类蔬菜（5%），非食用提取物、天然树脂（4.5%），鱼类制品和罐头食品（4.2%），冷冻鱼（4.2%）和鱼片及其他鱼肉（4.0%）。①

就进口对象而言，巴西是中国最主要的农产品进口来源国，在中国从其他金砖国家进口农产品总额中的占比一直在80%以上，从2011年的149.51亿美元快速增加至2022年的508.53亿美元，增长了240%。中国是巴西豆类、牛肉和鸡肉的最大买家。作为拥有庞大消费力和潜力的巨大市场，中国近年来从巴西这个牛肉生产大国进口的规模稳步扩大。必孚（中国）数据显示，2017年，中国从巴西进口牛肉量不及20万吨，2020年和2021年分别增加至85万吨和86万吨，在同期中国牛肉进口市场中的占比分别高达40%和37%。2011～2022年，中国从印度、南非和俄罗斯三国进口农产品的

---

① 《俄农产品出口中心：2021年俄罗斯从中国进口农产品金额增长3.6%》，俄罗斯卫星通讯社网，2022年4月15日，https：//sputniknews.cn/20220415/1040715056.html。

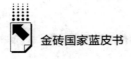

金额均有增长，印度从 7.42 亿美元增加至 36.52 亿美元，南非从 1.06 亿美元增加至 6.69 亿美元，俄罗斯从 16.23 亿美元增加至 57.72 亿美元。

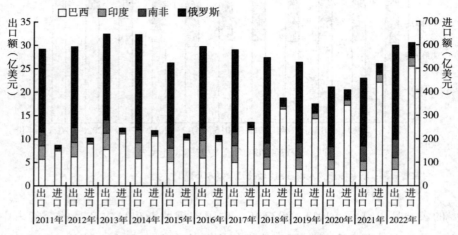

图 2　2011~2022 年中国与其他金砖国家农产品贸易额

数据来源：联合国商品贸易统计数据库（UN Comtrade Database）。

2. 南非

如图 3 所示，2022 年南非向其他四国出口农产品的金额为 8.75 亿美元，比 2011 年的 2.74 亿美元增长了 219%；2022 年南非从其他四国进口农产品的金额为 9.93 亿美元，比 2011 年的 10.12 亿美元下降了 1.88%。就出口对象而言，中国和俄罗斯是南非最主要的农产品出口国，2011~2022 年，南非对两国的农产品出口额占南非对四国的农产品出口总额的 85% 以上。2011 年，南非出口农产品最多的国家是俄罗斯，出口额 1.72 亿美元，占对其他四国的农产品出口总额的 63.11%；中国居第二位，出口额 0.80 亿美元，占 29.22%。2021 年，中国成为南非出口农产品最多的国家，出口额 5.30 亿美元，占 60.63%。连续 13 年南非成为中国在非洲最大的贸易伙伴，南非柑橘、牛肉、红酒等优质农产品陆续进入中国市场，推动中南双边贸易额持续增长。

就进口对象而言，2011 年巴西是南非最主要的农产品进口来源国，进口份额为 47.52%，2022 年进口份额下降至 37.69%，进口额由 5.81 亿美元降到 3.74 亿美元，从中国进口农产品的份额则由 2011 年的 27.8%增长到 36.28%，进口额由 2.81 亿美元增长到 3.60 亿美元。

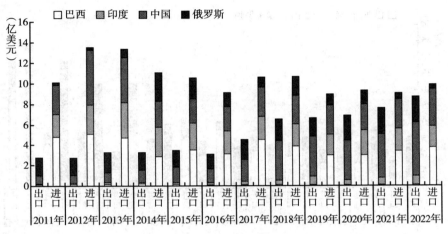

图 3　2011~2022 年南非与其他金砖国家农产品贸易额

数据来源：联合国商品贸易统计数据库（UN Comtrade Database）。

3. 印度

如图 4 所示，2022 年，印度向其他四国出口农产品的金额为 43.80 亿美元，比 2011 年的 15.89 亿美元增长了 176%，其中，2019~2022 年出口额快速增长，超过 30 亿美元。2022 年印度从其他四国进口农产品的金额为 39.00 亿美元，比 2011 年的 8.22 亿美元增长了 374%。相较于其他年份，2022 年进口额增长很快，比上年增长了 134%。就出口对象而言，印度最主要的农产品出口国是中国，出口额从 2011 年的 9.39 亿美元增加至 34.87 亿美元，且出口份额大幅提升，从 2011 的 59.11%增长至 2022 年的 79.61%，印度对其他三国的出口额变动不大，出口份额则均有所下降。

就进口对象而言，印度最主要的农产品进口来源国是巴西，进口额从 2011 年的 2.58 亿美元增加至 2022 年的 25.97 亿美元，增长了 9 倍，进口份额也从 31.36%增长至 66.6%。从俄罗斯进口农产品的金额从 0.69 亿美元增加至 9.36 亿美元，进口份额从 8.40%增长至 24.02%。从中国进口农产品的份额则大幅下降，从 59.03%降至 2.36%。

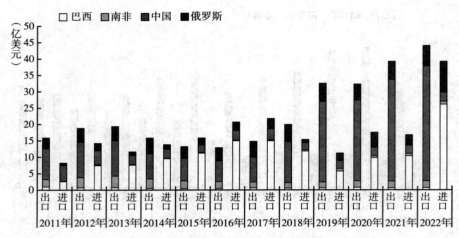

图 4 2011~2022 年印度与其他金砖国家农产品贸易额

数据来源：联合国商品贸易统计数据库（UN Comtrade Database）。

4. 巴西

如图 5 所示，2022 年巴西向其他四国出口农产品的金额为 507.52 亿美元，比 2011 年的 188.81 亿美元增长了 168.80%，其中，2022 年出口额快速增长，比 2021 年的 390.43 亿美元增长了 29.99%。2022 年，巴西从其他四国进口农产品的金额为 6.26 亿美元，比 2011 年的 6.53 亿美元下降了 3.59%。就出口对象而言，巴西最主要的农产品出口国是中国，2011~2022 年出口份额均在 70%以上，并从 2011 年的 73.99%增长到 2022 年的 90.07%，出口额从 2011 年的 139.70 亿美元增加到 2022 年的 457.10 亿美元，增长了 227%。巴西农牧业部公布的最新数据显示，2023 年上半年该国农产品出口额达 828 亿美元，其中对华出口额超过 300 亿美元，同比增长 8.6%。2023 年初实现了中国首次散船进口巴西玉米，意味着巴西玉米输华通道正式打通，对加强中巴农业合作具有重要意义。

就进口对象而言，尽管巴西从中国进口农产品的份额从2011年的77%降至2022年的50.98%，但中国仍然是巴西最主要的农产品进口来源国，从俄罗斯进口农产品的份额则从2019年开始快速增长，到2022年增至20.04%。

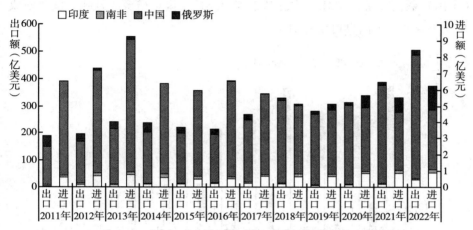

图5　2011～2022年巴西与其他金砖国家农产品贸易额

数据来源：联合国商品贸易统计数据库（UN Comtrade Database）。

5. 俄罗斯

如图6所示，2021年，俄罗斯向其他四国出口农产品的金额为36.56亿美元，比2011年的10.33亿美元增长了254%，其中，2020年出口额达到峰值，为44.01亿美元，2021年则有所回落。2021年，俄罗斯从其他四国进口农产品的金额为37.90亿美元，比2011年的62.00亿美元降低了39%。就出口对象而言，中国是俄罗斯最主要的农产品出口国，2011～2021年，向中国出口的农产品金额从9.59亿美元增加至32.66亿美元，在俄罗斯对其他金砖国家的农产品出口总额中所占份额一直保持在80%以上。就进口对象而言，巴西和中国是俄罗斯最主要的农产品进口来源国，从巴西进口的农产品份额由2011年的62.72%下降至2021年的39.38%，从中国进口的农产品份额则由26.66%增长至34.15%。

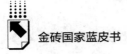

中俄农产品贸易集中度较高，中国与俄罗斯农产品贸易呈现"小出大进"格局，大宗农产品净进口量开始大幅增加。以大豆和牛肉进口为例，中国从俄罗斯进口大豆量由 2017 年的 47.41 万吨增至 2020 年的 69.30 万吨，增长了 46.17%，远高于中国同期进口大豆总量 5.02% 的增速。必孚（中国）数据显示，2021 年中国从俄罗斯进口牛肉量增至 2 万吨，俄罗斯成为中国第八大牛肉进口来源国。

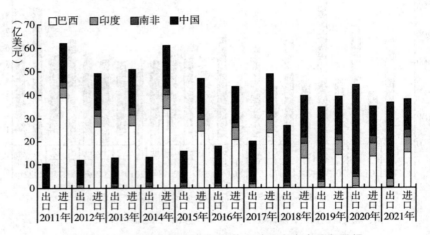

图 6 2011~2021 年俄罗斯与其他金砖国家农产品贸易额

数据来源：联合国商品贸易统计数据库（UN Comtrade Database）。

（二）农业投资：中国农业利用外商直接投资规模总体下降，农业投资主要流向俄罗斯

1. 中国对其他金砖国家农业投资情况

外商直接投资（FDI）是加强农业产能合作、推动农业转型发展的重要手段，不仅是农业技术创新的推动力，也是推进农业部门参与全球价值分工体系的重要驱动力。2021 年，中国对其他金砖国家的农业投资流量为 0.458 亿美元，同比增长 48.39%。其中，种植业 0.245 亿美元，占 53.49%；畜牧业 0.002 亿美元，占 0.44%；农资产业 0.002 亿美元，占 0.44%；其他产业

0.210 亿美元，占 45.85%。① 截至 2021 年底，中国对其他金砖国家的投资存量为 19.87 亿美元，占中国农业对外投资存量总额的 7.33%；2021 年，中国在其他金砖国家投资增设农业企业 103 家，较 2020 年增加 21 家，占境外企业总数的 9.20%（见表 2）。

表 2　2021 年中国对其他金砖国家的农业投资情况

单位：亿美元，%，家

国家	投资流量	占比	投资存量	占比	企业数量	占比
俄罗斯	0.383	83.62	4.76	23.96	80	77.67
巴西	0.073	15.94	13.93	70.11	8	7.77
南非	0.002	0.44	0.56	2.82	5	4.85
印度	0.000	0.00	0.62	3.12	10	9.71
总计	0.458	100.00	19.87	100.00	103	100.00

数据来源：《中国农业对外投资合作分析报告（2022 年）》，中国农业出版社，2023。

就投资存量而言，截至 2021 年，中国对巴西农业的投资存量达 13.93 亿美元，占存量总额的 70.11%。例如，中粮集团在巴西建立了集收储、加工、物流、贸易于一体的全产业链布局，实施巴西大豆可追溯项目，成功建立无毁林和无植被破坏的可持续大豆供应链。该项目于 2022 年被联合国开发计划署列为全球范例项目，成为南南合作的一项典型成果。

就投资增量来看，2021 年，中国对其他金砖国家的农业投资主要集中在俄罗斯，以种植业为主，投资流量 0.383 亿美元，占 83.62%。中国在金砖国家投资增设的 103 家农业企业中，80 家在俄罗斯注册，占比达 77.67%。

2. 部分金砖国家农业利用外商直接投资总体情况

1990～2019 年，中国农业实际利用 FDI 流入量的规模较小，占实际利用 FDI 总流入量的比重不超过 2%。就变动趋势来看，总体上分为四个阶段：1990～1995 年农业实际利用 FDI 流入量整体呈增长趋势，从 1990 年的 1.22

① 《中国农业对外投资合作分析报告（2022 年）》，中国农业出版社，2023。

亿美元增加至 1995 年的 17.35 亿美元,占实际利用 FDI 总流入量的比重也增长至 1.9%;1996~2007 年呈现波动趋势,1996 年、1997 年农业实际利用 FDI 流入量出现下滑,1998 年开始恢复总体增长趋势,到 2004 年恢复至 11.14 亿美元,2005~2007 年则回落至 8 亿美元以下;2008 年农业实际利用 FDI 流入量开始恢复上涨趋势,快速增加至 2012 年的历史最高水平 20.62 亿美元;2012 年以后,中国农业利用 FDI 进入转型发展阶段,2012 年党的十八大提出,我国的经济发展和改革开放要进入新的发展阶段,随后中国经济开始进入"新常态",主要发展目标为"调结构、转动能、促升级",中国农业实际利用 FDI 流入量的发展方向转变为提高农业 FDI 质量,农业实际利用 FDI 流入量持续下降,到 2019 年为 5.6 亿美元,占实际利用 FDI 总流入量的比重也下降至 0.4%(见图 7)。

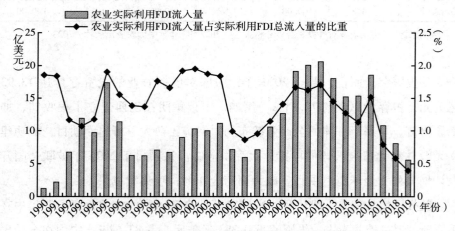

图 7 1990~2019 年中国农业实际利用 FDI 情况

数据来源:联合国粮食及农业组织数据库(FAOSTAT)。

中国、巴西、俄罗斯农业利用 FDI 水平如图 8 所示。2011~2016 年,中国农业 FDI 流入量一直保持领先,2017 年开始有所下降。巴西农业 FDI 流入量在 2017 年大幅增加,达到 17.75 亿美元,排名第一。俄罗斯农业 FDI 流入量处于最低水平,除 2013 年外,其他年份均低于 5 亿美元。

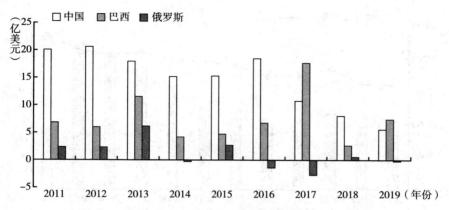

图8　2011~2019年中国、巴西、俄罗斯农业FDI流入量对比

注：由于印度、南非农业FDI流入量数据缺失，本报告暂不进行统计。
数据来源：联合国粮食及农业组织数据库（FAOSTAT）。

（三）金砖五国农业基础研究实力深厚，在气候变化、农业设施、农业物联网、疫病防治等领域的合作紧密

金砖国家在农业基础研究层面的国际合作是推动各国农业经济高水平、可持续发展的"源头之水"。本报告通过统计分析国际论文发表数量来阐明金砖五国在农业基础研究领域的合作情况。以Web of Science核心期刊（以下简称"WOS"）为国际论文发表数量数据源，检索时间限定在金砖国家农业合作机制生效后，即2011~2022年，检索领域限定为农业，分析金砖五国之间在农业领域论文合作的情况及重点研究方向。根据WOS统计，金砖五国在2011~2022年共发表农业相关论文178371篇，占该领域论文总数的39.0%，论文占比总体呈增长趋势，从2011年的31.8%增至2022年的46.9%（见图9）。其中，中国论文发表量位居总体第一，为91188篇；巴西位居第二，为48216篇；印度位居第三，为29714篇；南非为5029篇；俄罗斯为4224篇。

2011~2022年金砖五国相互合作发表农业相关论文1264篇，占论文总数的0.7%，近3年的合作发表农业相关论文数量是2011~2022年的50.8%，可见，尽管近3年受疫情影响，但金砖国家在农业领域的基础研究

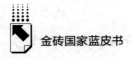

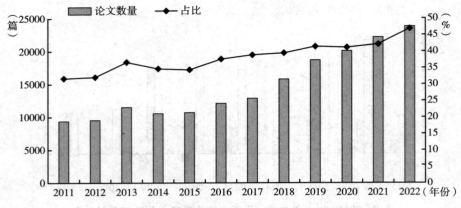

图9　2011~2022年金砖五国发表的农业相关论文数量及其占比

数据来源：Web of Science。

仍非常活跃（见图10）。经领域分析和关键词分析，金砖五国单纯在农业领域合作发表的论文为525篇，占41.5%，其他论文与植物科学（包括遗传学）、食品科学、生物技术应用与能源、环境科学与生态（包括水资源）等领域密集交叉。近几年，金砖五国在农业与计算机科学、农业经济学、昆虫学、兽医学、农林气象与大气科学等方面的合作研究进一步加强，体现出近几年金砖五国对气候变化、农业设施传感器、农业物联网、动物疫病防治等方面的重视（见图11）。

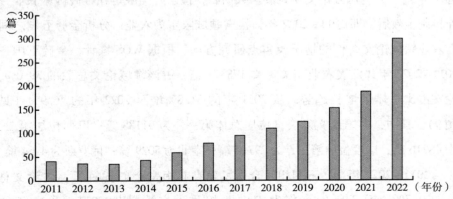

图10　2011~2022年金砖五国相互合作发表的农业相关论文数量

数据来源：Web of Science。

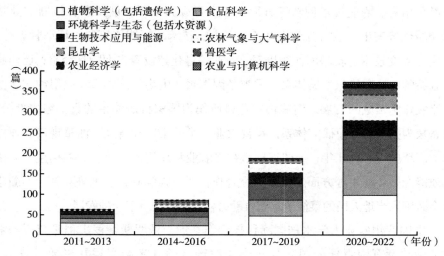

图 11　2011～2022 年金砖五国相互合作发表的农业相关论文领域分布情况

数据来源：Web of Science。

　　经分析合作研究单位发现，金砖五国在农业基础研究领域活跃的单位有：中国的中国科学院、中国农业科学院、西北农林科技大学、浙江大学、中国农业大学等；俄罗斯的俄罗斯人民友谊大学、俄罗斯科学院、喀山联邦大学、莫斯科罗蒙诺索夫国立大学等；印度的印度理工学院、阿里格尔穆斯林大学、巴纳拉斯印度教大学等；巴西的圣保罗州立大学、巴西农业研究院、拉夫拉斯联邦大学、南里奥格兰德州联邦大学等；南非的南非农业研究理事会、比勒陀利亚大学、夸祖鲁-纳塔尔大学、威特沃特斯兰德大学、佩罗塔斯联邦大学等。此外，国际农业研究磋商组织、德国哥廷根大学、德国汉诺威大学、沙特国王大学等其他国家研究机构也深度参与金砖五国的农业基础研究。

（四）金砖五国农业领域联合研究长效机制日渐丰富

　　推动减贫合作、维护粮食安全是金砖国家肩负的使命，也是金砖农业合作机制建立的根本。在农业科技领域，各国基于自身农业资源条件优势及科技创新发展动力，积累了各具特色的农业科技优势。中国在农田水利建设、新品种培育、农业技术创新等方面处于世界领先水平；俄罗斯在机器农业技术领域优势突出，包括自动化设备、无人机技术、智能传感器、精细管理等；印度在生物技术、转基因作物培育、农业信息化建设等方面颇具经验；巴西具备独特的农业现代化发展体系，重视基因编辑、生物经济学、农业集约化以及数字农业等领域的发展；南非将农业科研作为国家科研体系的重要组成部分，具备较为完善的农业研究体系，重视农业技术的推广和普及，注重现代农业技术的广泛应用。近几年，金砖五国重视在农业种质资源再培育、农药生产、生物质能源循环利用等方面的技术研究合作，通过强强联合、优势互补，不断丰富金砖国家当地人民的菜篮子，有效助力各国科技扶贫事业的发展。

中国四川农业大学水稻国际科技合作基地与俄罗斯全俄水稻研究所、俄罗斯阿拉泰有限责任公司联合开展"高产富硒红米杂交稻及深加工技术"合作，选育出新的、营养价值高的、抗氧化功能强的富硒红糯米产品，进一步丰富水稻种质资源。黑龙江省农业科学院与俄罗斯加强大豆种质资源合作，其培育的绥农42、合农95两个大豆品种正式获得俄罗斯国家品种登记委员会登记，列入俄国家品种准入目录。海南中国热带农业科学院与巴西农牧研究院于2019年4月签署农业科技合作谅解备忘录，在生物资源、先进生物技术、生物能源和生物经济等领域开展广泛的合作研究。

金砖五国充分利用双方各自资源和技术优势，通过设立联合实验室、研究中心等平台，进一步巩固联合研究基础，建立合作长效机制。中国农业科学院于2012年在巴西农牧研究院设立中巴农业科学联合实验室，于2018年与印度德里大学联合成立了作物育种中心，于2022年10月与米丘林国立农业大学、顿河国立农业大学、俄罗斯科学院植物研究所、全俄烟草及烟草制品研究所等6家俄罗斯机构共同建设"青岛中俄未来农业研究院"，实现与金砖国家农业合作多点开花、硕果累累。宁夏东吴农化股份有限公司与俄罗斯科学院在合作开展研究项目基础上，共建了"中俄精细化工联合研究中心"和"院士专家工作站"，推动新四代农药中间体的高效、绿色生产。辽宁省农业科学院与俄罗斯联邦国家预算科学机构 P. P. 国家谷类研究中心于2018年建立中国—俄罗斯玉米联合育种实验室，进一步深化玉米新品种选育合作。新疆畜牧科学院与俄罗斯联邦国家畜牧科学院共同建设"中俄畜牧科技合作研究中心"。另外，海南中国热带农业科学院与巴西国家农业科学院遗传资源与生物技术研究所，共建热带作物基因组学与种质创新联合实验室。印度 Bijak 公司于 2019 年在新疆石河子投资设立了"旱地棉花技术开发中心"，加强与新疆产棉区的技术合作。中国国家林业和草原局桉树研究中心与南非比勒陀利亚大学共同建立中国—南非林业联合研究中心，联合开展人工林重大病害发生机制和抗病林木遗传材料的筛选研究。

（五）中国与其他金砖四国加强产学研融合，现代农业产业合作载体初具规模

农业产业合作载体是加强金砖国家现代农业产业技术示范推广的重要渠道。农业作为金砖国家合作的先行领域和基础性行业，随着金砖国家农业合作机制的不断完善，金砖五国初步建设了一些典型性强、示范性好的农业新品种与技术示范平台，有效助推各国农业经济发展。

中国湖南隆平农业发展股份有限公司在巴西建立中国—巴西农业科技产业园区，通过融合精准农业、田间监测和测绘等先进农业技术形成产业集群，带动当地大型生产企业以及家庭农业，为中巴及金砖国家间的合作提供了良好的示范。中国林业科学研究院亚热带林业研究所与巴西农科院为落实《中巴竹子科技合作五年规划》，共同实施了"中国向巴西提供竹子培育与高效利用技术"项目，在巴西建立示范苗圃 7 个、优良笋用竹种示范基地 5 个、竹笋加工厂 2 个，推动巴西 4 个州的鲜笋年生产能力达 150 吨、年加工竹笋达 80 吨，经济效益显著。四川铁投现代农业发展股份有限公司在俄罗斯楚瓦什自治共和国投资建设"四川楚瓦什农业园"，作为四川省"境外农业合作示范区"，形成集牧草种植、奶牛养殖、乳制品加工、肉牛屠宰加工、农产品国际贸易于一体的全产业链发展格局。2020 年 11 月，青岛农业大学与中国农业机械化科学研究院、俄罗斯农业工程中心、俄罗斯农业生产工程和生态问题研究所共同建立了"中俄智能农业装备创新中心"，合力推动两国现代农业机械化装备技术的进步和产业化发展。

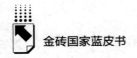

（六）金砖国家间农业科技人文交流形式多样

在金砖国家合作框架下，金砖五国始终加强农业科技领域人才的交流与培养，将科技人文交流活动穿插于项目联合研究、产业技术合作等多个层面，主要通过技术培训、学术交流、联合培养、联合办学、专家互认等方式展开，促进金砖国家农业科技人员往来和交流，为各国农业农村现代化建设培养专业人才。

在技术培训方面，金砖五国聚焦科技减贫、生物育种、现代化农业信息技术等方面开展技术交流、学习互鉴。截至 2022 年底，中国农业农村部已累计为南非培训 300 多名农业技术和管理人员。2023 年 7 月，中国和南非合作举办科技减贫人才培训班，围绕科技助力脱贫攻坚、旱区农业技术应对气候变化以及青年科技人才在农村创新创业等主题，为 700 余名南非学员授课。云南省在全国首创国际科技特派员制度，先后分 4 批选派了 50 余名国际科技特派员赴包括印度在内的南亚国家，在农经作物和植物药种植、畜禽养殖、生物质能等领域开展科技服务和经济合作。湖南省水稻研究所举办以"杂交水稻技术"为主题的国际技术研修班，来自印度、伊朗、埃塞俄比亚、巴西、阿根廷等 17 个国家 147 名杂交水稻领域技术人员参加研修。

在交流平台搭建方面，金砖五国将科技交流合作与教育、文化相结合，聚焦各自农业领域优势产业和技术特长，搭建了人文"软性"交流与技术"硬性"合作相结合的交流平台。中国华南农业大学和巴西马托格罗索联邦大学于 2023 年 6 月合作建立"中文+农业科教发展中心"，结合中文教育、农业推广、科技合作等方面打造农业科教合作平台。中国农业科学院与非洲科学院共同发起"中非农业科技创新联盟"倡议，进一步拓展中非科技合作渠道，共同加强非洲农业发展科技支撑。华中农业大学成立中非农业交流中心，推动南非丹参等非洲药用植物种植和开发技术领域的中非交流、培训与示范。黑龙江省农业科学院、中国农业科学院作物科学研究所、东北农业大学、俄罗斯远东国立农业大学、俄罗斯远东农业生物技术联邦科学中心和俄罗斯科学院远东分院于 2023 年 7 月联合主办"2023 中俄大豆科技合作论坛",推进中俄两国签署《关于深化中俄大豆合作的发展规划》,加强沿边农业科技交流合作。

与此同时,金砖五国间还加强了专家互认和教育互认,促进了五国专家学者、青年科技人才的交叉式、多元化交流与发展。专家互认方面,中国农业大学食品质量安全与作物健康领域专家潘灿平教授于 2023 年 6 月被聘为俄罗斯工程院外籍院士。山东省农业科学院经济作物研究所董合忠研究员于 2021 年 12 月当选俄罗斯自然科学院农业学部外籍院士,肯定了其在棉花生产领域发挥的重要引领和支撑作用。另外,印度国家科学院院士、国际水稻研究所(菲律宾)首席育种家、遗传育种和生物化学系主任库什(Gurdev S. Khush)于 2002 年当选中国科学院外籍院士。教育互认方面,沈阳工学院 2020 年以来有 12 名教师考取了俄罗斯滨海国立农业技术大学博士研究生,双方还共同举办了大学生职业技能友谊赛,搭建了国际性学术交流平台。甘肃兰州大学与印度科研院所聚焦生物质能源、循环农业经济等领域开展博士联合培养,以培养出色的青年科技人才。

三 金砖国家农业合作存在的问题与对策建议

当前,全球极端天气反复、区域性矛盾冲突频发、粮食贸易保护主义抬头,全球粮食供需紧张程度加剧。联合国粮食及农业组织发布的《2023 年粮食及农业状况》报告显示,当前全球农业粮食体系给人类健康、环境和社会带来了巨大的隐性成本,并敦促各国政府与国际组织积极促进农业粮食体系转型,以应对气候危机、贫困、不平等和粮食不安全等问题。[①] 金砖五国从政府到民间均建立了双边或多边的国际农业合作关系,达成了一些整体合作共识,并利用各自优势,在推进农产品贸易投资、农业基础研究、先进农业技术应用与推广、农业科技人文交流等方面展开了很多有益的合作。然

---

① The State of Food and Agriculture 2023,https://www.fao.org/3/cc7937en/cc7937en.pdf.

而，面对不确定的国际贸易环境以及全球极端气候挑战，金砖国家间农产品贸易的产业链供应链韧性和安全水平有待进一步加强与提升，农产品贸易合作机制有待进一步完善，农业投资规模有待进一步提升，尤其是在科技层面的农业合作，基础研究合作体量有待进一步增大，科技成果转化模式与合作机制有待进一步优化，科技人文交流的深度和广度有待进一步拓展，合作密度和质量仍有较大发展潜力。金砖国家作为全球粮食安全的"压舱石"，在农业领域合作的利益深度交融，面对全球粮食安全的严峻挑战，更应加强农业领域的可持续发展与合作，共同提升应对气候变化、外部挑战的能力，推动金砖国家农业科技合作不断向纵深发展。

1. 进一步完善农产品贸易合作机制，增强粮食供应链韧性

探索建设多边农产品自由贸易区，完善农产品多边贸易机制，有效提高金砖国家间农产品贸易的效率。支持鼓励金砖国家的政府、商会协会及企业间建立多层面农业合作伙伴关系，构建更多元的粮食合作机制，有效规避粮食进口安全风险。加强金砖国家间物流基础设施建设，建立铁路、海运、空运一体的多元化立体运输网络，确保粮食运输安全。

2. 优化调整金砖国家间农业项目投资结构，加大有效投资力度

充分发挥投资对农产品贸易的带动作用，以农业科技、种业技术合作为先导，建立资源、资本、平台、市场多元融通的合作方式，鼓励各方优质农业企业赴境外投资，建立境外农业合作示范区，结合各方需求，丰富与优化投资内容和结构，进一步从单一粮食作物种植向覆盖果蔬、种业、渔业等产业的生产、加工、科研、品牌建设、仓储、物流等各个环节转变，有效带动农业合作方式的升级，不断延长农业产业链，推动金砖各国农业转型和经济增长。

3. 加大金砖国家农业领域基础研究项目支持力度

完善金砖国家农业领域基础研究支持机制，探索通过共建联合实验室、开展合作研究课题等方式，开展关键技术联合研究，共同提升金砖国家的技术创新能力。进一步巩固、丰富金砖国家农业研究平台（ARP）功能，促进资源共享融通，促成产出更多科研成果。面对粮食安全、气候变化等人类

社会迫切需要解决的全球性问题，积极推进实施"农作物基因资源阐析"（G2P）等国际大科学计划和大科学工程，引导金砖国家农业科学家广泛参与其中，深度协作、互学互鉴，共同突破关乎人类未来命运的重大科技难题。

4. 加强应用型农业技术创新和成果转化

进一步加强金砖国家间农业科技创新协作，借助金砖国家基础农业信息交流系统（BAIES）等平台，充分整合企业、高校、科研院所等各类创新主体的资源力量，搭建金砖国家农业创新网络，促进新型农业基础推广与应用，农业研究、推广、技术转让、信息和政策交流、最佳实践分享及培训和能力建设领域的合作。探索建立农业科技孵化平台，推动形成有效的技术合作机制和技术转化机制。充分发挥互联网、物联网等数字技术优势，推动数字农业发展，促进传统农业向现代农业转型，助力各国农业绿色可持续发展。

5. 持续推进金砖国家间农业领域科技人文交流

进一步扩大"金砖国家青年科学家论坛"的影响力，丰富活动内容和参与主体，促进金砖国家青年科学家互学互鉴和务实合作。推动建立金砖农业科技创新联盟体系，以金砖国家农业科研院所、高校、高技术企业为核心，开展农业技术培训、学术交流，进行资源共享，进一步强化合作理念、凝聚合作共识，构建更加开放的金砖农业科技交流合作生态。

B.8
金砖国家应对气候变化国际科技合作研究

于莎 杨烨 乔琳 辛秉清 杨洋*

摘　要：　气候变化对金砖国家的发展产生了诸多不利的影响，应对气候变化是金砖国家的热点领域和合作重点。金砖国家承诺致力于推动《联合国气候变化框架公约》及其《巴黎协定》全面有效实施，在气候变化多边进程中发挥了积极引领作用，为全球低碳、气候韧性及可持续发展做出了重要贡献，成为推动全球气候治理的建设性力量。从长远来看，金砖国家要坚持多边主义、完善法律法规、加强合作交流、推动绿色发展，积极构建全球环境治理新格局，在发挥金砖国家应对全球气候变化作用的同时，带动更多发展中国家实现绿色发展和人与自然和谐共生的现代化。

关键词：　金砖国家　气候变化　国际科技合作

　　应对气候变化是金砖国家的热点领域和合作重点。在气候变化多边进程中，金砖国家（巴西、俄罗斯、印度、中国、南非）发挥了积极引领作用，为全球低碳、气候韧性及可持续发展做出了重要贡献，成为推动全球气候治理的建设性力量。

────────────

* 于莎，农学博士，科技部国际科技合作中心副研究员，研究方向为科研项目管理、国际科技合作；杨烨，工学博士，科技部国际科技合作中心助理研究员，研究方向为国际科技合作、科技政策；乔琳，科技部新技术中心副处长、工程师，研究方向为国际科技合作政策；辛秉清，经济学博士，科技部国际科技合作中心处长、副研究员，研究方向为国际科技合作项目管理、应对气候变化；杨洋，工学博士，西南交通大学副教授、博士生导师，研究方向为航空动力装备。

一 金砖国家应对气候变化的现状

工业革命以来，人类活动排放的大量二氧化碳加剧了以全球变暖为主要特征的气候变化，采取积极主动的措施以应对和缓解气候变化已成为国际社会的共识。国际社会已日益认识到气候变暖对人类当代及未来生存与发展产生严重威胁和挑战，采取积极措施应对气候变化已成为全球共识。金砖国家的经济总量和国土面积约占世界的1/4，人口约占世界总人口的40%，处于工业化、城镇化发展阶段，是经济快速增长的新兴经济体国家，对能源的需求量大，2019年金砖国家温室气体排放量约占G20国家总排放量的一半以上。金砖国家气候条件复杂、生态环境脆弱，易受气候变化的不利影响。

巴西是亚马孙盆地的所在地，气候变暖可能会改变亚马孙盆地温度敏感物种的分布范围，频繁干旱的加剧可能会严重影响亚马孙的水生态系统和当地居民生活，降雨和温度的变化可能会导致疾病的传播，海平面上升和风暴潮可能对亚马孙三角洲地区的生产生活产生重大影响。

俄罗斯的气候因为大面积的冰雪、荒漠而显得相当复杂。俄罗斯尽管并非温室气体排放最多的国家，却承受更多全球变暖的后果。俄罗斯领土65%的永久冻土地带受气候变化影响正在消融，将产生多种不利影响。此外，俄罗斯国内出现大量气候移民，2018年有1.15万人从西伯利亚、远东和北方极地地区流入中央联邦区、克拉斯诺达尔边疆区等地区。

印度气候带、生态系统和地形多样化导致各地的气候风险存在差异。农业区的气温上升和干旱加剧，导致水稻和小麦产量下降。印度最重要的河流源自喜马拉雅冰川，受到气温升高的威胁，将严重影响工业、农业和生活用水。近年来频发的各种极端天气事件，增加了人群罹患中风等气候相关疾病的风险。

气候变暖造成中国主要农作物病虫繁殖代数增加，病虫害发生北界北移，危害范围扩大。青藏高原积雪面积季节变化显著，冰川明显退缩。区域性洪涝灾害和旱灾具有增多趋势。受海平面升高和温度上升等因素影响，滨海湿地生态系统服务功能下降，热带海域出现了珊瑚白化和死亡的现象。

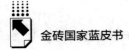
南非的气候普遍温暖，高海拔地区的气温较低。在过去的几十年里，酷暑和严寒等极端天气变得更加频繁。广阔的海岸线受到巨浪、风暴潮以及快速城市化的影响。南非的气候脆弱性主要影响水资源的供应，气温升高和降雨量变化将增加蒸发量并减少河流流量，对水资源量和可用性产生负面影响。

二 金砖国家应对气候变化的立场

作为新兴市场国家和发展中国家代表，金砖国家二氧化碳排放总量达到14759亿吨，占全球二氧化碳排放量的43%，其应对气候变化战略、政策和碳排放对全球气候变化起到重要作用，是新兴国家参与全球治理体系的重要平台之一。金砖国家在 COP27 会议期间已经做出承诺，巴西计划通过低碳农业的项目减少温室气体排放，并通过重新造林以及发展碳捕获技术实现碳中和目标；俄罗斯将继续按照目标计划，实现经济"脱碳"发展，并在2060 年前实现碳中和；印度表示将通过对清洁燃料的过渡和家庭碳排放的减少实现 2070 年碳中和目标；中国在推进国内适应气候变化工作的同时，积极开展适应气候变化国际合作；南非的公正转型国家框架表示将开展社区和弱势群体合作，积极推进能源低碳转型，共同推进气候治理以实现 2050年碳中和目标。

在"自主决定"的基础上，金砖国家还积极推动构建公平合理、合作共赢的应对气候变化的全球治理体系。金砖国家作为负责任的发展中国家，以"共同但有区别的责任"为原则，积极推动《联合国气候变化框架公约》（以下简称《公约》）及其《巴黎协定》全面有效实施，发布《金砖国家应对气候变化高级别会议联合声明》，重申各方应恪守《公约》及其《巴黎协定》目标、原则和制度框架，并重申《公约》及其《巴黎协定》在国际合作应对气候变化的基本法律遵循和主渠道地位。同时，金砖国家坚持多边主义是应对气候变化的重要路径，反对将气候变化问题政治化；呼吁各国坚持共同但有区别的责任和各自能力原则，考虑不同的国情，在已有共识的基础上，按照国家自主贡献的安排加强合作，共同应对全球气候变化。

三 金砖国家应对气候变化的政策和行动

（一）巴西

巴西是国际上率先对气候变化采取措施的国家之一。1992 年 6 月，在里约热内卢举行的联合国环境与发展大会上通过了《公约》，巴西是第一个签署该公约的国家。2009 年 12 月，巴西通过《国家气候变化政策》确立了国家减排目标，计划到 2020 年减少 36.1% ~ 38.9% 的温室气体排放量。2016 年 5 月，巴西向《公约》提交了《国家适应计划》，承诺在 2005 年的基础上，到 2025 年减少 37% 的温室气体排放量，到 2030 年减少 43% 的温室气体排放量。2023 年 3 月，巴西向《公约》提交了国家自主贡献，承诺在 2005 年的基础上，到 2025 年减少 37% 的温室气体排放量，到 2030 年减少 50% 的温室气体排放量，到 2050 年实现碳中和。这标志着巴西首次承诺将从基准年开始减少温室气体排放的绝对量，而不是减少计划排放量或降低排放强度。

巴西作为拉丁美洲的主要经济体，其温室气体排放量仅占全球的 3%，主要来自森林砍伐和畜牧业。因此，巴西主要通过减少森林砍伐和低碳放牧方面开展减排任务。具体措施上，巴西通过实施"绿色增长计划"，为可持续经济活动和创造绿色就业机会提供资金与补贴，包括改善自然资产管理，以激励生产力、创新力和竞争力；创造绿色就业机会；促进森林保护，保护生物多样性；减少温室气体排放，向低碳经济转型；大力发展绿色金融；推进绿色研发。巴西推出"低碳农业计划"，为实施可持续农业实践的农民提供低息贷款。通过实施免耕农业、恢复退化的牧场、种植商业森林、生物固氮、处理动物废弃物以及作物、牲畜和森林的一体化管理，并推广灌溉系统、集约化牲畜饲养等技术，以期在 2030 年前将低碳农业项目扩大到 7200 公顷，实现减排 11 亿吨碳当量。总体来看，巴西减排政策的重点在森林管

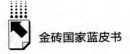

理以及农业和畜牧业的低碳化上，但在可再生能源推广以及能源结构调整方面还缺乏相应措施。

（二）俄罗斯

2009 年，俄罗斯通过《2030 年能源战略》。2013 年，俄罗斯总统签署"关于减少温室气体排放"的法令并计划到 2020 年将人为温室气体排放量降低至 1990 年的 75% 以内，到 2030 年达到 70% 以内。2015 年，俄罗斯向《公约》提交了新的气候行动计划，并在 2015 年底通过《巴黎协定》，于 2019 年在国内正式批准。2020 年，俄罗斯批准了"2023 年前第一阶段适应气候变化的国家行动计划"，明确规定了俄罗斯第一阶段（2020~2022 年）应对气候变化具体工作，包括制定行动措施和实施方案、出台法律法规、起草行业部门及地区章程，以及提供信息与科研保障支持等。2021 年 11 月，俄罗斯批准了《俄罗斯到 2050 年前实现温室气体低排放的社会经济发展战略》，进一步限制温室气体排放。

俄罗斯的碳排放主要来源于能源行业，俄罗斯经济发展能耗是发达国家的 2~3 倍，在能源领域的减排潜力较大。一方面，俄罗斯通过开发氢能、核能等替代能源，降低油气行业碳排放强度，全面提高能源利用效率，刺激可再生能源技术或其他低排放技术的发展等措施实现减少碳排放；另一方面，俄罗斯通过发展碳捕集、利用和封存技术，减少甲烷泄漏并回收伴生气，提高能效，生产碳中和液态天然气与蓝氢来减少碳排放。此外，俄罗斯积极推动保护和增加森林碳汇的行动。在金融领域，俄罗斯通过明确与绿色项目有关的国家分类标准来发展绿色金融，对达标企业提供特殊债券或贷款。总体来看，俄罗斯积极推进能源行业的减排，但是由于其特殊的地理位置，分布较广的冻土带在气候变化中具有消融的风险，俄罗斯还应进一步加强对冻土带的管理以及开展消融预警工作。

（三）印度

印度也是气候政策的积极推行者。2007 年，印度环境与森林部评估了气候变化对水资源、农业、自然生态系统、卫生、沿海区管理等领域的影响，促进一系列应对气候变化政策的出台。2008年，印度出台了首个《气候变化国家行动计划》，旨在使其能够适应气候变化，并提高发展的生态可持续性，强调了保持高增长率对提高印度绝大多数人的生活水平和减弱他们受气候变化影响的脆弱性至关重要，提出了8个国家行动计划，涵盖理解气候变化、促进适应和减缓、提高能效和自然资源保护等方面的内容。2015年，印度宣布《国家自主贡献预案》，到2030年将非化石燃料在能源结构中所占的比重从30%提高到40%左右，由此在2022年增加1.75吉瓦的可再生能源生产能力，同时承诺将在2030年把单位GDP排放强度在2005年的基础上降低33%~35%，并通过加大植树造林力度，增加25亿~30亿吨的碳汇。印度承诺到2030年非化石能源发电装机容量占50%，达到5亿千瓦，经济碳排放强度降低45%，到2070年实现净零排放目标。

印度煤炭储量丰富，但石油、天然气匮乏。煤炭发电成为印度目前最主要的电力来源，约占总发电量的70%。其他形式的能源，如水能、核能等约占能源构成的30%。为了实现在减少碳排放的情况下保证稳定的能源供应，改善能源结构，印度采取了一系列气候行动：推广基于理性消费和减少浪费的可持续生活方式；推进生物燃料计划，目标是到2025~2026年汽油中的乙醇掺混比达到20%，到2030年将柴油中生物柴油混合比提升到5%；增加了23个湿地作为拉姆萨尔湿地，建成南亚最大的拉姆萨尔湿地网络；启动"国家氢能使命"，使用绿色能源生产氢气以替代化石燃料；启动"绿色电网倡议——同一个太阳、同一个世界、同一个电网"，旨在有效利用全球可再生能源，加速调动绿色电网行动所需的技术和财政资源。尽管印度的相关碳减排政策非常全面，但其目标和实现途径仍然模糊，并且在许多方面的决策上欠缺透明性，需要更多的努力将这些行动细化落实。

（四）中国

中国一直在积极实施应对气候变化的国家战略。1990~2006年作为中国应对气候变化的起步期，中国通过设立国家气候变化协调小组、参加气候国

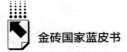

际谈判、制定气候政策，将气候问题作为发展问题。2007年，围绕气候变化问题，中国正式建章立制，设立与发展相适应的减排目标，完善组织机构和气候政策体系。2008年，国家发改委设立应对气候变化司负责气候变化的应对和减缓等工作。2015年，中国以减排为约束目标倒逼经济发展方式转型，进入了应对气候变化的深化期。同时，中国向《公约》提交的国家自主贡献中明确提出于2030年实现碳达峰，单位GDP二氧化碳排放量比2005年下降60%~65%。中国在超额完成2020年气候行动目标的基础上，又提出了2030年前实现碳达峰和2060年前实现碳中和的目标（以下简称"'双碳'目标"），以及一系列加大国家自主贡献力度的新举措。

中国应对气候变化主要是通过"双碳"目标引领经济社会全面的绿色转型。在具体措施方面，中国积极调整产业结构，大力发展绿色低碳产业，严控高能耗、高排放、低水平项目的盲目发展；优化能源结构，大力发展非化石能源，提高化石能源清洁利用水平，落实能源消费总量和强度双控；促进节能提效，大力推进工业领域提质增效，积极构建绿色低碳综合交通运输体系，深入开展公共机构绿色低碳引领行动，全面提升节能管理能力；控制非二氧化碳温室气体排放，发布《甲烷排放控制行动方案》，明确提出甲烷排放控制目标；提高生态系统碳汇能力，开展森林抚育行动，划定生态保护红线，坚持陆海统筹；推动减污降碳协同增效；发布《国家碳达峰试点建设方案》，选取典型代表性的城市和园区开展碳达峰试点，解决绿色低碳发展面临的瓶颈问题，探索针对不同资源禀赋和发展基础的城市与园区的碳达峰路径，为城市碳中和提供可操作、可复制、可推广的经验做法。总体来看，中国作为世界上最大的发展中国家，发展不平衡不充分的问题依然存在，有关应对气候变化的认知水平、政策工具、手段措施、基础能力这些方面还有欠缺和短板，对气候变化的应对还面临着发展经济、改善民生、治理污染等多重挑战。未来，中国还应当推动涵盖社会、经济、技术、土地利用、生态、人类健康等多维数据的公共数据库的建立，积极开展建立全国统一碳市场等工作，加快能源系统的低碳转型，大力发展碳捕集、利用和封存技术。

（五）南非

作为最早签署《巴黎协定》的国家之一，南非在全球国际气候谈判中表现积极。2004 年，南非制定了《国家气候变化应对策略》。2005 年，南非提出需要建立一个详细的气候变化远景方案，并据此制定相关政策，既履行《公约》所规定的义务，又兼顾消除贫困和创造就业的需求。2006 年初，南非制定《南非减缓气候变化长期情景》，力争使南非的温室气体总排放量在 2020～2025 年达峰，并经过 10 年平顶期后在 2030～2035 年开始下降。2011 年，南非通过了《国家气候变化应对政策》白皮书，明确了政府各部门短期和长期的优先行动领域，并设立了 5 年评估期。2019 年 6 月，南非正式实施碳税法以控制国内温室气体排放。2020 年，南非成立总统气候委员会，通过国家适应战略，实施具有严格监管和评估的强化减缓系统，制定长期低排放发展战略。南非在 COP26 前更新了国家自主贡献，将排放峰值年提前了 10 年，还补充了适应气候变化相关的详细信息。

作为非洲较发达的国家，南非同时是全球主要的温室气体排放国之一。南非富煤少油的能源禀赋使得其能源结构长期以煤炭为主。但由于本国煤炭资源日益紧张以及全球气候变暖形势越发严峻，南非积极推进能源的低碳转型。在具体措施方面，南非积极发展太阳能、风能等可再生能源，鼓励分布式发电，提高水电、核电占比，提倡清洁煤电，对超排燃煤电站进行改造，加强电站运营的碳足迹管理，更新节能减排设备，并将生物燃料的发展纳入低碳发展战略中；推广节能设备的应用，调整工业和交通领域的产业结构，提高能效；积极开展森林保护和退耕还林等工作，增加自然森林碳汇。总的来看，南非虽然积极参与全球气候治理，但还面临着制约因素多、减排时间紧和筹集资金难等多种问题，南非应当采取更积极的应对气候变化的手段，明确重点行业和地方的减排目标、行动方案和配套措施，推动可再生能源、低碳产业的快速发展。

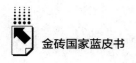

四　总结与展望

在面对全球气候危机迫近、气候治理进程缓慢、国际公约难以落实的现实问题时，金砖国家对环境治理的共识和努力是广大发展中国家维护国际气候治理体系公平与稳定的基石，更是维持全球治理、合作共赢的重要推动力，对应对气候变化、实现可持续发展具有深远意义。一方面，金砖国家应对气候变化的举措有助于推动全球绿色发展。金砖国家在清洁能源、低碳技术、可持续及韧性基础设施等领域，积极开展交流与合作，有助于推动能源资源、产业结构和消费结构的转型升级，并带动更多发展中国家实现绿色发展和人与自然和谐共生的现代化。另一方面，金砖国家应对气候变化的举措还有助于构建全球环境治理的新格局。金砖国家在绿色创新和绿色经济领域广泛而深入的合作、培育的绿色大市场，有助于将气候变化问题去政治化、反对气候治理单边主义和保护主义并打破绿色贸易壁垒，推动全球发展迈向平衡、协调、包容。金砖国家携手推进绿色低碳发展，既是应对全球气候变化和生态环境挑战的需要，也是国际社会的共识，应进一步加强对话交流、协同配合，共商实现人与自然和谐共生新路径，推动构建高质量伙伴关系，共创全球发展美好未来，可以从以下五个方面入手。

（一）坚持多边主义，构建人与自然生命共同体

面对一些发达国家试图施压广大发展中国家增加减排责任，通过霸权工具剥夺发展中国家的发展权利，金砖国家要坚持多边主义，强调发达国家应率先加大减缓行动力度，履行气候资金承诺，并尊重发展中国家和经济转型国家的发展权利及政策空间。积极推动人与自然生命共同体的构建，强调发达国家应该展现更大雄心和实施更多行动，切实帮助发展中国家提高应对气候变化的能力和韧性，为发展中国家提供资金、技术、能力等方面的支持，避免设置绿色贸易壁垒，帮助发展中国家加速绿色低碳转型。金砖国家形成

的气候合作伙伴关系将对构建人与自然生命共同体发挥示范引领作用，推动全球发展迈向平衡、协调、包容。

（二）加强法律法规建设，为可持续发展提供保障

建立完善的法律法规体系是可持续发展的重要保障，面对环境污染和气候变化造成的极端灾害以及经济危机、粮食危机的发展问题，金砖国家应进一步以可持续发展目标为导向，健全可持续发展的管理机制，加强应对气候变化的法律法规建设，夯实对可持续发展的法律保障基础，积极开展公众的宣传教育，引导大众对可持续发展的参与，将可持续性目标融入制度体系、经济结构、技术目标和社会意识中。

（三）完善金砖合作机制，拓展全方位合作

金砖国家新开发银行以及应急外汇储备安排等合作项目促进了金砖国家可持续发展体系的完善和发展，金砖国家应进一步拓展合作领域，从"经济合作"走向"全方位合作"，强化金砖国家在社会、环境保护和气候变化等可持续发展领域间的合作，走向"务实与务虚并重"的合作体系，建立更全面的发展伙伴关系。此外，还应当推动其他领域如海洋、教育、医疗等的合作，推动可持续发展成果和经验在金砖各国间的分享和传播，提高金砖国家共同应对气候变化的能力。

（四）重点加强能源和碳管理技术的合作与交流

根据能源资源禀赋差异，金砖各国要加强在能源利用和低碳发展方面的合作交流。例如，针对印度和南非以煤炭为主的能源结构，加强国家间在煤炭高效利用中的技术交流与合作；重视在碳捕集、利用和封存等前沿技术方面的合作以及碳封存和资源勘探、水电发展等方面的合作。在碳排放管理方面，积极发展以碳交易为纽带的可持续发展新平台和新机制，加强金砖五国间的碳达峰和碳中和标准建设，推动碳达峰和碳中和共识的达成，加强在国

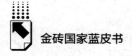

际标准下的金砖国家深度合作，促进金砖国家在能源和碳排放方面的高效管理。

（五）加强金砖国家碳减排技术的合作

政府治理和国际合作是实现"双碳"目标不可或缺的方面，而碳减排技术的发展是推动"双碳"目标实现的重要保障。各国经济水平、产业结构、能源结构的不同使得各国可持续发展的阶段不同，金砖国家在应对气候变化方面需要多边合作，拓展金砖国家在碳减排核心颠覆性技术上的合作空间。同时，要充分利用金砖国家在清洁技术和低碳发展方面的合作，包括对巴西可再生能源技术、俄罗斯的极地气候变化应对政策以及印度在可再生能源和废物转化等领域的措施在金砖国家间进行推广。

参考文献

朱依锡：《全球气候治理背景下的俄罗斯气候政策研究》，硕士学位论文，吉林大学，2023。

郑惠泽等：《碳中和背景下金砖国家气候政策、能源结构与碳排放的比较》，《中国人口·资源与环境》2023 年第 6 期。

周立志等：《南非碳中和实现路径及减排措施研究》，《全球能源互联网》2022 年第 1 期。

陈强：《俄罗斯应对全球气候变化的科技举措及其对我国的启示》，《全球科技经济瞭望》2016 年第 4 期。

《应对气候变化，中国在行动》，《光明日报》2021 年 10 月 28 日。

《浅析拉美主要国家碳减排经验及中拉合作潜力》，中国国际贸易促进委员会网站，2021 年 8 月 20 日，https：//www. ccpit. org/chile/a/20210820/20210820drai. html。

舟丹：《金砖国家倡议携手应对气候变化》，《中外能源》2022 年第 5 期。

任育锋等：《金砖国家农业合作机制进展与展望》，《中国农业科技导报》2021 年第 10 期。

王一晨：《应对气候变化，非洲的立场和难点是什么》，《世界知识》2021 年第 14 期。

South Africa's Third National Communication under the United Nations Framework

Convention on Climate Change, 2018.

India Second National Communication to the United Nations Framework Convention on Climate Change, 2012.

Mohanty, S., Sethi, N., "The Energy Consumption-environmental Quality Nexus in BRICS Countries: The Role of Out Ward Foreign Direct Investment," *Environmental Science and Pollution Research* 29 (2022): 19714-19730.

B.9
金砖国家海洋与极地科技创新合作机制与模式

王文涛 李宇航 张涛 叶旺旺*

摘 要: 当前,国际形势复杂,全球治理不确定性增加,面对开发海洋资源、应对海洋灾害、维护海洋权益等方面的共同挑战,开展金砖国家海洋与极地科技创新合作是我国参与全球海洋极地事务的重要抓手和关键突破点。目前,金砖国家在海洋与极地领域的项目研究、平台建设、共享航次、能力建设和培训等方面取得了良好的进展,其科技创新合作机制和模式已经有了很好的基础,建议进一步凝聚金砖国家合作共识,拓展深化合作领域,打造一批重点项目和旗舰项目;深化金砖国家海洋与极地领域的国际科技合作基地平台建设,提升金砖国家科技创新效能;推动科技工作人才、专家团队建设,更好地服务金砖国家海洋与极地咨询工作;深化金砖国家海洋与极地技术转移信息共享渠道建设;稳步推进金砖国家"海洋与极地科学"专题领域工作组工作,创新高级别定期交流机制;积极拓展与金砖国家新成员国的科技合作,推动其成为国际合作的重要力量。

关键词: 金砖国家 海洋 极地 科技创新

---

* 王文涛,博士,中国 21 世纪议程管理中心研究员、处长,研究方向为应对气候变化与可持续发展、海洋科技创新政策;李宇航,中国 21 世纪议程管理中心副研究员,研究方向为海洋与极地科技政策、应对气候变化、国际科技合作与可持续发展科技创新服务;张涛,博士,中国地质调查局发展研究中心副研究员,研究方向为海洋资源调查与海洋战略;叶旺旺,博士,自然资源部第三海洋研究所副研究员,研究方向为海洋温室气体循环与气候变化。

在当前国际形势深刻变化、世界百年未有之大变局加速演进的背景下，金砖国家和金砖合作机制为变乱交织的世界不断注入稳定性和正能量。金砖国家合作机制自 2006 年成立以来，已经成为世界上最具代表性的新兴市场和发展中国家的合作平台之一。金砖国家合作机制也在全球治理体系变革中发挥着越来越重要的作用，形成了一种新型的南南合作模式。在金砖国家合作机制的框架下，各成员国不仅在贸易、金融、投资、能源、环境等领域的合作日益加强，而且在海洋与极地领域的科技合作、人文交流和联合科考活动日益深化，成为参与全球海洋治理的重要力量。2023 年 8 月，金砖国家领导人第十五次会晤确定，沙特阿拉伯、埃及、阿联酋、伊朗、埃塞俄比亚等国正式受邀加入金砖国家合作机制，金砖合作在全球海洋领域的交流将更加密切，合作空间和合作领域大幅扩展，必将成为推动全球海洋领域合作和发展的重要力量。

一　金砖国家海洋与极地领域的合作基础和挑战

根据国际货币基金组织（IMF）数据统计，2001 ~ 2022 年，金砖国家 GDP 占全球的比重从 8.4% 上涨至 25.8%。2021 年，金砖国家贸易额约占全球的 20%，2022 年中国对其他金砖国家进出口达 3.69 万亿元，同比增长 17%，金砖国家贸易合作日益加强，拥有广泛的合作基础和发展领域。在海洋科技领域，开展金砖国家间海洋和极地领域科技创新合作有望成为我国参与全球海洋与极地国际事务的重要抓手和关键突破点。金砖五国（巴西、俄罗斯、印度、中国、南非）以往的海洋科技创新合作和交流，形成了良好的合作成果，合作潜力巨大和合作前景光明，但也存在困难和挑战。

（一）中国—巴西合作

中巴两国在海洋与极地领域的产业发展、基础设施、科技创新等方面交流密切，具有广泛的合作基础。

1. 海洋与极地战略合作协议

中巴两国领导人于 2010 年制定了《中华人民共和国政府与巴西联邦共和国政府 2010 年至 2014 年共同行动计划》（见表 1），提出要重点关注能源、矿产及科技创新等领域的战略合作，并加强在石化产品及油气方面的合作。

表 1   2006~2019 年中国和巴西签署的海洋与极地相关协议

年份	相关协议
2006	《中国水产科学研究院与巴西联邦共和国水产养殖与渔业秘书处谅解备忘录》
2009	《中国国家海洋局与巴西科技创新部及环境部合作谅解备忘录》
2010	《中华人民共和国政府与巴西联邦共和国政府 2010 年至 2014 年共同行动计划》
2011	《十年合作规划》
2014	中国国家自然科学基金委员会与巴西国家科学技术发展委员会科学与技术合作协议
2015	《中国进出口银行与巴西国家石油公司关于支持中巴海洋工程装备产能合作的融资备忘录》
2019	中国国家自然科学基金委员会与巴西圣保罗研究基金委员会合作协议

2. 科研合作

中国国家自然科学基金委员会与巴西国家科学技术发展委员会、巴西圣保罗研究基金委员会分别于 2014 年和 2019 年签署了合作协议；厦门大学、中国海洋大学、自然资源部第一海洋研究所（以下简称"海洋一所"）等院校机构相继与巴西在河口微塑料污染、弧菌研究、深海资源等方面申请了联合项目并开展了合作研究。

3. 合作平台建设

2016 年，"中巴深海技术联合研究院"在中巴政府支持下成立，旨在进行深海资源开采和关键技术攻关，该研究院目前已成为两国深海油气工程装备领域的骨干力量。此外，双方分别于 2016 年在里约热内卢、于 2018 年在北京联合召开了两届"中巴深水技术论坛"，增进了两国科研人员的了解与互信。

4. 海洋油气资源开采

巴西国家石油公司与中国石油化工公司签署协议，中国石油化工公司将开发巴西北部外海 BM-PAMA-3 及 BM-PAMA-8 两个区块。同时，中巴两国建立了合资公司，在厄瓜多尔和伊朗等国家勘探和开采石油；2019 年 11 月，中国石油天然气集团有限公司、中国海洋石油集团有限公司和巴西石油公司联合中标了布济乌斯区块。该区块是巴西政府此次招标的最大盐下层石油区块。

5. 面临的困难与挑战

目前，中国与巴西海洋与极地科技合作面临的困难和挑战主要表现在两个方面。一是在北极事务方面缺乏合作。巴西政府更侧重于推动南美国家在南极事务上的协同参与，中巴两国在北极地区的合作尚少，在北极事务方面的合作存在较大的提升空间。二是国家战略支持需要进一步加大，细化项目支持。中巴两国在战略层面已经签署长远规划，但落实到具体国家重点关心的领域，如深海开发、极地勘探等还需要继续加强联系，争取建立扎实的长效合作机制，保证两国政策支持力度。

（二）中国—俄罗斯合作

中俄两国在海洋与极地领域开展科技合作的形式包括联合科考、联合研究、共同参与第三国或国际合作计划、人才培养、国际会议和智库合作等。目前，中俄在联合开展北极科学考察和共建科研合作机构方面取得了积极进展。

1. 海洋与极地战略合作协议

中俄两国在海洋与极地战略方面达成共识，合作广泛（见表 2）。在海洋与极地科技合作领域，两国领导人签署的联合声明、政府总理会晤纪要以及在此框架下政府部门合作分委会纪要中都对两国在海洋与极地领域的科技合作明确表示支持。

表 2 2001~2019 年中国和俄罗斯签署的海洋与极地相关协议

年份	相关协议
2001	《中俄睦邻友好合作条约》
2004	《中俄联合声明》 《〈中俄睦邻友好合作条约〉实施纲要》 《中俄国界东段的补充协定》

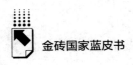

续表

年份	相关协议
2005	《关于中俄国界东段的补充协定》
2008	《中俄国界线东段补充叙述议定书》
2009	《中国东北地区与俄罗斯远东及东西伯利亚地区合作规划纲要(2009—2018年)》
2010	《中俄关于全面深化战略协作伙伴关系的联合声明》 《中俄两国元首关于第二次世界大战结束65周年联合声明》
2011	《中俄关于当前国际形势和重大国际问题的联合声明》
2012	《中华人民共和国和俄罗斯联邦关于进一步深化平等互信的中俄全面战略协作伙伴关系的联合声明》
2015	《欧亚经济联盟与"一带一路"倡议对接协议》
2016	《中华人民共和国主席和俄罗斯联邦总统关于加强全球战略稳定的联合声明》
2017	《中俄关于当前世界形势和重大国际问题的联合声明》
2019	《中华人民共和国和俄罗斯联邦关于发展新时代全面战略协作伙伴关系的联合声明》《中华人民共和国和俄罗斯联邦关于加强当代全球战略稳定的联合声明》

2. 联合航次

2010年以来,在中国自然资源部的支持下,俄罗斯科学院远东分院太平洋海洋研究所与中国海洋一所分别于2010年、2011年、2013年、2016年、2019年在日本海、鄂霍次克海、白令海和北太平洋执行了5航次的多学科综合调查和观测。在2019年中俄两国建交70周年之际,双方执行的2019年日本海—鄂霍次克海联合科考航次作为庆祝活动内容,受到中俄两国政府高度重视。2016年,在极地专项的支持下,中国自然资源部联合俄罗斯科学院首次实现了中国科学家对北冰洋"东北航道"(楚科奇海和东西伯利亚海)的多学科综合考察。2018年和2020年分别执行了第二次和第三次中俄北极联合科学考察。

3. 合作平台建设

中俄在海洋与极地多学科领域共同建设了多家联合研究中心,在推动两国科学家联合开展科学研究、进行人才培养与学术交流等方面发挥了重要作用。2016年9月,中国哈尔滨工业大学与俄罗斯远东联邦大学共建中俄极地工程研究中心。2017年9月,中国海洋一所与俄罗斯科学院远东分院太平洋海洋研究所在俄罗斯符拉迪沃斯托克市共同建立中俄海洋与气候联合研究中心。2019 年 4 月，中国青岛海洋科学与技术试点国家实验室与俄罗斯科学院希尔绍夫海洋学研究所共建中俄北极研究中心。2019 年 6 月，中国哈尔滨工程大学与俄罗斯圣彼得堡国立海洋技术大学牵头成立中国—俄罗斯极地技术与装备"一带一路"联合实验室。2020 年 9 月，中国烟台经济技术开发区管理委员会、中国哈尔滨工程大学烟台研究院、俄罗斯科学院远东分院及俄罗斯马林内特行业中心等多家单位共建中俄海洋科技创新中心。

4. 面临的困难与挑战

中俄两国在北极科学考察、极地科学技术方面已开展一系列的合作与交流，但双方在深入务实合作的实践探索中也存在一些问题亟须解决，主要表现在以下方面。

一是合作项目的落地急需国家层面进一步的激励与支持，相关政策需进一步细化，相关项目投入力度需进一步加大。中国作为"近北极国家"，是北极事务的重要利益攸关者，国家顶层设计体现了对中俄科技合作战略重要性的高度重视。但是，两国目前仍缺乏明确的相关政策文件支持极地科技合作，经费支持渠道分散，不利于制订大型国际合作计划。鉴于极地科技合作的重要性与困难性，两国政府在极地科研政策与资金方面形成的共识性的制度化支撑匮乏，制约了两国极地科研可持续务实合作的开展。

二是合作体量与维度需要进一步拓展，中俄极地科考是近年来两国海洋与极地科研合作的"重头戏"，但目前局部或零星小区域的北极科考海域或科考资料已不能满足中国极地科研需求与"冰上丝绸之路"建设的要求。2020 年，根据中国"十四五"规划，中国将推进"冰上丝绸之路"建设，并积极参与两极地区的相关事务，推动南北极地区发展。国家新的战略部署意味着对"冰上丝绸之路"关键科学问题涉及的气候变化、资源状况、极地观测探测技术与基础设施等极地科研与共享机制提出更高的要求。

三是合作平台资源整合创新力度有待进一步加大，极地科研人才队伍建

175

设有待进一步加强。中俄共建中心的建设只依靠两国单一科研机构的"一己之力",受限于科研领域、经费资助、软硬件支撑等条件,不能实现资源最大化利用,难以充分发挥中心科研辐射效应,也不利于极地科研人才的培养。目前急需国家层面的顶层设计,整合优化创新资源,打造中俄两国极地科研共建平台,培养、引进极地科研不同梯队与领域的复合型和帅才型人才,大力加强中国极地科研能力建设。

四是多边合作机制框架下国际合作项目、联合科考航次、国际科学计划等务实合作有待进一步加强,再加之受限于地缘政治等因素,深度参与北极事务的话语权仍有待进一步提升。中国在极地事务及科研领域的角色从"参与"到"主导"的转换,需要联手俄罗斯,借助其极地科研基础与地缘优势,充分发挥中国技术研发与应用等科技实力,深入务实推动并积极参与国际组织等多边合作机制框架下的极地事务与合作,带动极地科研水平的提高与基础能力的加强,顺应时代潮流,增进人类福祉,助力构建人类命运共同体。

(三)中国—印度合作

中印两国同为新兴海洋大国,在全球与地区海洋问题上的影响力日渐扩大,双方在海洋领域的互动也成为地区安全的重要因素,对各自的海权发展有重大影响。

1. 海洋与极地战略合作协议

印度是与中国较早签订海洋与极地战略合作协议的国家(见表3)。2003年,中国国家海洋局与印度共和国政府海洋开发部签署了海洋科技合作谅解备忘录。2015年,中印再次签署备忘录并举办了首届中印海洋科技合作研讨会。2016年5月,中印海洋科技合作联委会第一次会议召开。在极地领域,中印同为《南极条约》的缔约国和北极理事会永久观察员、国际海底管理局的重要成员国,通过交流合作平台,双方在极地科学方面开展了相关的交流和合作。

表3 2003~2015年中国和印度签署的海洋与极地相关协议

年份	相关协议
2003	《中印关系原则和全面合作的宣言》
2003	《中国国家海洋局与印度共和国政府海洋开发部海洋科技合作谅解备忘录》
2005	《中华人民共和国与印度共和国联合声明》 《关于解决中印边界问题政治指导原则的协定》
2006	《中国科学技术部与印度科技部科技合作谅解备忘录》
2008	《中印关于二十一世纪的共同展望》
2013	《中印战略合作伙伴关系未来发展愿景的联合声明》
2015	《中华人民共和国国家海洋局和印度共和国地球科学部关于加强海洋科学、海洋技术、气候变化、极地科学与冰冻圈领域合作的谅解备忘录》

2. 面临的困难与挑战

中印两国作为新兴经济体，在海洋合作方面具有较广阔的合作空间，但也面临挑战与分歧。双方应加强政治谈判协商，加强两国在基建、市场和资源方面的投资合作，这是消除分歧、开展合作的重要抓手。

（四）中国—南非合作

中国与南非之间有着良好的经济合作基础，近年来，双方领导人在推进两国海洋领域合作方面达成共识。

1. 海洋与极地战略合作协议

中南两国于2013年开始推动两国海洋与极地战略合作（见表4）。2015年，习近平主席再次到访南非，双方签署了价值65亿美元的合作协议，为中南双方合作奠定了基础。

表4 2013~2021年中国和南非签署的海洋与极地相关协议

年份	相关协议
2013	《中华人民共和国政府与南非共和国政府海洋与海岸带领域合作谅解备忘录》
2014	《中华人民共和国和南非共和国5—10年合作战略规划2015—2024》
2015	《中华人民共和国政府与南非共和国政府关于共同推进"丝绸之路经济带"和"21世纪海上丝绸之路"建设的谅解备忘录》
	《中国科技部与南非科技部关于科技园合作的谅解备忘录》

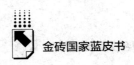

年份	相关协议
2016	《关于加强科技创新合作的谅解备忘录》
2017	《关于共建中国—南非联合研究中心的谅解备忘录》
2019	《关于共同实施中国—南非青年科学家交流计划的谅解备忘录》
2021	《中华人民共和国海关总署和南非税务署关于中国海关企业信用管理制度与南非税务署"经认证的经营者"制度互认的安排》

2. 科学研究合作

2014年4月，首届中南海洋科技研讨会在开普敦举行，中南各相关部门、单位的代表参加了会议。2018年9月，中国科技部部长王志刚在天津会见了来华出席2018天津夏季达沃斯论坛的南非科技部部长库巴伊一行，并就深化中南科技创新合作交换意见。王志刚部长指出，双方应进一步做好中南科技创新合作的顶层设计，突出项目、平台、园区和科技人文等重点合作内容，并欢迎南方积极参与中非创新合作中心建设。库巴伊部长指出，中南两国领导人对中南科技创新合作的重视极大地推动了两国务实合作的进展，双方应落实签署的合作协议，确保合作项目取得务实成果。①

3. 面临的困难和挑战

南非作为非洲重要的海洋国家，在全球航道、港口、资源开发、极地科考等方面具有重要的影响力，但在与中国的合作发展中，也面临相关问题和挑战。一是经济发展能力的差异制约海洋经济合作。中国提出"一带一路"倡议，南非则致力于推动区域经济一体化。二是海洋经济合作制度尚待建立。海洋贸易合作有待加强，对于合作制度的需求不足。三是缺乏海洋安全合作的强有力支撑。

（五）金砖国家科技创新合作战略方向

巴西深水油气开发技术世界领先，持续加强南极科考和海岸带保护工

---

① 《科技部部长王志刚会见南非科技部部长库巴伊》，科技部网站，2018年10月10日，https：//www.most.gov.cn/kjbgz/201810/t20181010_141995.html。

作。一是巴西的深水、超深水及盐下油气勘探开发技术居国际领先地位，先后实施了深水油田开采技术创新和开发计划、海洋稠油创新计划。加强海洋工程技术及装备创新发展，"浮式液化天然气生产储卸+水下油气生产系统"开发模式被业内誉为"巴西模式"。二是高度重视海洋可持续发展工作，2018年颁布法令在大西洋群岛建立两个大型海洋保护区（92万平方公里），占其海洋总面积的24.5%，并持续推行"蓝色亚马逊"项目，为河口海洋交汇地区的海洋环境保护提供关键支撑。三是巴西科技创新部与海军联合制定《巴西南极科学计划》，推进南极费拉兹科考站等基础设施建设，构建国家极地信息交流平台。

俄罗斯高度重视北极科技创新和基础设施建设工作，在破冰船建造、载人潜水器和深海空间站研制方面优势明显。一是俄罗斯于2019年发布《2035年前北方海航道基础设施发展规划》、于2020年发布《2035年前俄罗斯联邦北极基本政策》，密切关注北极能源开发、北极航道利用，重视永久冻土融化和海岸侵蚀对油气基础设施的影响，不断强化极地破冰船建造和研发优势，是世界上破冰船数量最多（38艘）且唯一拥有核动力破冰船的国家。二是俄罗斯海洋军事和武器装备优势明显，北方舰队于2019年组建了"深水部队"，配备特种母潜艇、核动力深海空间站、6000米级深海无人潜水器等新式水下作战平台，致力于形成深海非对称作战能力。三是俄罗斯长期以来将海洋地质调查和资源开发作为国家重大战略，为俄罗斯外大陆架延伸划界、海域油气和固体矿产勘查、国际海底管理区的勘探和开发提供了大量资料和依据。

印度建设了完善的海洋灾害监测与预报体系，高度重视极地战略布局。一是印度特殊的地理环境导致飓风、旱灾、洪灾、地震、海啸等自然灾害频发，2017年发布了首部《国家灾害管理计划（NDMP）》，重点关注飓风、海啸等海洋自然灾害早期预警、预报服务。二是印度持续布局极地研究，分别于2020年、2021年发布《印度南极法案》《印度北极政策》，将生物资源视为南极科研重点，并开展冰岩芯、遥感、气候变化、南大洋勘探等方面的研究。三是印度重视深海探测和矿产资源开采装备体系研发，开展6000米

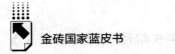

级载人深潜器和采矿系统研制。2018 年以来多次与日本、美国合作在专属经济区开展近海天然气水合物资源钻探活动。

南非作为南极洲门户，在海洋极地研究、发展蓝色经济方面持续发力。一是南非不断调整和优化南极政策，持续推进《南极与南大洋研究计划（2014—2024）》，增强南极保障能力。2020 年发布最新的《南极与南大洋战略》，按照《南极条约》界定范围内的南非战略利益开展工作。二是南非积极开展海洋观测与预测预报工作，南非科技部与国家研究基金会启动南非海洋环境观测网络、厄加勒斯海流系统气候阵列（ASCA）。三是南非启动"费吉萨"计划，确定沿海油气开发、海洋运输和制造业、海洋保护和管理、水产养殖四个优先发展领域，大力发展蓝色经济。

二　金砖国家海洋与极地科技创新的合作机制与模式

金砖国家合作机制成立 18 年以来，已逐渐构建起以领导人会晤为主要引领，以外交部、安全事务高级别代表、经贸部、财政部和央行、科技部、农业部等近二十个专业部长级会议以及工商理事会、智库理事会、民间论坛为支撑的多层次架构，在经贸、安全、科技、卫生、教育、人文等领域取得诸多合作成果，成为广大新兴市场国家和发展中国家共同推动世界经济复苏增长、促进全球治理体系改革和建设的重要平台。

（一）合作机制

金砖国家科技创新合作机制是金砖国家领导人会晤框架下的关键板块和核心内容之一。（见图 1）。2014 年 2 月，第一届金砖国家科技创新部长级会议在南非开普敦成功举办，共同发表了《开普敦宣言》，明确了未来在科技创新合作领域的重点方向与合作机制。2015 年 3 月，第二届金砖国家科技创新部长级会议在巴西首都巴西利亚顺利召开，会后发表了《巴西利亚宣言》，重申了科技创新在推动包容性宏观经济和社会政策方面的核心地位，以及在应对全球性挑战、实现经济增长、促进社会包容和环境保护方面所发挥的重要作用。本届部长级会议重要成果是签署了《金砖国家政府间科技创新合作谅解备忘录》，明确了海洋与极地科学在内的 19 个重点合作领域，为今后推进务实的金砖国家科技创新合作，共同携手应对全球经济社会挑战提供了行动指南。2020 年 11 月 13 日，第八届金砖国家科技创新部长级会议举行。2020 年 11 月 17 日，习近平主席在金砖国家领导人第十二次会晤上郑重宣布，在福建省厦门市建立金砖国家新工业革命伙伴关系创新基地。

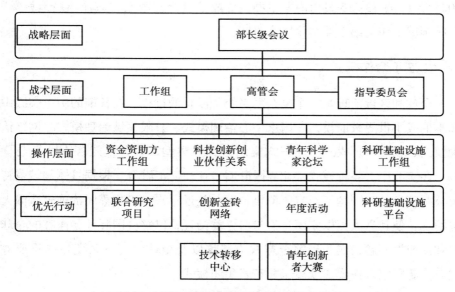

图 1   金砖国家科技创新合作机制组织框架

2017 年 7 月 18 日，金砖国家"海洋与极地科学"专题领域工作组正式成立。工作组中方工作由中国 21 世纪议程管理中心牵头组织实施，并成立中方秘书处。工作组第一届会议于 2018 年 7 月 26~27 日在巴西利亚召开，形成了《金砖国家"海洋与极地科学"专题领域工作组第一届会议联合声明》。该届工作组会议有力推动了中巴深海方面的科技合作，巴西圣保罗大学 Helena 教授搭乘中国"深海勇士"号载人潜水器，于 2019 年 3 月在西南印度洋热液区开展了微生物菌席、硫化物、热液羽流等样品采集和研究工

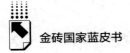

作。工作组第二届会议于 2019 年 8 月 1~2 日在俄罗斯莫斯科召开，形成了《金砖国家"海洋与极地科学"专题领域工作组第二届会议联合声明》。工作组第三届会议由印度主办，形成了《金砖国家"海洋与极地科学"专题领域工作组第三届会议联合声明》，同时启动"海洋与极地科学"专题领域工作组发展路线图编制工作。工作组第四届会议由中国主办，于 2021 年 7 月 27~28 日在福建省厦门市通过在线方式召开，形成了《金砖国家"海洋与极地科学"专题领域工作组第四届会议联合声明》。工作组第五届会议于 2023 年 11 月 13~15 日由南非主办，形成了《金砖国家"海洋与极地科学"专题领域工作组第五届会议联合声明》。

（二）合作模式

全球和区域治理是一个复杂的系统与漫长的过程，在长期的历史实践中基本形成了世界政府模式、国家中心治理模式、有限领域治理模式、网络治理模式、权威治理模式、非正式集团模式等类型，各种模式各有特色与优势。在实践中，各种模式并非界限分明，往往交汇融合，根据具体领域或特定公共事务的不同特征而有所侧重，尤其是近年来非正式集团治理模式的大量涌现，使新兴大国以集团身份参与全球治理，以解决国际社会面临的全球性和区域性问题，成为当前全球权力转移以及全球治理体系变化的重要方式。金砖国家合作模式就属于非正式集团模式。

1. 构建正式和非正式合作机制相互支持的复合型合作机制

金砖国家的合作形式体现为一种开放性的对话协调机制，其中非正式对话机制占据了绝对的主导地位，这一机制的核心在于领导人会晤，它不仅是金砖机制中的核心组成部分，还是推动合作深入的关键动力。除此之外，部长级会议机制以及其他各层面的政府间协调机制也扮演着重要的角色，共同构成了金砖机制的主体架构。相对而言，正式约束机制在金砖机制中较少。这种"非正式对话机制+正式约束机制"的复合机制模式，既赋予了金砖机制高度的灵活性，也保证了机制的可信性和稳定性。构建正式和非正式的合作机制是解决目前金砖国家合作机制制度化程度低的重要方向，而且应该从机制上进行完善。一是设立金砖国家海洋科技工作组秘书处，重点推动海洋科技领域的合作；二是政府间联合资助设立海洋科技合作计划，尤其是重点培育在海洋酸化、微塑料污染、海洋资源开发利用、南极北极科学考察等方面的合作；三是提升科研单位在金砖国家合作机制中的应用，发挥科研单位和科技人员的主动性，强化和支撑科技人员间的交流往来和合作机制对接，构建完备的服务体系。

2. 打造"金砖+"朋友圈，构建海洋命运共同体

在世界经济政治形势不确定性增强，保护主义、民粹主义抬头的情况下，金砖国家尽管在文化、历史、经济、社会传统等方面存在一定的差异，但都是新兴经济体，对全球问题有共同关切。金砖国家可以进一步扩大朋友圈，发挥抱团作用，共同推动海洋环境、气候变化、海洋安全等世界重大问题的解决，发挥各成员国在海洋资源禀赋、海洋科研、海洋人才等方面的优势，构建海洋命运共同体，合力拓展更大发展空间，提高在全世界的话语权。一是"金砖+新成员"模式。面对更多的发展中国家对加入金砖国家合作机制表示感兴趣，金砖国家可以进一步采取增员的方式，吸引相关的国家参与，给金砖国家的海洋与极地科技合作带来前所未有的活力与机遇。二是"金砖+区域"模式。通过与中国其他发展和对外合作战略的深度对接，特别是与"一带一路"倡议的紧密结合，金砖国家可以探索有效的对接模式、途径和措施。在此基础上，逐步将海洋科技领域作为金砖国家合作的关键领域和重要依托，为金砖国家合作的长远发展注入持续的动力和活力。三是"金砖+国际组织"模式。针对目前国际组织在全球治理中发挥越来越大的作用，而且大多在西方国家的主导下运行，金砖国家可以考虑作为一个整体加入或者参与相关规则的制定，扩大影响力。

3. 推动金砖五国与现有多边、区域合作机制和海洋国际组织对接，推动海洋合作平台建设

一是强化与现有国际组织之间的合作与互动。海洋科技合作作为一个重要领域，已成为大多多边和区域合作机制中的重要议题，而且现有的国际组织主要由发达经济体主导，议题的提出也反映当今世界面临的重要问题。其

中，2019 年 G20 大阪峰会就达成"蓝色海洋愿景"协议，同意以 2050 年为目标，将海洋塑料垃圾减到零。加强与 G20、G7、APEC、东盟等国际组织的对接，实现与这些国际组织的良性互动，共同推动海洋科技的发展。二是加强与海洋国际组织的对接，提高金砖国家在国际组织中的影响力和话语权。在气候变化、海事组织、南极、北极等事务中，加强与联合国教科文组织政府间海洋学委员会（IOC）、全球海洋观测系统（GOOS）、全球气候观测系统（GCOS）、国际海事组织、国际海事卫星组织、北极理事会、南极研究科学委员会（SCAR）等国际组织的交流，协调立场，统一和扩大共识，协同推动共同利益的实现。

三　未来发展建议

（一）凝聚金砖国家合作共识，拓展深化合作领域，打造一批重点项目和旗舰项目

推动"一带一路"与金砖国家各自优势对接，遵循"开放透明、团结互助、深化合作、共谋发展"的原则，着力构建更紧密的海洋与极地科技合作伙伴关系。在《金砖国家科技创新框架计划》基础上，扩充海洋与极地科技创新方面的研究，资助支持各国科学家开展联合研究攻关，特别是在海洋塑料污染、灾害预警、深海油气、海上风电等方面打造合作项目，形成亮点成果，推动设立"气候预测与海洋防灾减灾"旗舰项目，实现共同发展和繁荣。

（二）深化金砖国家海洋与极地领域的国际科技合作基地平台建设，提升金砖国家科技创新效能

一是深化金砖国家现有国际科技合作平台，整合各国优势资源和技术力量，积极参与海洋负排放国际大科学计划，筹划发起全球海斗深渊前沿科学、极地环境与气候变化国际大科学计划。二是在涉及金砖国家共同利益问题上，

加强研究，促进合作协商。三是加强金砖国家海洋极地工作与《联合国海洋科学促进可持续发展十年规划（2021—2030 年）》的对接，推动设立"海洋十年"金砖国家合作中心。四是在海洋极地工作组下设战略政策研究组，就各方共同关切的问题进行政策、战略方面的沟通交流，加强政策了解和政治互信，提前识别合作研究中潜在的政治、经济、社会和文化风险，为科技合作相关行动提供支持，在政治互信基础上为开展务实合作指明方向。五是推动设立金砖国家深海资源国际研究中心（自然资源部海洋二所牵头建设）和金砖国家可持续发展研究中心（自然资源部海洋三所牵头建设）。

（三）推动科技工作人才、专家团队建设，更好地服务金砖国家海洋与极地咨询工作

一是建立健全科研项目、人才体系，加强法律、金融等方面专家储备，为金砖国家海洋极地合作提供知识产权保护、技术转移对接、绿色技术融资、运行模式保障等全链条全环节咨询工作。二是深化金砖国家海洋极地科技工作人才团队能力建设。加强金砖国家海洋与极地科学领域的人才培养，推动相关人才深度参与国际交流合作，与国际组织、多边合作平台及机构等联合开展能力建设培训。三是加强金砖国家海洋与极地科学人才联合培养和共享能力建设。

（四）深化金砖国家海洋与极地技术转移信息共享渠道建设

一是整合金砖国家海洋与极地技术转移信息资源。收集金砖家政治、经贸与科技等领域的信息和法律法规，形成完善的政策信息库，为开展宏观形势研究和制定项目实施方案提供决策依据。二是建立国家级资源配置统筹机构。通过优化国家层面的"一带一路"技术转移体系架构，推动形成紧密互动的技术转移网络，建立统一工作管理制度。推动区域性技术转移中心在国家级统筹协调下形成合力，提升技术转移工作效率并保证质量。三是探索建立共享航次信息平台，共建海洋科学数据库和样品库等，形成相应的标准、规范和共享机制。

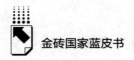

（五）稳步推进金砖国家"海洋与极地科学"专题领域工作组工作，创新高级别定期交流机制

一是加强会议研判，充分利用召开工作组会议、部长级会议等形式，从议题设置、合作项目、能力建设、资金投入等方面加强研究部署，及时提出优先合作建议和合作亮点。二是结合双边国家、多边国家原有的合作机制，继续把合作内容做实做强，带动金砖其他国家参与，推动合作领域、合作规模与合作程度不断扩大和提高。在金砖国家新开发银行平台上，加强蓝色金融合作，助力海洋项目和产业发展。进一步加强南南合作，促进能力建设和提升。

（六）积极拓展与金砖国家新成员国的科技合作，推动其成为国际合作的重要力量

2024年1月1日，金砖合作机制正式吸纳阿根廷、埃及、沙特阿拉伯、埃塞俄比亚、伊朗和阿联酋六个新成员。新加入的六个国家均属于海洋国家，在印度洋、大西洋、地中海、红海、阿拉伯海等海域具有重要的影响力，而且海洋石油、海洋渔业等资源丰富，均重视海洋科技和经济的发展。加强海洋科技合作，将成为未来金砖国家合作的重要方向。依托现有的研究基础，与新成员国广泛接触，加强在海洋科技、海洋资源开发、海洋环境保护、大洋科考等领域的交流，逐步推动合作走深走实。

参考文献

王明国：《"金砖+"合作模式与中国对全球治理机制的创新》，《当代世界》2019年第12期。

李宇航、刘嘉玥、王文涛：《基于文献计量的金砖国家海洋与极地研究现状分析及展望》，《大连海洋大学学报》2021年第5期。

沈希希：《"金砖国家"的合作及其机制研究》，硕士学位论文，复旦大学，2011。

王文涛、汪永生:《面向建设海洋强国的蓝色金融:政策实践、发展模式与支持策略》,《中国海洋大学学报》(社会科学版) 2022 年第 6 期。

黄晶主编《金砖国家海洋极地科技创新合作机制与未来模式》,科学技术文献出版社,2021,第 25~43 页。

李锋:《"金砖+"合作模式研究》,中国经济出版社,2019,第 56~78 页。

B.10
金砖国家基础研究国际合作现状与对策研究

马宗文　牛雯　张金倩楠　杨帅*

摘　要：　金砖国家在基础研究领域具有较好的基础，已经开展了务实合作。本报告梳理总结了金砖国家重视基础研究发展与国际合作的政策措施，基于Web of Science 数据库中金砖国家发表论文情况，深入分析金砖国家之间以及与其他国家在基础研究领域的合作情况，研究发现：金砖国家普遍重视基础研究及其国际合作，已建立了金砖国家联合资助机制；合作发表论文集中在物理学、化学、生物学、材料科学、天文学、计算机科学、医学、数学等学科领域；金砖国家之间在基础研究方面总体合作强度不高，金砖国家作为整体同其他国家的合作更是偏弱。基于以上分析，本报告提出了深化金砖国家基础研究国际合作的对策，包括加强基础研究政策沟通、加大联合研发项目资助、搭建基础研究合作平台、密切基础研究人员交流、创新基础研究合作形式。

关键词：　基础研究　金砖国家　联合资助　国际合作

习近平总书记强调，"加强基础研究，是实现高水平科技自立自强的迫切要求，是建设世界科技强国的必由之路"①。从历史上看，基础研究不是闭门造车，离不开广泛、深入的国际科技合作作为支撑；从全球科技发展态

---

　*　马宗文，国家科技基础条件平台中心副研究员，研究方向为科技政策与管理、国际科技合作、科普；牛雯，科技部国际科技合作中心研究实习员，研究方向为国际科技合作、项目管理；张金倩楠，博士，科技部国际科技合作中心助理研究员，研究方向为科技项目管理、国际科技合作；杨帅，中国科学技术信息研究所助理研究员，研究方向为科学计量学、科技评价。
　①　《加强基础研究是建设世界科技强国的必由之路》，光明网，2023 年 2 月 27 日，https：//m. gmw. cn/baijia/2023－02/27/36394792. html。

势看，推动基础研究国际化是未来科研的重要特征和必然趋势。金砖国家基础研究国际合作既是金砖国家科技合作的重要组成部分，也是拓展同除金砖国家之外其他国家开展更加广泛合作的基础。本报告通过梳理金砖国家基础研究国际合作的政策、深入分析国际合作现状，在此基础上，提出加强国际合作的意见和建议。

一　各国支持基础研究的措施及国际合作情况

（一）中国

近年来，中国不断强化基础研究顶层设计和系统布局，打造基础研究合作的硬件平台，加强基础研究国际合作。

强化基础研究顶层设计和系统布局。近年来，中国出台《关于全面加强基础科学研究的若干意见》《加强"从 0 到 1"基础研究工作方案》《新形势下加强基础研究若干重点举措》等政策文件，制定《基础研究十年行动方案》，为基础研究高质量发展提供了政策保障。中国全社会基础研究投入近年来快速提高，2022 年，中国基础研究经费支出为 1951 亿元，占研发经费的比重为 6.32%，连续 4 年保持 6%以上的水平，对原始创新能力不断提升发挥了积极作用。[1]

打造基础研究合作的硬件平台。中国部署建设了一批国家重大科技基础设施，建设了 500 米口径的球面射电望远镜（FAST）、散裂中子源等一批"国之重器"，支持建设了 20 个国家科学数据中心、31 个国家生物种质和实验材料资源库、98 个国家野外科学观测研究站，大力推动科研设施和仪器开放共享。4000 余家单位、10.1 万余套大型科学仪器和 80 多个重大科研基础设施纳入了开放共享的网络[2]，基础研究及进一步开展广泛合作的实验条

---

[1] 《2022 年我国研发经费投入突破 3 万亿元》，中国政府网，2023 年 1 月 23 日，https：//www.gov.cn/xinwen/2023-01/23/content_5738522.htm。

[2] 《"十三五"，中国科技创新量质齐升》，《科技日报》2020 年 10 月 22 日。

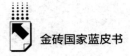

件和平台已经具备。

营造开放合作的创新生态。2016 年以来，国家重点研发计划支持的国际科技创新合作类专项中，基础研究类项目接近四成，中外联合解决基础研究领域难题。在国际化人才支持方面，自 2020 年开始，国家杰出青年科学基金、国家优秀青年科学基金放开国籍限制，向在中国工作的外籍学者开放。2021 年，FAST 正式向全球开放共享，以更为开放的姿态向全球共享科学研究设施，促进天文研究国际合作。国家自然科学基金委员会设立面向全球的科学研究基金。

（二）俄罗斯

俄罗斯拥有较为完善的科研体系，在研发经费投入方面，2017～2021年，俄罗斯科技与创新绝大部分指标有不同程度增长。国内研发经费投入由 10191.52 亿卢布逐年增加至 13014.91 亿卢布，占 GDP 的比重由 1.11%降至 1.0%。民用科研联邦预算拨款由 3778.82 亿卢布逐年增加至 6265.74 亿卢布，民用科研联邦预算拨款占 GDP 的比重由 0.41%增长至 0.48%。2021 年民用科研经费中 64.1%用于支持基础研究。

俄罗斯高度重视大科学装置建设，认为大科学装置是保障国家科学竞争力和技术突破的关键因素之一，是开展基础研究和应用研究的重要平台。俄罗斯出台了一系列支持大科学装置建设的政策文件。2018 年 5 月，普京总统签署《2024 年前俄罗斯国家发展目标与战略任务》总统令，规定俄罗斯政府需保障科学研发和创新活动先进基础设施建设，包括建设和发展 7 个大科学装置。2019 年 3 月，俄罗斯政府发布《2019—2030 年俄罗斯联邦国家科学技术发展计划》及其联邦子计划，对俄罗斯现有大科学装置及其基础上的国际科学研究进行规划。[①] 俄罗斯大科学装置建立在国际政府间协议的基础上，具有明确的外交功能，这是俄罗斯大科学装置区别于一般特种科学装置的本质特征。

---

① 华盾等：《俄罗斯大科学装置建设：进展、特征与启示》，《世界科技研究与发展》2022 年第 5 期。

中俄两国政府间合作机制高效运转，联合项目维度不断扩展，地区、部门间合作扎实推进，科技人才交流频繁，联合科研机构不断涌现，双方在基础研究、大科学工程等方面合作成果丰硕，已成为两国务实合作中最活跃、最富有成效的领域之一。

（三）印度

印度研发投入强度不高，据印度国家转型委员会（NITIAayog）2022 年第三版《2021 年印度创新指数》数据，印度研发绩效停滞不前，人均国内研发支出仅为 43 美元，为世界上最低的国家之一；研发总支出占 GDP 的比重在近十年一直处于 0.7%左右。2020 年印度科技部发布的《研发统计一览（2019—2020）》显示，2017～2018 财年，印度全社会研发投入 1.14 万亿卢比，占 GDP 的比重为 0.67%。政府科技投入主要投向国防、能源、航天等领域，私营部门科技投入主要投向制药、交通、信息技术、机械工程等领域。

印度在航天领域的实力不俗，已成功发射火星探测器，成为全球第 4 个探测火星的国家。上述优势领域的突出进展得益于其对数学、物理、化学、天文学等基础研究的长期重视，并拥有全球知名科研机构和科学家。例如，印度统计研究所（ISI）被认为是世界上在计算机科学、统计学、数量经济学和相关科学方面最重要的研究中心之一，诺贝尔奖物理学奖获得者 C. V. Raman 创立的拉曼研究所（RRI）有力推动了印度天文学和天体物理学、理论物理、软凝聚态物理学等的发展。

为加大在基础研究领域的支持力度，印度设立国家研究基金会（NRF）专项资助基础研究。印度政府在未来五年内每年向 NRF 提供 1000 亿卢比（约 13.7 亿美元），用于推进高校科学研究以及社会科学领域的工作。NRF 作为一个自治机构，提供基于绩效但公平的同行评审研究资金，将成千上万的高校纳入资助范围，通过对杰出研究的适当激励和认可，重点提升目前研究能力有限的地方邦立高校和其他公共机构的研究能力。

（四）巴西

2022 年 8 月，巴西科技创新部发布的《国家科技创新指标 2021》显示，

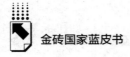

2019 年巴西按活动分类的国家科技支出为 1022 亿雷亚尔，其中研发支出为 895 亿雷亚尔、相关科技活动支出为 127 亿雷亚尔。全国研发支出总额占 GDP 的 1.2%，该指标在全球 132 个经济体中排第 34 位。

2022 年，美国国家科学委员会发表的《科学与工程指标》显示，2020 年巴西在各科技工程领域发表论文 70292 篇，占全球总量的 2.39%，全球排第 10 位。据 2011~2016 年巴西在 22 个基本科学指标（ESI）领域的科技论文数据并使用 252 个 Web of Science 科学期刊分类以及《2021 年科学报告》等国际权威数据库发现，巴西的科技优势领域为物理学与空间科学。巴西在物理学与空间科学领域注重国际合作并长期得到国内资助。巴西自 1960 年以来一直在执行国内太空计划，到 20 世纪 90 年代，已经具备了发射卫星的能力。物理学和空间科学也是巴西在 ESI 中仅有的引文影响力远高于世界平均水平（1.0）的两个领域，在世界最高被引论文的前 1%和前 10%中占相对较高的比重，这两个领域的国际合作率也很高。数据显示，巴西在粒子和场，以及天文学和天体物理学方面的引文影响力特别大，原因之一可能是巴西参与了关键的国际项目，如欧洲核子研究组织和斯隆数字巡天（SDSS）项目研究，这两项合作均产生了多篇高被引论文。

巴西重视对华基础研究和基础科学科技合作。2018 年 9 月，中国国家自然科学基金委员会代表团访问巴西国家科学技术发展委员会，双方就如何加强和拓展两国基础研究资助机构之间的合作达成共识。2019 年 5 月，中国国家自然科学基金委员会与巴西圣保罗研究基金会签署科学研究合作协议，旨在加强两国科技界交流，并鼓励两国高校和科研机构开展新形式合作，促进双方在优先领域进行科学研究和技术开发的合作。2019 年 10 月，在中巴两国元首的见证下，《中国国家自然科学基金委员会与巴西高等教育人员促进会谅解备忘录》正式签署，旨在促进两国基础研究和人才培养合作。

（五）南非

据南非国家创新咨询委员会（NACI）发布的《2020 年度南非科技创新

指数报告》，2017～2018 财年，南非全社会研发支出为 259.6 亿兰特，占GDP 的比重为 0.83%，《2021 年度南非科技创新指数报告》中指出，南非全社会研发支出占 GDP 的比重为 0.75%。就研发投入结构而言，政府仍然是研发投入的最大来源。

根据《2020 年度南非科技创新指数报告》，2018 年，南非每百万人口发表论文数量为 360 篇，略高于全球中等收入国家平均水平（327 篇），较2017 年的 371 篇下降 2.96%。2018 年，南非发表论文数量占撒哈拉以南非洲的比重为 77.4%。2018 年，南非学者发表的高被引论文数量为 2022 篇，居全球第 32 位。

南非在大型科研基础设施方面具有优势，是国际大科学工程——"平方公里阵列"射电望远镜（SKA）全球两个台址之一。中南科技合作不断取得新进展。在空间领域合作方面，中国资源卫星应用中心落实政府间国际科技创新合作项目——"中巴地球资源卫星数据南部非洲接收能力建设和应用示范工程"，协助南非国家航天局建立并维护中巴 04A（CBERS-04A）卫星接收系统，双方已明确项目后续实施方案。由南非—中国交通合作中心、中国卫星导航系统管理办公室北斗国际合作研究中心以及中国资源卫星应用中心联合主办的"南非中国卫星导航及遥感应用培训班"得到南非交通部、科创部以及国家航天局等部门和机构的支持。该培训班是落实 2021年中南双方签署的《中国卫星导航系统管理办公室与南非国家航天局关于卫星导航用于和平目的合作谅解备忘录》的重要内容之一。

二　金砖国家联合资助机制的实施情况

2016 年以来，金砖国家联合资助了 5 批项目，从资助数量看，除 2020年以联合抗击新冠疫情为主题，资助的项目数量较少外，其余 4 年联合资助项目数在 20～35 项（见图 1）。联合资助项目集中在各国的优势学科领域，有效发挥了项目在合作中的支撑引领作用。

以 2021 年为例，分析金砖国家联合资助项目情况。从学科领域看，共分

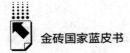

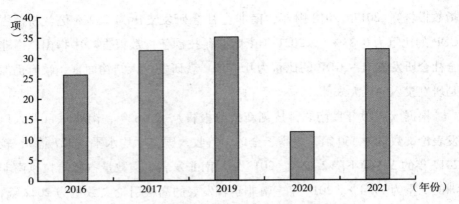

图1 2016~2021年金砖国家联合资助项目情况

数据来源：根据金砖国家科技创新合作秘书处的数据整理绘制。

布在环境科学（6项）、新材料（5项）、地球科学（4项）、物理（4项）、医学（3项）、能源科学（3项）、天文学（2项）、计算机科学（2项）、化学（1项）、药学（1项）、食品科学（1项）、生命科学（1项）等12个学科领域（见表1），合作的领域既包括应用导向的基础研究领域，如环境污染治理、纳米晶体材料、生物燃料、医学诊断和治疗等，以解决金砖国家发展中面临的共同科技问题，也包括好奇心驱使的探索性基础研究领域，如天文学、物理学和地球科学等，体现了合作的多元性。从合作国家数量看，以3个国家参与的合作为主，占总数的63.6%；其次是4个国家参与的合作，占总数的24.2%；5个国家共同参与的合作最少，占总数的12.1%。

从各国的参与情况看，金砖五国参与的积极性基本相当，其中，中国参与了26项，占总数的78.8%；印度和巴西均参加了24项，占总数的72.7%；俄罗斯参与了21项，占总数的63.6%；南非参与了20项，占总数的60.6%。

表1 2021年金砖国家联合资助项目情况

项目编号	学科领域	合作国别
007-DESLDPNSC	新材料	印度、中国、南非
033-Novel MBLI's	生命科学	俄罗斯、中国、南非
038-UNCMSIB	新材料	俄罗斯、印度、中国、南非

续表

项目编号	学科领域	合作国别
067-BioReRAM	计算机科学	俄罗斯、印度、中国
083-KTCSUUPWDK	环境科学	俄罗斯、印度、中国
095-RTbEcKpRxP	药学	俄罗斯、印度、中国
100-SAPTARISI	天文学	俄罗斯、印度、中国
112-SEBIPMI	医学	俄罗斯、印度、中国
115-3DBioPhoto	医学	俄罗斯、印度、南非
121-IRMMA	环境科学	巴西、中国、南非
126-	环境科学	巴西、中国、南非
130-PARADIGM	地球科学	巴西、印度、中国、南非
165-AIESMx	地球科学	巴西、印度、中国、南非
178-ACTSGBAI	计算机科学	巴西、印度、中国、南非
196-iPhotoMat	新材料	巴西、印度、中国、南非
199-CTMforPSCs	新材料	巴西、印度、中国
203-SMARTSCAPE	地球科学	巴西、印度、中国
205-Iλprestudy	地球科学	巴西、印度、中国
223-eWater	环境科学	巴西、印度、南非
243-HyWaTS	环境科学	巴西、印度、南非
248-ALMOFEW	化学	巴西、俄罗斯、中国
277-BIO-LIGHT	物理	巴西、俄罗斯、中国
285-CoNMuTraMO	物理	巴西、俄罗斯、中国
293-BIOGEN	能源科学	巴西、俄罗斯、中国
298-MALBRICS	天文学	巴西、俄罗斯、印度、中国、南非
305-CRISPAH	医学	巴西、俄罗斯、印度、中国、南非
307-SENSFOOD	食品科学	巴西、俄罗斯、印度、中国、南非
311-MESOLUC	物理	巴西、俄罗斯、印度、中国、南非
317-Smart Greenpack	新材料	巴西、俄罗斯、印度、中国
324-ENHNPSC	物理	巴西、俄罗斯、印度、南非
344-GREENERGY	能源科学	巴西、俄罗斯、印度、南非
358-Drug-Free Wastewater	环境科学	巴西、俄罗斯、南非
380-BDUEICNSED	能源科学	巴西、俄罗斯、南非

资料来源：根据金砖国家科技创新合作秘书处的数据进行整理。

从各国的参与机构数看（见图2），各国均占总数的20%左右，其中中国略多，占总数的23%，俄罗斯和南非略低，均占18%。

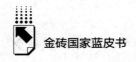

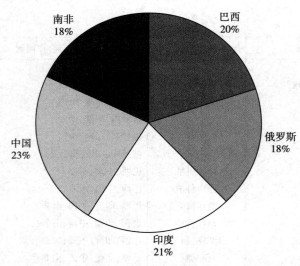

图 2　金砖国家机构参与联合研发项目情况

数据来源：根据金砖国家科技创新合作秘书处的数据整理绘制。

三　金砖国家基础研究合作——基于论文产出分析

按照国标学科，将 Web of Science 数据库中自然科学 110 个学科领域划分为：数学、物理学、化学、天文学、地球科学、生物学、农业科学、食品科学、医学、药学、材料科学、能源科学、环境科学、空间科学、信息科学和计算机科学等 16 个学科领域。采用 Web of Science 核心合集 SCIE，检索 2022 年至少包括 2 个金砖国家在内的国际合作发文情况，检索时间为 2023 年 6 月，共检索到论文 7495 篇。

（一）金砖国家基础研究国际合作现状分析

总体来看，2022 年金砖国家基础研究国际合作活跃的学科领域如图 3 所示，排名前 8 的学科依次为：物理学、化学、生物学、材料科学、天文学、计算机科学、医学和数学。

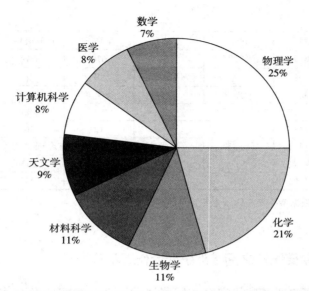

图 3 2022 年金砖国家基础研究领域国际合作论文排名前 50%的学科领域

数据来源：根据 Web of Science 数据库中的数据绘制。

具体来看，金砖各国的国际科技合作领域各有所长，其中，中国基础研究领域国际合作除物理学、化学和材料科学外，应用导向明显的生物学和计算机科学也具有明显优势；俄罗斯除物理学和化学外，在材料科学、生物学和天文学领域也表现出一定优势；印度在化学、物理学和生物学具有优势，同时在计算机科学和材料科学领域有所长；南非在物理学、化学、天文学、医学和生物学领域具有一定优势；巴西在物理学、医学、生物学、天文学和化学领域具有一定优势（见表 2）。

表 2 2022 年金砖国家基础研究国际合作论文排名前 5 的学科领域

	学科	物理学	化学	材料科学	生物学	计算机科学
中国	论文数（篇）	1646	1526	788	729	651
	占比（%）	20	19	10	9	8
俄罗斯	学科	物理学	化学	材料科学	生物学	天文学
	论文数（篇）	1212	873	532	360	331
	占比（%）	28	20	12	8	8

续表

	学科	化学	物理学	生物学	计算机科学	材料科学
印度	论文数（篇）	1228	1189	676	587	538
	占比（%）	19	18	10	9	8
	学科	物理学	化学	天文学	医学	生物学
南非	论文数（篇）	431	382	269	233	219
	占比（%）	19	17	12	10	9
	学科	物理学	医学	生物学	天文学	化学
巴西	论文数（篇）	527	311	290	263	261
	占比（%）	22	13	12	11	11

数据来源：根据 Web of Science 数据库中的数据统计得出。

（二）金砖国家之间基础研究合作现状分析

金砖国家之间基础研究合作网络展示了金砖国家之间合作的强度（见图4），由此可以看出，金砖国家之间合作以中国为中心，合作强度可分为3个等级：第一等级包括中国和印度、中国和俄罗斯之间的合作，2022年联

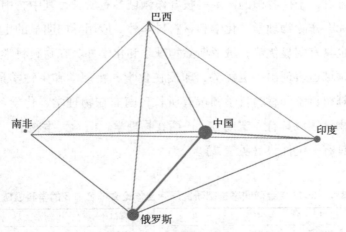

图4　金砖国家之间基础研究合作网络

注：点的大小表示发文数量，线的粗细表示线两端国家联合发文数量。

数据来源：根据 Web of Science 数据库中的数据绘制。

合发文数量分别为 679 篇和 625 篇；第二等级包括俄罗斯和印度、中国和巴西、中国和南非之间的合作，2022 年联合发文数量分别为 201 篇、153 篇和 151 篇；第三等级为剩余其他的合作组合，2022 年联合发文数量低于 100 篇。

（三）金砖国家同其他国家的基础研究合作现状分析

2022 年，金砖国家同其他国家合作发表论文 44 篇，从学科领域看，排名前 3 的分别是物理学、天文学和医学（见表 3）。

表 3　2022 年金砖国家同其他国家合作发表论文所属学科领域

单位：篇，%

学科领域	论文数	占合作论文数的比重
物理学	30	68.18
天文学	13	29.55
医学	12	27.27
环境科学	2	4.55
生物学	1	2.27
药学	1	2.27

注：1 篇跨学科论文每个学科分别记一次，因此各学科论文数加和超过 44 篇。
数据来源：根据 Web of Science 数据库中的数据统计得出。

2022 年，金砖国家同其他国家的联合发文数量如表 4 所示，在基础研究领域同金砖国家合作密切的国家主要是欧美发达国家，此外，巴基斯坦、印度尼西亚等国际科技活跃的发展中国家同金砖国家也有较好的合作关系。

表 4　2022 年金砖国家同其他国家的联合发文数量

单位：篇

国家	合作论文数	国家	合作论文数	国家	合作论文数
美国	44	日本	41	韩国	39
德国	43	法国	40	克罗地亚	38
英国	43	墨西哥	40	瑞典	38
芬兰	42	挪威	40	捷克	37
意大利	42	波兰	40	希腊	37
荷兰	42	罗马尼亚	39	巴基斯坦	37

续表

国家	合作论文数	国家	合作论文数	国家	合作论文数
土耳其	37	匈牙利	35	阿塞拜疆	31
奥地利	36	乌克兰	35	亚美尼亚	30
丹麦	36	泰国	34	古巴	30
印度尼西亚	36	秘鲁	33	加拿大	14
瑞士	36	斯洛伐克	32	澳大利亚	11

数据来源：根据 Web of Science 数据库中的数据统计得出。

　　金砖国家与其他国家的基础研究合作网络如图 5 所示，金砖国家在合作网络中比较分散，没有体现凝聚其他国家的趋势，这说明金砖国家的基础研究在国际上并没有明显优势。

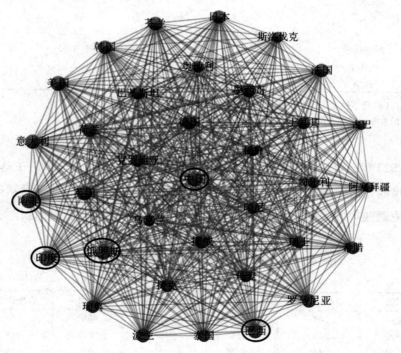

图 5　金砖国家同其他国家的基础研究合作网络

注：点的大小表示发文数量，线的粗细表示线两端国家联合发文数量。

数据来源：根据 Web of Science 数据库中的数据绘制。

四 深化金砖国家基础研究国际合作的对策

（一）加强基础研究政策沟通

目前，金砖国家普遍认识到基础研究的重要性并在实际工作中重视基础研究，制定了相关政策和发展规划，而且在科研基础设施方面具有一定优势，在基础研究领域的国际合作意愿较为强烈。金砖国家科技创新部长级会议每年轮流在五国召开，对促进金砖国家的政策沟通发挥了重要作用，建议利用好部长级会议等各层级会议机会，加强基础研究相关政策的沟通、协调和发展战略对接，为开展更加务实的基础研究合作打好基础。

（二）加大联合研发项目资助

金砖国家联合资助机制自 2016 年建立以来，已联合资助了 5 批 137 个项目，项目覆盖的学科领域较为广泛。该机制受到金砖国家科研人员的欢迎，项目实施也取得了实实在在的成效，发挥了科技创新在解决能源短缺、环境污染和生命健康等问题中的关键作用。建议扩大联合研发项目的规模，可发起设立金砖国家基础研究科研基金，加大对事关长远发展的前沿领域和基础研究的资助，吸引更多高水平的科研团队加入联合资助项目，通过资助项目引领和带动金砖国家更高水平的合作。

（三）搭建基础研究合作平台

当前，科学研究范式正发生深刻变革，基础研究突破越来越依靠大型科研设施来完成。金砖国家在大型科研设施方面具有一定优势，如中国的 500 米口径的球面射电望远镜（FAST）、散裂中子源、同步辐射光源等一批重大科技基础设施型科研设施，俄罗斯拥有重离子超导同步加速器（NICA）、高通量中子束流反应堆（PIK）和西伯利亚环形光子源（SKIF）

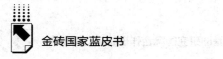

等大科学装置，南非为"平方公里阵列"射电望远镜（SKA）大科学设施全球两个台址之一。这些设施为金砖国家在基础研究方面的合作提供了重要基础，建议依托这些大型科研设施搭建更多合作平台，加强在天文、物理、生命科学等相关领域的深度合作。

（四）密切基础研究人员交流

金砖五国分布在东、西、南、北不同半球，但遥远的地理距离并没有阻隔科研人员交流的热情。金砖国家科技创新合作机制建立以来，在能源、健康、海洋与极地科学等众多领域组织了论坛、研讨会等交流活动，来自金砖各国的科研人员积极参加交流活动。新冠疫情期间，各国往来不畅，很多交流活动改在线上举行，但效果并不尽如人意。建议加强各国间科研人员面对面交流，加强基础研究领域合作，巩固和拓展金砖国家科技人文交流网络。

（五）创新基础研究合作形式

当前，基础研究国际合作呈现大团队协作的特征，金砖国家对外合作以发达国家为主，发展中国家相对较少，建议金砖国家作为整体，加强同第三国的合作，特别是加强同发展中国家的合作，扩大金砖国家科技创新合作的朋友圈。此外，建议创新合作交流形式，除论坛、研讨会等传统合作交流形式之外，金砖国家还可以设立奖学金，资助科研人员互访、攻读学位等，以开展长期和更加深入的合作。

参考文献

段黎萍、郭玉、袁芳：《基于科学计量学的金砖五国科技合作现状及建议》，《全球科技经济瞭望》2017 年第 7 期。

高小强、何培、赵星：《基于 ESI 的"金砖四国"基础研究产出规模和影响力研究》，《中国科技论坛》2010 年第 1 期。

徐进、王保成、任真：《国家自然科学基金委员会与俄罗斯基础研究基金会 2009—2018 年合作交流项目及产出的文献计量分析》，《中国科学基金》2020 年第 1 期。

杨修、朱晓暄、李惟依：《金砖国家科技创新发展现状与对策研究》，《国际经济合作》2017 年第 7 期。

B.11
金砖国家技术转移发展现状研究

张 璋 李沐谦 刀福东 施小峰 蒋雨晴*

摘　要： 金砖各国均基于其科技创新发展，以及科技成果转移转化行业历史沿革建立了各自的技术转移工作体系，并在金砖国家科技创新创业伙伴关系下共建了金砖国家技术转移中心协作机制。本报告梳理并探讨金砖国家在技术转移领域的发展现状，鉴于国际技术转移是金砖国家科技创新合作的主要举措之一，金砖国家技术转移中心协作体系为金砖国家技术转移工作建立了有效的对接与合作模式，对促进知识和技术的跨境流动起到关键作用。

关键词： 金砖国家　科技创新　科技合作　技术转移

　　当前，后疫情时代的来临与复杂的国际形势一起构成了全新的国际环境。全球治理体系和国际格局加速变化，世界经济复苏脆弱，南北发展鸿沟加剧，金砖国家作为新兴市场和发展中大国，肩负着增进国内民生福祉和促进世界和平发展的历史使命。

　　2022 年 6 月 23 日，金砖国家第十四次领导人会晤以线上形式举行，发布了《金砖国家领导人第十四次会晤北京宣言》（以下简称《宣言》）。

＊ 张璋，国际技术转移协作网络（ITTN）秘书长，中国科技评估与成果管理研究会学术委员会、全国科技评估标准技术委员会（SAC/TC580）委员，上海对外经贸大学贸易谈判学院校外导师，研究方向为国际技术转移、国际贸易；李沐谦，国际技术转移协作网络（ITTN）首席研究员，研究方向为国际技术转移、国际贸易；刀福东，昆明市科学技术局局长，金砖国家技术转移中心主任，研究方向为科技行政管理及国际科技合作；施小峰，金砖国家技术转移中心办公室主任，研究方向为生态环境、技术推广、计算机信息、科技行政管理及国际科技合作；蒋雨晴（通讯作者），国际技术转移协作网络（ITTN）研究员，研究方向为跨文化交际与沟通。

《宣言》再次强调了人文交流对促进金砖合作的重要性，提出了加强在媒体、青年和学术交流等领域的合作，构建包容互鉴的文化伙伴关系。2023年8月24日，金砖国家领导人第十五次会晤举行特别记者会，宣布金砖国家扩员，埃及、埃塞俄比亚、伊朗、沙特阿拉伯、阿联酋等受邀加入金砖国家合作机制。这次金砖国家再度扩员，体现了众多发展中国家寻求发展、共谋合作的意愿。

金砖国家之间的人文交流一直是金砖合作的重要支撑，自2006年以来，金砖五国协同发展，共同推动金砖国家之间的民间交流，取得了积极的进展、获得了宝贵的经验。但不可否认的是，目前金砖国家人文交流过程中存在地理位置分散、经济增速不稳、数字基础设施差异大和互信不足等挑战，金砖国家还需在加强官方合作、推进科技创新合作和培育各方互信等方面继续努力。

本报告将全面探讨金砖国家技术转移体系的现状和发展趋势，以及金砖国家技术转移中心协作机制的建设和未来发展。同时，重点研究金砖国家与中国在技术转移合作方面的进展，并提出相应的对策研究。

一　金砖国家技术转移体系发展现状

本部分将全面介绍金砖国家技术转移体系的发展现状，通过历史变革、政策与法规体系建设、专业机构与能力建设和发展趋势与问题等多个角度的综合分析，重点梳理金砖国家技术转移体系中的典型案例，并通过深入分析成功的技术转移专业机构与能力建设情况，总结其成功因素和经验教训，为金砖国家及其他发展中国家的技术转移提供借鉴和参考。

（一）巴西

2019年，随着巴西新政府上台，新成立的科技创新通信部重新确定了巴西的科技创新目标，即增加知识产出、创造更多财富，为改善巴西人民生活质量做出更大贡献。为实现这一目标，巴西科技创新通信部制定了一系列

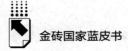

促进科技创新的战略和政策，重点关注发展的科技领域，并积极拓展国际科技创新合作。根据世界知识产权组织（WIPO）发布的《全球创新指数2022》（Global Innovation Index，GII 2022），巴西在全球排第54位，比上一年提升了3位，在18个拉丁美洲与加勒比地区经济体中排第2位。这一进步表明巴西在科技创新方面取得了一定进展，反映了该国政府和相关机构在推动创新和科技发展方面所采取的措施和政策的有效性。这些举措有助于促进科技领域的研究与发展，推动科技成果的转化和商业化，并吸引更多的科技投资和创新人才。

1. 历史变革

20世纪30年代以来，巴西政府为促进国家科技创新发展制定了一系列政策，旨在通过成立各类基金组织和机构来支持科研活动，不断提升科技管理部门的基础设施水平。同时，针对发展需求，巴西政府制定了国家科技发展计划，积极培养科学教育与科技人才。此外，巴西政府还加强了科技创新立法，为国家科技创新体系的建设夯实了基础，并提供了坚实的法律和制度保障。如今，巴西的国家科技创新体系架构已经基本形成全要素的覆盖，主要包含生产、教育和研究、财政和金融支持、决策与治理4个子系统。

2019年，巴西政府重组科技创新机构，成立了科技创新通信部，将科技、创新和通信事务整合到一个部门内统一管理。同时，巴西政府制定并实施了"巴西未来战略"，旨在加强国家科技创新能力。该战略着眼于关键领域的科技创新，如人工智能、生物经济和数字经济等，并通过各种政策和计划促进创新生态系统的发展。

2020年，巴西政府重点着眼于产学研合作，鼓励企业、大学和科研机构之间的合作，以加强科技创新的转化和商业化，特别是通过科技孵化器和创新中心的建设，促进科技成果的孵化和推广。同时，积极推动巴西与其他国家和国际组织的科技合作，以促进技术转移和共享经验。此外，巴西还积极参与全球科技创新治理和知识产权保护等国际议程，并与其他国家一起推动科技创新的全球合作。

2. **政策与法规体系建设**

在现有的科技创新促进政策和法律法规基础上，巴西正在积极补充和完善围绕技术转移和转化的工作，不断明确和简化科技创新项目的管理流程，完善巩固校办企业制度和技术转移转化生态系统。

在一系列科技创新促进政策中，对技术转移和成果转化产生较大影响的是 2003 年发布的《国家创新、技术和贸易政策（PITCE）》以及之后陆续颁布的《创新法》和《权利法》。《国家创新、技术和贸易政策（PITCE）》系统制定了创新发展路径，强调了产学研联系的重要性，鼓励企业加强技术创新，积极推动技术与产业结合，并为这类企业提供税收、补贴、信贷等优惠政策。《创新法》和《权利法》分别于 2004 年和 2005 年颁布，旨在加强科研机构与企业需求之间的有效衔接，提高企业的创新能力。这些法律法规规定公共机构的研究人员可以在一定期限内保留原单位职务和工资，并到其他单位参与研发活动，甚至可能获得资金补助、工作调动补贴等对应福利。同时，该法案明确了非见习期内的公立机构研究人员可以利用其创新研发成果建立自己的企业，鼓励科研人员离岗创业，促进研究成果进一步转化为现实生产力。

巴西制定了《2016—2020 年国家科学技术和创新发展战略》，旨在缩短与发达国家的技术差距，加强政策支持，提高生产效率，减少社会不平等，鼓励联动创新，促进可持续发展。为此，巴西计划在 2020 年将研发成本提高到 GDP 的 2%，并确定了航空航天、饮用水、食品、生物群落和经济、社会科技、气候、数字经济和社会、能源、核能、卫生等领域作为重点发展方向。此外，政府还实施《创新法》，以推动科研人员的创业活动。

3. **专业机构与能力建设**

在 20 世纪 90 年代启动的国家孵化器和产业园区建设项目的引导下，巴西着力促进技术转移和转化工作，将其作为主要目标之一。截至 2023 年 12 月，巴西已建立近 400 家商业孵化器、150 家科技园区和近百家企业加速器。这些科技创新主体的成立和运营给巴西带来了明显的社会、经济效益，创造了大量科技创新型企业和相关就业岗位。此外，巴西还以不同形式积极

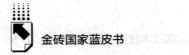

开展了建设技术转移转化专业机构的工作，如建立了巴西研究和项目资助机构（Financier of Studies and Projects，FINEP）、巴西创新与技术转移经理人论坛（Brazilian Forum of Innovation and Technology Transfer Managers，FORTEC），这对推动巴西的科技创新和促进产学研合作具有积极的影响。

4. 发展趋势与问题

当前，巴西科技发展正面临严峻的经费不足问题。世界银行数据显示，巴西在研发与创新方面的投入相对较低。以 2019 年为例，巴西的研发支出仅占 GDP 的 1.27%，远低于其他发达国家水平。2019 年，联邦政府发布了"科研经费预算冻结令"，对科技创新通信部的相关施政目标产生了广泛而长远的影响。根据来自巴西应用经济研究所（IPEA）的最新统计数据，在剔除通货膨胀因素后发现，2020 年巴西联邦政府在科学技术领域的资金投入仅为 172 亿雷亚尔（约 32.45 亿美元）。相比之下，这一数字较 2013 年的峰值 273 亿雷亚尔（约 51.51 亿美元）下降了近 37%，甚至低于 2009 年的 190 亿雷亚尔（约 35.85 亿美元）。经费不足限制了科研和创新活动的开展，对科技领域的进步和发展造成了严重威胁。因此，解决经费不足问题的迫切性凸显，这是巴西科技发展必须着力解决的核心问题。

（二）俄罗斯

受全球经济形势疲软以及西方制裁等多重因素的影响，俄罗斯经济发展速度在近几年持续放缓。尽管如此，科技创新是推动社会技术系统转型的主要因素，俄罗斯仍将其列为政策重点，坚持大力推动科技创新的发展。《全球创新指数 2022》（Global Innovation Index，GII 2022）评估结果显示，俄罗斯在创新投入方面的表现优于创新产出，在创新投入方面排名第 46 位，低于俄罗斯在 2021 年和 2020 年的排名。在 GII 2022 公布的 132 个经济体中，俄罗斯排名第 47，在中高收入国家中排名第 7，在欧洲经济体中排名第 30。俄罗斯在科技发展领域表现优秀，尤其是在人力资本与研究、基础设施、市场成熟度、商业成熟度、知识和技术产出、创意产出等方面均高于中等收入国家平均水平。

1. 历史变革

苏联时期实施以重工业为优先发展目标的战略对俄罗斯产生了双重影响。这一战略为俄罗斯国家经济增长奠定了重要基础，使其在某些领域取得了优势地位。然而，该战略也给俄罗斯政府的科技创新和产业转型带来了许多困难。苏联解体后，尽管俄罗斯政府努力最大限度地保留了苏联时期的基本科技实力，并稳定了其作为世界一流科技强国的地位，但国家科技体制也遭受了重创。俄罗斯的科技发展受到了持续的经济衰退的严重制约，这对科技进步产生了阻碍作用。1990 年以来，俄罗斯的相关企业科研实力相对薄弱，只有少数企业能够通过新技术进行产业转型，这导致其国际竞争力的削弱。经济方面，俄罗斯难以摆脱对原材料出口的依赖，这使得许多科研项目被迫中止或无法顺利启动。近年来，俄罗斯政府积极推动科技创新和产业转型，采取包括加大对科研机构和人才的支持力度、鼓励创新创业等一系列措施，以增强国家科技实力。

为确保俄罗斯保持科技强国的地位，俄罗斯政府不断完善科研政策和优惠政策，并陆续颁布了超过 170 项总统法令、政府条例以及其他法律性文件和战略规划。同时，俄罗斯政府采取了多项措施来保护科学技术和科技人才。据统计，2001 年俄罗斯的科研预算占国家预算总额的 1.55%，约为 10 亿美元，此后每年科研预算都以 15%~20% 的幅度增加，这些举措有助于促进俄罗斯科技创新的发展。

2. 政策与法规体系建设

近年来，俄罗斯出台了一系列促进科技创新发展的法律法规及相关政策。《联邦科学技术发展战略实施计划》（以下简称《计划》）于 2017 年 6 月发布，计划总投资额约为 6350 亿卢布。该计划旨在使俄罗斯在重点科学领域进入世界前五强，吸引国内外科学家在俄罗斯从事科研工作，并确保科研投入增幅超过 GDP 增幅。《计划》特别提到了出台一系列举措来支持和鼓励研发成果的技术商业化。此外，还将设立一批科学技术支持和服务中心，为敢于创新的企业提供法律法规、知识产权管理和保护、财务管理等方面的咨询服务。对于非国有企业，俄罗斯政府将通过建立法律基础等方式，

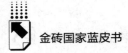

为其提供参与各领域科技项目的机会。通过实施这些举措,俄罗斯政府希望进一步推动科研成果的转化和商业化,为创新企业提供支持,加强科技产业的发展。同时,俄罗斯鼓励国内科研团队和企业与国际接轨,促进科技交流与合作。这些举措有助于提升俄罗斯在全球科技领域的地位,推动经济的创新和可持续发展。

此前发布的《联邦预算内科研、教育机构创办科技成果转化经济体法律修正案》赋予了公共科研机构和大学开展科技成果转化和创新活动的权利。该修正案支持这些机构利用国家拨款取得的研发成果进行自主创业,保障科研人员将科技成果商业化或应用于产业化的权利。与此同时,《共有技术转让法》成为俄罗斯第一部专门定义和促进技术转移的法律。该法律明确规定了技术转移方、使用方以及受委托方三方的权利和义务,有效加强了科技成果转移转化中权益的公平分配,完善了知识产权的管理和使用。通过这些法律修正案和法律制度的完善,俄罗斯为科研机构和大学提供了更大的创新空间,并鼓励科研人员积极参与商业活动和将科技成果应用于实际产业。

3. 专业机构与能力建设

根据最新的国家科学计划,俄罗斯科教部致力于开发一种统一的科技协作数字平台,即联合研发数字平台。该平台旨在为科研人员和企业之间搭建桥梁,促进其之间的对话和沟通,以加速科研成果的商业化进程。此前,俄罗斯已经成功建立了13个领域的技术开发合作平台,如斯科尔科沃创新中心(Skolkovo Innovation Centre,SIC)、俄罗斯创新和技术经理人协会(Association of Innovation and Technology Brokers,ABIT)。这些平台汇集了俄罗斯科学院、库尔恰托夫研究院、莫斯科国立大学等国家科学中心、研究型大学、科技和教育界机构,以及各类企业和投资公司等参与者。它们的目标是促进产学研之间的合作和交流,为科学家和企业提供一个共同开展联合科研项目的平台。通过联合研发数字平台和多个领域的技术开发合作平台的建设,进一步加强俄罗斯国内科研与商业之间的互动和合作。科研人员和企业可以更加便捷地进行合作、交流和共享资源,从而加速科研成果的商业化过程。此外，这也为俄罗斯科学家与国外科学家之间的合作提供了更好的机会。

4. 发展趋势与问题

目前，俄罗斯正积极构建信息基础设施，推动各大行业向数字经济发展转型，并致力于创造更有利的创新与科技发展环境。这一努力旨在推动新型高科技企业和产品的涌现，并帮助俄罗斯的研究团队和高技术企业在关键技术领域获得绝对竞争优势。然而，俄罗斯在科技创新发展上面临一些问题。首先，来自欧美国家的制约对其产生了外部压力。其次，国内存在科研人员断层问题，需要进一步加强科研人才的培养和引进。在内外因影响下，俄罗斯亟须采取积极的科技创新支持措施以应对这些挑战。

（三）中国

近年来，我国科技创新能力显著提升，主要创新指标进入世界前列。2022 年，全社会研发活动受到多重因素的冲击，但企业研发费用加计扣除政策持续发力，科技奖励和激励机制不断完善，有效激发了市场主体创新活力。企业研发投入保持两位数的增长，全社会研发投入总量达到新高。据初步测算，2022 年我国 R&D 经费投入超过 3 万亿元，增长 10.4%，连续 7 年保持两位数的增长。按不变价计算，R&D 经费增长 8.0%，超过了"十四五"规划的目标。根据世界知识产权组织最新发布的《全球创新指数2022》，中国排名再次上升 1 位，位列第 11，连续 10 年稳步提升。根据工信部科技部火炬中心公布的数据，2022 年全国技术合同交易数量和金额均有较大增长。

1. 历史变革

新中国成立以来，技术转移对中国的经济和社会发展发挥着重要作用，并呈现不同的时代特征，满足了工业化和创新发展的需求。国际技术转移不仅受国际环境、全球技术和对外关系的影响，也与中国的经济发展目标、政策引导、科技水平和社会进步需求密切相关，不同阶段的技术转移方式和对象呈现不同的特征和能力需求。

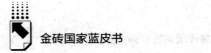

2021 年,《科技成果转化工作指南》对我国科技成果转化的发展历程进行了梳理与总结,将其分为三个阶段:第一阶段是 1949 年新中国成立至 1978 年改革开放前的"自力更生阶段",技术转移工作基本由政府主导,是服务于国家建设和国民经济发展,新中国成立的前三十年里,成套设备引进始终是中国技术引进的主导方式;第二阶段是 1978 年改革开放至 2012 年党的十八大,特征是着力构建技术商品化生态体系;第三阶段是 2012 年以来,以支撑实施创新驱动发展和科技强国战略为主,科技成果转化进入新时代全面系统推进。

在各个阶段的发展历程中,技术转移的方式逐渐多元化,不再局限于成套设备的直接引进,而是通过多种引进方式的配合与运用,向着更加灵活、多样、综合的方向发展,技术转移效率也逐步提高,对技术创新能力与国家创新能力的持续提升起到积极作用。

2. 政策与法规体系建设

20 世纪 90 年代以来,中国的技术转移理论在实践中逐渐成熟,相关法律法规的建立和完善为中国不断发展的灵活多样、多渠道技术转移提供了指导。从 1995 年提出"科教兴国"战略、1996 年颁布实施《中华人民共和国促进科技成果转化法》到 1999 年加强技术创新、深化科技体制改革、促进高技术研究成果商业化和产业化的决策部署,我国逐步建立了促进科技成果转化的体制机制。通过引进国际先进技术,国内适地消化吸收,并鼓励本土科技人员自主研发尖端科技,推动产业化并向其他地区传播,使技术在国内流动,促进各产业和区域经济发展。2006 年发布的《中共中央 国务院关于实施科技规划纲要增强自主创新能力的决定》和《国家中长期科学技术发展规划纲要(2006—2020 年)》强调促进企业间、企业与高校、企业与科研院所之间的技术转移,关注提高技术转移效率。2007 年的《国家技术转移促进行动实施方案》和 2008 年国家发改委、科技部等发布的《关于促进自主创新成果产业化若干政策》为技术转移、科技成果转化提供了政策支持。

2017 年 9 月,《国家技术转移体系建设方案》首次提出了"国家技术转移体系"的概念,该方案优化和完善了现有技术转移体系,紧密衔接科技成果转移转化各环节，并明确了促进科技成果转移转化的改革突破方向，优化政策环境。2021 年颁布的《中华人民共和国国民经济和社会发展第十四个五年规划和 2035 年远景目标纲要》同样将创新科技成果转化机制、建设专业化市场化技术转移机构和技术经理人队伍列为重点工作，计划在"十四五"期间推动高校建立技术转移机构，并培育建设 100 家左右示范性、专业化国家技术转移中心，以显著增强高校科技成果转移转化能力、大幅提升技术交易额并基本完善高校成果转移转化体系。

3. 专业机构与能力建设

国家国际科技合作基地是科学技术部认定的项目，针对在国际科技合作中取得突出成绩、具有发展潜力和引导示范作用的国内科研院所、高校、科技园区和创新型企业等机构载体。2007 年启动以来，已经认定了 721 家国家国际科技合作基地，其中包括 45 家国际技术转移中心。国际技术转移中心是国际产学研合作中技术转移的重要平台，依托国家高新区建立，提供国际技术转移和科技合作中介服务，对推动国际产学研合作和促进高新技术产业国际化发展具有重要作用。45 家国际技术转移中心基本覆盖全国，为参与国内外重大科技工程和重大科技专项工作提供了重要技术储备，不仅服务科技外交、支撑"一带一路"科技创新合作，还统筹协调了全国科技创新资源，进一步完善了科技创新体系。

4. 发展趋势与问题

综合来看，近年来中国的科技成果转移转化工作取得了显著的进展，但仍存在一些问题。在科技成果的转移转化过程中，产学研之间缺乏紧密的结合，企业和科研机构的主体作用发挥不足。同时，专业化技术转移服务机构和人才队伍仍有待进一步完善与加强。针对这些问题，需要加强政府部门之间的协调与合作，明确各自的职责和任务。要鼓励产学研之间的深度合作，建立长期稳定的合作机制，促进科研机构和企业之间的技术交流和合作，此外，还需要加大对专业化技术转移服务机构和人才队伍的支持力度，提供更好的培训和资源支持，提升其服务水平和专业能力，为中国创新驱动发展战略注入强劲动力。

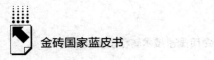

（四）印度

根据《全球创新指数2022》（Global Innovation Index，GII 2022）的评价结果，印度科技创新在2021年按照既有轨道稳步推进，取得了一系列新成果。2011年以来，印度每年都被评为中亚和南亚地区最具创新性的国家。印度在《全球创新指数2022》中排名第40，在中等偏下收入国家中排名第1，在中亚和南亚地区经济体中排名第1。2022年，印度在创新产出方面的表现优于创新投入。在创新参数方面，印度在信息和通信技术（信通技术）服务出口、科学和工程专业毕业生、高校质量、科学出版物质量、经济整体投资以及创意产品出口等领域一直处于世界前列。为了进一步推动科技创新，印度还制定了一些新举措和政策。这些举措有助于优化印度的创新环境和创新生态系统，为企业和科研机构提供更好的支持和创新资源。同时，印度重视培养科学和工程方面的人才，通过提高高校教学质量和加强科学出版物的质量，为创新能力的提升提供了坚实的基础。总体而言，印度在科技创新方面不断改进与优化创新政策和环境，促进创新能力的提升。这将为印度的经济发展和社会进步注入新动力，并为全球创新合作提供更多机遇。

1. 历史变革

近年来，印度政府不断加强科技创新的协调管理，采取了一系列举措以推动创新发展。其中，最有代表性的措施是将科技部部长提升为副总理（国务委员）级别，并成立了"国家创新委员会"。这个委员会由总理的公共信息基础设施和创新顾问委员会主持，其成员由学术界、研究机构和产业界的专家组成。根据印度科技部（DST）发布的年度报告，2019~2020年，印度科技部围绕印度制造、创业印度、数字印度、清洁印度和健康印度等国家战略开展了一系列科技活动，并取得了阶段性成效。全社会研发投入也持续增长，达到8532亿卢比（约合850亿元），占GDP的比重为0.69%。其中，45.1%的研发投入来自中央政府，7.4%来自邦政府，38%来自私营部门，其余来自公共产业部门和高等教育部门。通过这些举措和投入，印度政府在推动科技创新方面取得了阶段性成果。这些举措使得科技创新的管理更加规范，为印度制造业、创业环境、数字化发展、清洁能源和健康领域等国家战略的实施提供了支持。同时，各个部门和机构之间的合作得到了加强，促进了科技创新的协同发展。

2. 政策与法规体系建设

印度政府出台的关于科技创新的重要政策或法规中，最为关键的就是1958 年颁布的《科学决议》、1983 年颁布的《技术政策声明》和 1993 年颁布的《新技术政策声明》，其明确了印度科技发展的指导思想、战略目标和具体措施，为印度科技发展奠定了法律基础，并产生了深远的影响，至今仍然是印度制定科技政策和规划的基本准则。

2010 年，印度政府提出"从世界办公室走向创新型国家"的国家级战略，强调科技创新的重要性，并规划 2010~2020 年为"创新十年"。在此基础上，印度推出了"印度十年创新路线图"，成立了印度国家创新委员会。2013 年 1 月，印度第四套科技政策《2013 科学、技术与创新政策》正式颁布，提出了 2017 年进入全球科技六强、2020 年进入全球科技五强的目标。

2019 年初，印度总理莫迪在第 106 届印度科学大会上指出，在以往"青年胜利"、"农民胜利"和"科学胜利"口号的基础上，要增加"研究胜利"，以凸显科学技术研究在塑造国家力量中的重要作用，利用大数据分析、人工智能、区块链和通信技术帮助农民提高产量；要重视创新和初创公司，为创业公司提供及时的指导、帮助和合作伙伴；要尽快起草一项行动计划，推动邦立大学和学院建立一个强大的科研生态系统。

3. 专业机构与能力建设

近年来，印度政府积极联合国内重点大学和科技型企业，采取一系列措施进一步促进创新和推动包容性发展。其中，印度国家创新发展与治理计划（National Initiative for Developing and Harnessing Innovations, NIDHI）是由印度工业联合会与安捷伦公司合作设立的，投入了 9 亿卢比用于在印度理工学院（甘地纳格尔）建设研究园，旨在支持民间创新者的创意和发明。印度政府还成立了包容性创新基金，专门用于资助健康、教育、农业、纺织和手工业等领域的早期种子项目，基金总额达 500 亿卢比，以促

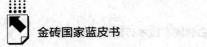

进包容性发展。同时，为解决各城市的地方科技产业发展问题，印度政府设立了区域性科技创新基金。为支持商业利润有限但具有高社会回报价值的创新创业项目，印度政府设立了促进社会创新发展基金，以及通过提供预算以外的补助金和创新税收激励的方式，支持政府所属的研发机构、学术机构和大学项目。

印度国家创新委员会与印度中小微企业、地方政府以及产业技术研究部门合作，共同建立了一系列产业集群创新中心和大学集群创新中心，涵盖医学、生命科学、汽车零部件、粮食加工等多个领域，涉及德里大学、瓦多达拉萨亚基劳王公大学等多所高校。同时，印度科研与工程研究委员会、印度产业联合会等组织通过资助大学和国家实验室的研究机构，为地方中小微企业提供政策咨询和金融支持等，全力支持创新发展。

4. 发展趋势与问题

长期以来，印度政府一直专注于支持信息技术、生物技术和材料技术这三个高新技术产业领域，特别是在 IT 行业，印度表现出较强的国际竞争力，这是基于印度在人才和技术方面的优势。近十年，印度的 GDP 年均增长率达到了 5.7%，2021 年的 GDP 总量超过了 3.17 万亿美元，使其成为全球第五大经济体，仅次于美国、中国、日本和德国。[①] 当前，印度政府高度依赖信息技术和大数据战略带来的技术红利，并积极推进"数字印度"计划。然而，与其他同等发展阶段的国家相比，印度在科研方面的支出相对不足。除了资金问题外，印度在构建促进基础科学学术研究的生态系统和环境方面存在一定的不足。在将基础科学转化为应用科学方面，存在一些服务缺陷。因此，印度政府需要在科研投入方面加大力度，优化资源配置，在基础科学领域建立更加健全的研究生态系统，并加强基础科学与应用科学之间的衔接，以实现科技创新的有效转化和应用。只有如此，印度才能进一步提升科技创新能力，推动经济的可持续发展。

---

① 张雪春、宋怡萱：《印度数字贸易现状与中印数字贸易关系展望》，《中国经贸导刊》2023年第3期。

（五）南非

2019 年 5 月拉马福萨总统大选连任后，为迎接第四次工业革命，把科技创新置于南非发展议程的中心地位，将原科技部更名为科学创新部。近年来，南非科技创新工作总体平稳推进，重点领域持续发展，国际合作不断深化，呈现"硬实力缓降、软实力渐强"的态势。根据《全球创新指数 2022》（Global Innovation Index，GII 2022）发布的数据，南非在排名中位列第 61，与2021 年的排名持平，在中等偏下收入国家中排名第 14，在撒哈拉以南非洲的27 个经济体中排名第 2。

1. 历史变革

《南非国家研究与开发战略》是南非科技部于 2002 年颁布实施的重要战略规划，为南非的国家创新体系发展奠定了良好基础。随后的《南非创新十年规划（2008—2018）》于 2007 年出台，首次提出南非科技发展的长期执行规划，并明确了进入知识经济社会的总目标。为了进一步推动科技发展，南非科技部在 2009 年 6 月发布了《2009—2014 年中期战略框架》，强调科技和创新是南非经济科技发展的关键领域，并提出对企业创新和部门研发计划给予重点支持。为增强南非在社会繁荣和包容性发展中的作用，南非科技部于 2019 年 3 月 15 日宣布了新版《科技创新白皮书》。该白皮书将在未来 15 年内实施新的科技创新政策，旨在释放南非科技创新的全部潜能。为贯彻实施该白皮书，南非科技部正在积极制定《2019—2029 年十年科技创新发展规划》。这些战略规划和政策文件的发布表明，南非政府对科技创新的重视，并为南非的科技发展提供了明确的指导。

2. 政策与法规体系建设

南非政府在 1996 年提出建立国家创新体系，旨在整合科技资源发展重点研发领域，培养人力资源，建立高效的政府管理机制，并促进产学研结合，充分发挥企业在科技创新中的作用。为完善国家创新体系，南非科技部陆续发布了《生物技术战略》、《先进制造技术战略》、《人力资源开发战略》、《信息通信技术战略》、《集成制造战略》以及《技术转移战略》等相

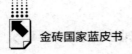

关战略规划。

近几年，南非政府采取了一系列措施以确保科技创新为社会发展和转型提供支持，应对全球科技创新带来的机遇和挑战。2019年发布的《科技创新白皮书》提出了"以科技创新实现南非可持续和包容性发展"的总体目标，并明确了未来五年到十五年的科技创新政策方向。南非政府通过政府采购方式支持企业快速成长，通过税收激励法案鼓励企业增加研发投入，加强知识产权管理并促进科研成果本土转化。此外，政府还设立了专项计划和基金，以多种方式支持创新创业和技术转移，包括无偿资助、匹配资助和股权投资。同时，南非政府致力于搭建和完善创新技术服务体系，建立健全创新全流程服务平台，为企业科技创新提供支持，并推动科研机构与企业之间的产学研结合。

3. 专业机构与能力建设

南非于1997年成立国家创新咨询理事会，负责向科技部部长，或通过科技部部长向内阁就国家创新体系建设提供咨询意见。南非的科研体系也较为完善，包括23所大学、8个国家级公立研究理事会、35家其他政府研究机构、45家商业研究机构和80余家研究性质的非政府组织。

4. 发展趋势与问题

南非在科技成果的转移和转化方面面临一些挑战。首先，各大高校的技术转移办公室经费不足，无法有效支持中心的运作。此外，南非的风险投资机构数量有限，无法覆盖足够多的大学科研成果、科研人员和优秀团队，导致一些高校建立的技术转移中心和基础设施无法最大化利用，使得技术转移的供需两端之间存在衔接问题。其次，南非的高校技术转移办公室和相关从业人员缺乏必要的科技成果转移和转化技能，这也限制了技术转移的发展和潜在增长空间。因此，解决这些问题需要提供更多的经费支持，以促进高校技术转移办公室的正常运作，并加大对风险投资机构的支持力度。同时，需要加强与提升相关从业人员的培训和专业技能，以提高他们在科技成果转移转化过程中的能力和水平。只有这样，南非才能够更好地推动科技成果的转移与转化，促进科技创新在经济和社会发展中的应用，为南非可持续和包容性发展提供更强有力的支持。

二　金砖国家技术转移中心

金砖国家技术转移中心是金砖国家首个技术转移官方合作机制，于 2017 年金砖国家技术转移与创新合作大会期间首次提出，并写入 2018 年金砖国家科技创新部长级会议成果文件《德班宣言》，明确其在金砖国家科技创新创业伙伴关系工作组（STIEP）指导下进行建设与开展工作。同年 9 月，第二次金砖国家科技创新创业伙伴关系工作组（STIEP）会议在华举办，金砖各国官方代表于云南省昆明市共同见证了金砖国家技术转移中心的正式成立。会上宣布，金砖国家技术转移中心将在科技部国际合作司指导下，由云南省科技厅、昆明市政府（昆明市科技局）提供支持，国际技术转移协作网络（ITTN）作为社团组织负责其运营与国际联络工作。

（一）金砖国家科技创新架构与创新行动计划

根据 2019 年 9 月 20 日在巴西坎皮纳斯举办的第七届金砖国家科技创新部长级会议上发布的金砖国家科技创新（STI）新架构（A New BRICS STI Architecture），金砖国家技术转移中心及巴西的 iBRICS（金砖国家创新协作网络）等同属于金砖国家科技创新创业伙伴关系工作组的下设官方机制之一，是金砖五国承认的官方机制。

随着金砖国家技术转移中心工作的不断开展，金砖国家技术转移中心通过每年举办国际交流会议、国际技术转移经理人培训等活动，并参加金砖国家科技创新部长级会议、金砖国家科技创新创业伙伴关系工作组会议汇报等，促成各国高校、科研机构、创新企业、产业园区与孵化器，以及技术转移专家等交流协作，其成效得到了金砖各国的高度关注。2020 年初，巴西、俄罗斯、南非纷纷提出筹建金砖国家技术转移中心——国别中心的设想，并希望通过与 iBRICS 等机制的联动与整合发展，加深金砖各国技术转移合作，在今后成为帮助金砖国家建立技术转移相关标准、协作体系、机构建设和人才培养能力的重要机制。

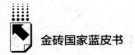
在过去几年中，金砖国家技术转移（中国）中心参与了 2019 年在巴西圣保罗举办的第九届金砖国家科学、技术和创新部长级会议，大会通过并批准了金砖国家科技创新新架构，并给未来的合作指明了方向。除此之外，金砖国家技术转移中心以线上参会的方式参与了 2021 年金砖国家科技创新创业伙伴关系工作组第五次会议、2022 年金砖国家技术转移中心网络指导委员会第一次会议，以及 2023 年 4 月金砖国家科技创新创业伙伴关系工作组第六次会议，各参会成员深入探讨了金砖国家在科技创新领域的共同关切和挑战，并就进一步加强合作提出了有益的建议和措施。金砖国家技术转移中心每年 9~11 月间举办的金砖国家技术转移中心工作会及相关路演对接、学术研讨等交流活动被列入金砖国家年度会议活动日程。

（二）金砖国家技术转移中心发展趋势

2017 年金砖厦门峰会提出了"金砖+"概念，旨在扩大金砖国家合作的辐射范围，让更多新兴市场国家和发展中国家受益。这一概念是一种宏观思想和战略规划，给金砖国家和世界各国带来了广泛的合作机遇和发展前景。

2023 年 8 月，金砖国家领导人第十五次会晤召开特别记者会，宣布埃及、埃塞俄比亚、伊朗、沙特阿拉伯、阿联酋获邀加入金砖国家合作机制，此次金砖国家扩员距上次南非 2010 年加入金砖国家合作机制已时隔 12 年。这五国的加入，将扩大金砖国家的范围和影响力，这将为这些新加入的国家提供更多合作和协商的机会，同时将提高金砖国家作为全球重要经济力量的地位。代表了不同地理和经济区域的五国加入金砖国家合作机制将进一步促进南南合作，加强这些国家之间的经济、政治和人文交流。这将为金砖国家提供更多的创新合作和机会，促进金砖国家共同提高技术创新能力和水平，以更好地应对全球挑战。

在此基础之上，金砖国家技术转移（中国）中心将继续致力于促进金砖国家间科技创新交流与合作。在金砖国家间促进技术转移和科技创新合作，努力打造技术转移与科技创新协作体系，促进人才交流和构建更加紧密的科技合作体系。

三 金砖国家对华技术转移合作建议

俄罗斯在先进制造、数字化产业、清洁能源、新药制造、交通与基础设施、生态农业等方面与中国有着巨大的技术转移合作潜力。俄罗斯与中国关系密切，在重大国际和地区问题上立场相同或相近，并且有长期的合作基础，能够通过金砖国家等国际合作机制加强对话。巴西在可再生能源、农牧业、生物多样性、气候变化等领域与中国有着合作潜力，而且与中国的科技创新合作基础良好，中巴联合研发的地球资源卫星项目被视为南南合作的典范。南非在疫苗研发、信息技术、传染病防治等方面与中国存在合作潜力。

金砖国家在技术转移体系建设方面存在差异，其共同特点是拥有规模庞大的国内市场和丰富的自然资源与人力资源，各国在不同领域或形式上都有完备的产业体系，高度重视科技研发和创新驱动发展，并初步形成了国家创新体系。

结合上述情况，本报告在开展金砖国家技术转移合作方面提出如下建议。

第一，大力发展"金砖+"，邀请其他新兴市场国家和发展中国家加入金砖合作机制，以扩大合作的规模和影响力。金砖国家需要进一步巩固和拓展自身的发展成果，构建更加广泛的南南合作框架，同时应当为其他新兴市场国家和发展中国家带来更多机会和红利，共同推动全球经济的繁荣与可持续发展。

第二，金砖国家应凝练共识，树立标准。一方面，金砖国家可以通过各种方式，包括高层会晤、部长会议、专家磋商等，加强沟通和协商，尽可能深入地探讨各方合作的思路、方式、目标和规划；另一方面，金砖国家应该注重树立标准，共同制定合作的标准和规范。此外，金砖国家还可以加强民间交流、文化交流等方面的合作，通过推进人文交流增进互信和了解，促进共识的凝聚和标准的树立。

第三，金砖国家应通过调研和市场分析等方式，深入了解技术转移需求端的诉求，这包括企业、孵化器、加速器平台、政府以及社会各方的需求。

通过了解需求，可以更有针对性地开展技术转移工作，将科技成果与实际应用相结合，加强产学研结合，建立密切的合作关系。同时，应制定鼓励技术转移和应用场景发展的政策措施，加强与其他国家和国际组织的交流与合作，共享应用场景和需求信息，寻找更多合作机会。

第四，培养技术转移专业人才、专业机构和创新载体是促进金砖国家技术转移的重要手段。金砖国家可以共同设立培训计划，针对技术转移人才进行培训和交流，提高其专业知识和实践能力，共同支持和鼓励建立专业的技术转移机构和创新载体，如技术转移中心、孵化器、科技园区等。帮助金砖国家的企业和机构提升技术转移能力，推动科技成果的转化和应用。

参考文献

Ana M. Santacreu, "Innovation, Diffusion, and Trade: Theory and Measurement," *Journal of Monetary Economics* 75 (2015): 1-20.

A. Andrenelli, J. Gourdonand, E. Moïsé, "International Technology Transfer Policies", 2019, OECD Trade Policy Papers, No. 222, OECD Publishing, Paris.

Handbook on APEC Technology Commercialization Practices in APEC Economies, APEC, 2019, https://www.apec.org/Publications/2019/05/Handbook-on-Technology-Commercialization-Practices-in-APEC-Economies.

G. Grossman and K. Rogoff, eds., Handbook of International Economics, vol. 3, North-Holland, Amsterdam, 1995, pp. 1279-1337.

M. V. Posner, "International Trade and Technology Change," *Oxford Economic Papers* 3 (1961): 323-341.

Shiva G. Balaneji, Ali Turkyilmaz, Leyla Temizer and Muhammet E. Bulak, "Analysis of Open Innovation Systems", Active Citizenship by Knowledge Management & Innovation: Proceedings of the Management, Knowledge and Learning International Conference, 2013.

K. Saggi, "Trade, Foreign Direct Investment, and International Technology Transfer: A Survey," *The World Bank Research Observer* 17 (2002): 191-235.

姚子辉：《金砖国家创新基地创新发展策略初探》，《科技成果管理与研究》2023年第6期。

姬华：《金砖国家之南非》，《文体用品与科技》2011年第10期。

王维伟、薛锦：《金砖国家人文交流：进展、挑战与未来选择》，《河南社会科学》2023 年第 3 期。

王学人：《金砖国家扩员问题研究》，《南亚东南亚研究》2020 年第 3 期。

吴铮悦、罗利华、屠海良：《金砖国家技术转移模式比较研究》，《科技成果管理与研究》2013 年第 12 期。

杨修、朱晓暄、李惟依：《金砖国家科技创新发展现状与对策研究》，《国际经济合作》2017 年第 7 期。

〔美〕布莱恩·阿瑟：《技术的本质》，浙江人民出版社，2018。

《南非公布〈科学技术与创新〉白皮书草案》，《科技日报》2018 年 9 月 14 日。

杜奇华、冷柏军编著《国际技术贸易》（第三版），高等教育出版社，2016。

方炜、郑立明、王莉丽：《改革开放 40 年：中国技术转移体系建设之路》，《中国科技论坛》2019 年第 4 期。

胡红亮、封颖、徐峰：《巴西科技创新的政策重点与管理趋势述评》，《全球科技经济瞭望》2014 年第 12 期。

江依妮、朱春奎：《金砖国家在国际创新合作网络中的地位和角色研究——基于 2011-2015 年国际合作专利和论文数据的实证研究 》，《技术经济》2020 年第 2 期。

李功越等：《市场化国际技术转移服务平台的运营机制研究》，《科技和产业》2020 年第 3 期。

李娜：《印度高校科技创新创业人才培养策略探析》，《复旦教育论坛》2013 年第 4 期。

《2021 年技术和创新报告》，联合国贸易和发展会议（UNCTAD），2021，https：//unctad. org/system/files/official-document/tir2020overview_ch. pdf。

卢立峰、李兆友：《从政府职能转换看巴西技术创新政策演化》，《东北大学学报》（社会科学版）2011 年第 1 期。

《南非发布新版〈科技创新白皮书〉》，《军民两用技术与产品》2019 年第 5 期。

戚文海：《俄罗斯的科技创新政策》，《西伯利亚研究》2001 年第 5 期。

田泽、刘彩云、张雨辰：《中国与南非双边贸易的竞争性与互补性研究》，《开发研究》2014 年第 4 期。

《〈转型中的中国科研〉白皮书发布》，《科学导报》2015 年。

张丽娟：《俄罗斯科技创新政策新动向》，《科学中国人》2013 年第 8 期。

张士运：《技术转移体系建设理论与实践》，中国经济出版社，2014。

中国科技评估与成果管理研究会、国家科技评估中心、中国科学技术信息研究所编著《中国科技成果转化年度报告 2020》（高等院校与科研院所篇），科学技术文献出版社，2021。

赵新力、李闽榕、黄茂兴主编《金砖国家蓝皮书：金砖国家综合创新竞争力研究报告（2021）》，社会科学文献出版社，2022。

专题报告 ⊃

B.12
金砖创新基地赋能金砖国家
新工业革命领域合作发展的实现路径

黄茂兴　叶琪*

摘　要:　　当前,金砖国家为迎接新一轮工业革命和产业革命展开了积极行动,并在合作协议签订、实质性合作推进、合作机制强化、合作成果转化等方面取得了积极进展与成效。然而,全球经济增长低迷、发达国家的打压、金砖国家内部的协调合作难度上升、合作的要素不足等使金砖国家深化新工业革命领域合作发展面临较大挑战。也应看到,金砖国家蕴含着推动全球经济增长的强大动能、开展合作的共同利益,深化新工业革命领域合作发展仍具有很大的潜能。金砖创新基地启动建设两年多来,始终按照"以双边促多边、以民间促官方"的原则,紧扣三大任务,为金砖国家新工业革命领域合作发展积极赋能,应进一步从提升金砖创新基地实体功能地位、发挥金砖创新基地示范引领作用、放大金砖创新基地平台带动效应、加大对金砖创

---

* 黄茂兴,经济学博士,福建社会科学院副院长,福建师范大学经济学院教授、博士生导师,研究方向为区域经济、技术经济;叶琪,经济学博士,福建师范大学经济学院教授、博士生导师,研究方向为产业经济。

新基地的政策支持力度、强化金砖创新基地的要素保障支撑等方面构建金砖创新基地赋能金砖国家新工业革命领域合作发展的实现路径。

关键词： 金砖创新基地 金砖国家 新工业革命 金砖扩容

　　迄今为止，人类所经历的三次工业革命以及重大科学技术突破，都是以西方国家为主导的，发达国家处于工业化的领先地位并牢牢把握了全球科技的主动权和话语权，占据了制定规则和秩序的中心地位，广大发展中国家与发达国家在经济、科技等方面存在一定差距。

　　面对发达国家的打压、封锁，发展中国家应自立自强，加强在新工业革命领域的创新合作，推动优势互补，瞄准国际前沿科技领域，取得更多的务实成果，努力在新一轮工业革命和产业革命中占据一席之地，与发达国家之间有更加对等的话语权。金砖国家由发展中国家中经济实力强劲、发展潜力巨大、人口众多、国土面积也比较大的五个国家组成，根据国际货币基金组织（IMF）数据，2001~2022 年，金砖国家 GDP 占全球经济的比重从 8.4% 上升至 25.8%，而七国集团（G7）占全球经济的比重从 64.6% 下降到 42.9%。这"一升一降"的鲜明对比体现了发达国家和发展中国家的发展态势，也凸显了新兴发展中国家强大的发展潜力与后劲。2017 年，习近平主席在厦门金砖国家领导人第九次会晤上提出，"共同把握新工业革命带来的历史机遇，积极探索务实合作新领域新方式"[①]；2018 年，"建立金砖国家新工业革命伙伴关系"写入《金砖国家领导人第十次会晤约翰内斯堡宣言》；2020 年，习近平主席在金砖国家领导人第十二次会晤上正式宣布"我们将在福建省厦门市建立金砖国家新工业革命伙伴关系创新基地"[②]。2021 年 9 月 9 日，金砖国家领

---

① 《金砖国家领导人第九次会晤举行 习近平主持会晤并发表重要讲话》，中国政府网，2017 年 9 月 4 日，https：//www.gov.cn/xinwen/2017-09/04/content_5222556.htm。

② 《习近平在金砖国家领导人第十二次会晤上的讲话》，中国政府网，2020 年 11 月 17 日，https：//www.gov.cn/xinwen/2020-11/17/content_5562128.htm。

导人第十三次会晤，习近平主席宣布金砖国家新工业革命伙伴关系创新基地（以下简称"金砖创新基地"）正式启用。金砖创新基地成为金砖国家联合开展新工业革命的重要载体和平台，也是中国团结发展中国家积极推动新工业革命的务实行动，是中国作为最大发展中国家的责任担当。

一 金砖国家开展新工业革命领域合作发展态势

金砖国家秉持"开放包容、合作共赢"的精神，积极落实《金砖国家经济伙伴战略 2025》，聚焦新产业、新技术、新部门，着力突破发达国家关键核心技术封锁，围绕新型基础设施、金融、能源、低碳工业、绿色发展、数字经济、粮食安全等领域开展新工业革命领域合作，增强金砖国家的创新力量，提升广大发展中国家的经济地位，为世界经济复苏注入强劲动力。

（一）金砖国家迎接新一轮工业革命和产业革命的积极行动

当前，全球科技创新方兴未艾，在新产业和新技术面前，发展中国家与发达国家几乎处在同一起跑线上，金砖国家敏锐地看到了这一难得的历史机遇，加快技术创新步伐，布局新产业、新部门，为迎接新一轮工业革命和产业革命开展了积极行动。

1. 印度

近年来，印度积极承接从中国转移的产业，加大了在基础设施、数字资源开发、物联网创新等方面的投资，不断增强工业的创新基础和创新能力。2020 年以来，印度实施了新的国家教育政策，鼓励开展更加全面的国民教育；加大对基础研究的投入力度和创新支持，促进新技术的研发、应用和推广；组建了 Atal 创新实验室和孵化中心，为年轻人创新创业提供平台和空间。自莫迪政府推出"数字经济""印度制造"等一系列国家战略以来，印度加紧在数字经济方面的布局，促进数字经济与制造业融合。根据中国信息通信研究院发布的《全球数字经济白皮书——疫情冲击下的复苏新曙光》，印度数字经济在测算的 47 个国家中位居第 8，规模为 5419 亿美元，在 GDP

的占比接近 30%。在政府的各项政策措施支持下，印度的大部分企业已经开始积极向数字化转型，其产业数字化占比超过 70%。[①]

2. 俄罗斯

为了扭转在全球价值链分工中的低端地位，俄罗斯开启了"新工业化"探索，主要通过对传统优势产业部门进行技术改造、促进新兴产业发展、夯实产业发展的技术基础等三个方面着力推动产业链价值链从全球低端向高端跃升。[②] 近年来，不断加大对科技创新的重视，2018 年整合了风险投资资金、大学和科研机构、技术公司等各方力量，设立了 14 个"国家技术首创计划"卓越创新中心，力求在新一代信息技术、生物技术、量子技术、神经技术、传感技术等新兴技术领域有所突破；制定了《俄罗斯 2030 年前国家人工智能发展战略》，出台了"数字工业"规划，推动了制造业数字化、智能化转型；制定了《2024 年至 2035 年俄罗斯联邦制造业发展综合战略》，综合运用技术支持政策、投融资政策，为传统优势产业的转型升级赋能，不断夯实工业化基础。然而，俄乌冲突给俄罗斯的工业化带来了很多不利影响。首先，冲突分散了俄罗斯发展经济和科技的精力，破坏了其推动经济发展和开展技术创新的基础；其次，俄罗斯的金融、能源、科技等领域遭遇了来自西方国家的全面制裁，产业链供应链断裂，极大地影响了产业体系。

3. 巴西

巴西立足自身的资源能源优势，把重点放在促进石油、生物燃料、农业制造等传统制造业转型升级等方面，大力发展芯片、汽车、飞机、军工等高端制造业，同时着力发展健康、环保等新兴制造业。为了支撑工业的创新发展，巴西加快了技术创新步伐，2021 年和 2022 年连续两年进入了世界知识产权组织编制的全球创新指数中的"创新达成者"之列，其 2022 年全球创

---

① 尹响：《印度数字经济的发展特征、挑战及对我国的启示》，《南亚研究季刊》2022 年第 2 期。

② 高际香：《俄罗斯经济 30 年：从"去工业化"到"新工业化"》，《北方论丛》2021 年第 3 期。

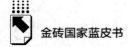

新指数排名第 54，首次进入上中等收入国家前十位。巴西把数字技术作为重塑经济结构的关键力量，实施数字城市建设、智慧农业、工业 2.0、"智慧巴西"宽带发展计划等重大工程项目，形成了数字经济发展的强劲势头，极大地推动了巴西工业化进程。《G20 国家数字经济发展研究报告》显示，2021 年，巴西的数字经济规模在 GDP 中的比重已经超过了 1/4，数字化转型计划对巴西 GDP 的贡献率大约为 5.7%，均处于世界前列。①

4. 南非

南非资源丰富，基础设施良好，发展潜力巨大，是非洲地区综合实力最强的国家之一。在全球新工业革命发展态势的带动下，南非加大了对工业领域的投资，特别是吸引了大量来自其他金砖国家的投资，助力其工业发展和转型升级。为了扭转长期能源供应不稳定对经济发展的制约，近年来，南非大力发展风电、光伏等可再生能源以及相关的新能源产业。2022 年 10 月，南非内阁批准了一份总额达 1540 亿兰特（约合 85 亿美元）的引资计划，主要致力于支持南非摆脱对煤炭的依赖，加快可再生能源发展，扩大输电网规模，发展电动汽车和绿氢等低碳产业，推动产业绿色化、低碳化转型。②同时，南非加快了数字经济发展进程、完善了数字基础设施、建立了数据中心，目前已经吸引了微软、亚马逊、IBM、华为等跨国公司在该地的开普敦、约翰内斯堡建立了数十个数据中心。

5. 中国

中国是世界第一制造大国，拥有发展制造业的深厚基础，提出了制造强国战略，并制定了行动纲领，确定了中国"三步走"战略目标。中国瞄准世界科技前沿，强化基础研究，2012~2021 年，制造业研发投入强度从 0.85% 增加到 1.54%，专精特新"小巨人"企业的平均研发强度达到 10.3%，③ 实现

---

① 《数字经济成巴西发展新动能》，光明网，2022 年 8 月 10 日，https：//m.gmw.cn/baijia/2022-08/10/35944825.html。
② 《南非能源绿色低碳转型正在加速》，《中国能源报》2023 年 8 月 28 日。
③ 《我国专精特新"小巨人"企业平均研发强度超 10%》，中国政府网，2022 年 7 月 26 日，https：//www.gov.cn/xinwen/2022-07/26/content_5702887.htm。

了"蛟龙"潜海、C919 大飞机、"嫦娥"揽月、"北斗"组网等一大批重大科技工程突破。2022 年，中国高技术制造业和装备制造业占规模以上工业增加值的比重分别已达 15.5% 和 31.8%。① 中国加紧数字技术、绿色技术、创新技术与制造业的融合，加快传统制造业的数字化、智能化、绿色化转型，不断完善数字基础设施，使重点工业企业关键工序数控化率达到58.6%、数字化研发设计工具普及率达到 77%、工业机器人新增装机总量占全球的比重超 50%、超高清视频产业规模超过 3 万亿元，培育了 45 个国家先进制造业集群。② 中国加快淘汰落后产能，提高资源利用效率，推动节能降碳。

（二）金砖国家新工业革命领域合作发展的积极进展

在落实《金砖国家经济伙伴战略 2025》和推动建立新工业革命伙伴关系过程中，金砖国家围绕新技术、新产业、新产品等从多个方面开展了协同共建，不仅给低迷的全球市场带来了生气和活力，也给全球经济复苏繁荣带来了信心和希望。

首先，金砖国家达成了一系列合作协议和共识。集聚金砖国家技术优势，联合开展关键核心技术合作与攻关符合金砖国家的共同利益。金砖国家秉持包容共赢的原则，相互协商，在经贸往来、产业合作等方面达成了一系列共识，如通过了《金砖国家投资便利化合作纲要》《金砖国家服务贸易合作路线图》《金砖国家经济伙伴战略 2025》《金砖国家能源合作路线图》《金砖国家数字经济伙伴关系框架》《金砖国家贸易投资与可持续发展倡议》《金砖国家加强供应链合作倡议》等一系列文件，明确了金砖国家在产业链、供应链、价值链等方面的合作重点、合作目标。近年来，金砖国家加大了在新工业革命领域的合作力度，搭建并完善诸如金砖国家技术转移中心、

---

① 《中华人民共和国 2022 年国民经济和社会发展统计公报》，国家统计局网站，2023 年 2 月 28 日，https://www.stats.gov.cn/sj/zxfb/202302/t20230228_1919011.html。
② 《我国多层次工业互联网平台体系基本形成》，中国政府网，2023 年 3 月 29 日，https://www.gov.cn/xinwen/2023-03/29/content_5749133.htm。

金砖国家科技创新创业伙伴关系工作组、金砖国家青年科学家论坛等多个国家政府间创新合作平台，为金砖国家之间的科技交流、技术转移合作等提供了全方位支撑。

其次，金砖国家开展了一系列实质性合作。借助金砖合作机制，金砖国家合作日益深入，在先进制造业、新兴产业等方面取得了较大的合作进展。例如，中俄数字经济合作方面，中国电商企业阿里速卖通在俄罗斯电商市场的份额高达 25.8%；俄罗斯最大的电商企业 Ozon 与中国邮政深度合作，共同建设中俄跨境电商物流体系。中国和巴西共同推动制造业绿色低碳转型，2023 年 4 月，巴西总统卢拉应邀访华，巴西和中国共同发布了《关于深化全面战略伙伴关系的联合声明》，其中两国就深化能源领域合作达成了全面共识。中国与南非之间的合作也取得了实质性成效，截至 2023 年 6 月底，中国对南非各类投资存量约 100 亿美元，为当地创造逾 40 万个就业机会。中国与印度在信息产业、医药产业方面的合作不断深入，取得了积极成效。2022 年，金砖国家推出了《金砖国家数字经济伙伴关系框架》《金砖国家制造业数字化转型合作倡议》等，围绕港口数字化、数字基础设施、企业数字能力提升、产业数字化转型等，推动了金砖国家数字经济合作领域不断向纵深延展。

再次，金砖国家在新工业革命领域的合作机制不断强化。英国经济研究机构橡果宏观咨询公司的研究指出，按购买力平价计算，2023 年初，金砖国家的 GDP 超过了 G7 的 GDP，金砖国家已经成为一个经济实力较强的国际组织。随着金砖国家国际地位的不断上升，越来越多的国家想要加入金砖合作机制，2023 年，在南非约翰内斯堡举行的金砖峰会一致同意，埃及、埃塞俄比亚、伊朗、沙特阿拉伯和阿联酋将于 2024 年 1 月 1 日成为金砖国家的正式成员，金砖国家合作机制扩容尘埃落定。截至 2022 年底，已经有 60 多个国家开启了去美元化进程，金砖国家已经在讨论能否建立一个新的结算体系，来代替美国主导的 SWIFT 系统。这充分说明了金砖合作机制的影响力越来越大。此外，金砖国家还通过金砖国家工业能力中心、金砖创新基地、金砖国家初创企业活动，以及其他相关金砖机制的协作，积极应对新工业革命挑战，增强工业化的包容性和可持续性，极大地推动了金砖国家新工业革命合作的进展。

最后，金砖国家新工业革命领域的合作成果加快转化。金砖国家不仅加强了新工业革命领域的合作，而且加快了合作成果的产业化转化，如 2017 年金砖国家技术转移与创新合作大会提出了在中国昆明设立金砖国家国际技术转移中心，推动金砖国家技术转移机制建设。金砖创新基地在金砖国家新工业革命领域的合作成果转化方面发挥了重要的载体和纽带作用，包括着力建设集人才培养、产学研合作、社会服务、创业孵化于一体的金砖未来创新园，吸引了国际知名科研人员参与重点项目研发和开展学术、技术交流。积极建设金砖创新基地知识产权交易服务平台、制造业创新成果产业化服务平台、数字领域标准验证与创新应用服务平台等产业服务与成果转化平台，搭建了金砖及"金砖+"国家的绿色低碳技术库、项目库、人才库、企业库、资源库等绿色发展平台，成为推动金砖及"金砖+"制造业绿色低碳成果转化的重要载体。

二　金砖国家深化新工业革命领域合作发展的挑战与潜能

当今世界正经历百年未有之大变局，逆全球化行径层出不穷，俄乌冲突愈演愈烈，地缘政治矛盾不断上升、大国博弈持续升级等事件破坏了全球合作的基础和稳定性，也给全球科技革命和产业革命的推进蒙上了阴影。在充满不确定性的全球形势下，金砖国家深化新工业革命领域合作发展面临诸多不确定性和挑战。

（一）金砖国家深化新工业革命领域合作发展面临的挑战

1. 全球经济增长低迷会弱化新工业革命领域合作发展的积极性

受金融危机的持续影响以及新冠疫情的打击，全球经济增长乏力，深陷低迷泥潭。多家权威机构对 2024 年世界经济形势的预测持悲观态度，认为世界经济增速趋缓的态势不会发生根本性改变。联合国发布的《2024 年世界经济形势与展望》以及世界银行 2024 年发布的《全球经济展望》也预测，2024 年世界经济增速将降为 2.4%，持续低于 2000～2019 年 3% 的世界长期平均增长水平。受全球贸易及投资低迷、流动性收紧、债务脆弱性增强等一系列不利因素影响，世界经济陷入长期低增长的风险加大。① 全球经济低迷不振会减少对金砖国家的出口需求、减少发达国家对金砖国家的投资，造成金砖国家全球产业链供应链的中断，抑制金砖国家的增长势头。经济增长放缓会广泛影响金砖国家就业水平，影响社会的安全和稳定，金砖国家的当务之急在于保持经济持续增长势头，释放经济增长活力，把重心放在促进国内经济增长上，这在一定程度上分散了新工业革命领域合作发展的精力，弱化了合作发展的积极性。

2. 金砖国家内部的协调合作难度上升

金砖国家虽然都是新兴发展中国家，有共同的利益基础，然而不同国家又有着各自不同的利益，特别是面对资源竞争时往往会产生利益分歧。在国际舆论场，西方国家试图通过舆论操作、外交游说等方式割裂金砖国家内部统一性，分化金砖国家的合作基础。这必定会加大金砖国家间开展新工业革命的协调难度，特别是在一些关键核心技术合作上很难进一步向纵深推进。此外，虽然金砖国家领导人会晤一年举行一次，相关的会议和对话机制也会根据领导人会晤时间表安排开展相关活动，但领导人会晤的热度一过，各领域的对话交流机制也进入冷静时期，进展缓慢，金砖国家内部的合作机制还有待进一步加强。

3. 金砖国家深化新工业革命领域合作发展的要素不足

新一轮科技革命和产业革命不是以单一技术为主导的，而是呈现多点、群发性突破的态势，是多个技术、多个领域相互交叉，形成技术创新的系统性、整体性推进。因此，金砖国家要想把握新一轮工业革命的主导权，就要同时在多个技术领域率先实现突破，要有驾驭技术创新体系的能力，掌握核心关键环节，要有前期深厚的相关技术创新能力和支持技术创新的基础设施、资源要素等，还要有广阔的技术创新应用场景，这对以金

---

① 《国际组织警示——世界经济长期低增长风险增大》，《中国信息报》2023 年 6 月 25 日。

砖国家为代表的广大发展中国家来说是巨大的考验。金砖国家在全球生产体系中仍处于产业链价值链的中低端位置，技术自主创新能力较低、关键核心技术仍然掌握在发达国家手中、技术创新人才不足。此外，经历了新冠疫情的影响，巴西、南非等国家缺乏财力支持，产业发展不均衡，经济复苏异常艰难，在供应链、能源、粮食、金融等安全方面仍需要很大的努力。因此，金砖国家深化新工业革命领域合作发展的创新、人才、资本等要素仍有很大的不足。

（二）金砖国家深化新工业革命领域合作发展仍具有很大潜能

虽然金砖国家深化新工业革命领域合作发展面临诸多挑战，但是这些挑战并没有从根本上破坏金砖国家的合作基础，也抑制不了金砖国家经济持续向好的势头。联合深化新工业革命领域合作发展符合金砖国家的共同利益，金砖国家在深化新工业革命领域合作发展方面仍具有巨大的潜能。

1. 金砖国家蕴含着推动全球经济增长的强大动能

近十年，金砖国家对世界经济增长的贡献率超过50%，按购买力平价计算，金砖国家的经济规模已超过了 G7，占全球的比重超30%。① 金砖扩容后，金砖国家人口将占世界人口的46%，按购买力平价计算，金砖国家 GDP 将占全球 GDP 的37%。金砖国家发展后劲充足、势头强劲，将为不确定的世界注入更多确定性的力量。近年来，金砖国家之间的经贸合作往来也保持着良好势头，如中国连续多年来是巴西的最大贸易伙伴，2022年两国双边贸易额达1714.9亿美元，② 中国与俄罗斯2023年双边贸易额达2401亿美元，③ 中国与南非2023年双边贸易额达2821亿美元，④ 中国

---

① 《金砖国家已经发展成为世界经济增长的重要引擎》，《中国经济时报》2023年8月30日。

② 《中巴经贸合作不断深化》，中国一带一路网，2023年4月12日，https：//www. yidaiyilu. gov. cn/p/0P77L9VE. html。

③ 《俄媒：中俄贸易额连创纪录》，中国经济网，2014年5月13日，http：//cen. ce. cn/more/202405/13/t20240513_39000642. shtml。

④ 《2023年中非贸易额破2800亿美元创历史新高 中非经贸再遇新机》，中国南南合作网，2024年2月2日，https：//www. ecdc. net. cn/new/homenews/4749. html。

与印度 2022 年双边贸易额达 1359.8 亿美元①。此外，金砖国家新开发银行（NDB）成立以来，为金砖国家合作提供了重要的金融支撑。截至2023 年 8 月，金砖国家新开发银行共发行债券 160 多亿美元，包含 85 亿元和 15 亿南非兰特等金砖成员国本币债券，金砖国家新开发银行共批准98 个项目，贷款总额超过 330 亿美元。② 金砖国家经济增长和经贸合作往来的强劲势头不断转化为推动全球经济增长的强大动能。

2. 深化新工业革命领域合作发展契合金砖国家的共同利益

新一轮科技革命和产业变革是时代发展的潮流和趋势，只有抓住工业革命机遇开展科技创新，才能更好地把握时代机遇，实现跨越式发展，这是一个落后国家实现赶超的根本经验。当前，金砖国家总体正处于工业化的快速推进时期，转方式、调结构、促创新是传统产业转型升级面临的现实而紧迫的任务，创新赋能、数字价值、智能转化是制造业转型升级的根本动力和根本方向。然而，由于多数关键技术和核心技术仍掌握在发达国家手中，金砖国家单凭个体国家的力量在短期内难以与发达国家抗衡，甚至在面对发达国家的技术封锁时缺乏反制力。只有合作，形成金砖国家新工业革命创新联盟，才能在相互取长补短中形成合力，缩短创新进程，提升创新效率。金砖国家深化新工业革命领域合作发展，共同营造开放、公平、活力、韧性的发展环境，构筑稳定、安全、共赢的产业链供应链合作体系，开辟经济复苏增长新通道，这符合金砖国家及广大发展中国家的共同利益。

3. 金砖扩容极大提升了金砖国家全球治理地位

金砖扩容扩大了金砖国家的经济规模，夯实了金砖国家的经济基础，扩大了金砖国家的合作空间。金砖扩容可以使更多拥有不同资源优势的国家实现资源的有机组合和优化配置，深化金砖成员国之间的经贸合作，成员国的增加也会使金砖国家在二十国集团（G20）、IMF、联合国等组织中的话语权、影响力、协调力大大提升。金砖扩容将增强金砖国家对石油、金属等资

---

① 《2022 年中国—印度经贸合作简况》，中华人民共和国商务部网站，2023 年 12 月 28 日，http：//www.mofcom.gov.cn/article/tongjiziliao/sjtj/yzzggb/202312/20231203463479.shtml。
② 《坚守团结自强，促进和平发展》，《光明日报》2023 年 8 月 25 日。

源能源的控制力，促进金砖国家贸易投资中的本币结算，有利于打破美元的国际垄断地位，提高金砖国家货币的国际地位，更好地维护广大发展中国家的安全和稳定。金砖扩容也会进一步凸显金砖国家新开发银行的重要性，为成员国加强基础设施建设、促进本币融资和贸易等提供更大的支持。因此，金砖国家全球治理地位的提升为金砖国家深化新工业革命领域合作发展提供了更广泛的支持。

4. 中国是金砖国家深化新工业革命领域合作发展的倡导者和行动派

中国是金砖国家的重要力量，经济规模占金砖五国的比重超过 70%。长期以来，中国都是金砖合作的积极倡导者，并为开展实质性的合作贡献了智慧和方案。从提出建立金砖国家新工业革命伙伴关系的重要倡议到行动落实，中国以刻不容缓的姿态推动金砖国家深化新工业革命领域合作发展从理念成为现实，围绕政策协调、人才培养、项目开发等领域推进了一系列合作。中国积极倡导促成了金砖框架下新开发银行和金砖国家应急储备安排（CRA）的成立，有效帮助成员国摆脱对世界银行和 IMF 的依赖。近年来，中国先后提出全球数据安全倡议、全球发展倡议、全球安全倡议，并联合发展中国家推动各项倡议的落实。为推动金砖国家科技成果的转化，在金砖国家领导人第十五次会晤上，中国提出将设立"中国—金砖国家新时代科创孵化园"，探索建立"金砖国家全球遥感卫星数据与应用合作平台"，为各国农业、生态、减灾等领域发展提供数据支持。[1] 中国的积极倡导和行动落实，以及提出的很多实质性方案，加快了金砖国家新工业革命领域的合作进程。

三　金砖创新基地推动金砖国家新工业革命领域合作发展的积极行动

金砖创新基地启动建设的两年多来，始终按照"以双边促多边、以民

---

① 《坚守团结自强，促进和平发展》，《光明日报》2023 年 8 月 25 日。

间促官方"的原则，聚焦"新工业革命"这一主题，不断强化"伙伴关系"这个根基，在政策协调、人才培养、项目开发三大重点领域开展了一系列探索实践，并取得了积极成效，凸显了金砖创新基地强有力的创新载体和合作平台作用。

（一）积极落实落细三大任务

金砖创新基地主要聚焦政策协调、人才培养、项目开发三大重点领域实施了一系列政策举措，开展务实合作。一是开展政策协调合作。组建了厦门金砖创新基地智库合作联盟，积极开展政策研究，邀请知名高校和智库加入，建立专家库，策划举办金砖创新基地建设与发展论坛等活动，发布智库研究成果。对接中国电子技术标准化研究院，编制《金砖国家新工业革命标准体系研究报告》，设立厦门市金砖技术与技能标准化技术委员会，开展未来技能团体标准制定和课程开发，促进标准互认。二是加强人才培养合作。推动厦门金砖新工业能力提升培训基地联盟扩员，该联盟规模达 16 家，截至 2023 年底，共同开展 13 个领域 34 个培训项目，举办 24 期线上线下人才培训交流活动，覆盖 41 个国家，参训学员超 83.5 万人次。举办金砖国家工业创新大赛、职业技能大赛、技能发展与技术创新大赛厦门国际赛，以及"鹭创未来"海外创业大赛等。加强外国人才服务站建设，为金砖国家及其他国家创新创业人才提供"一站式"服务，已经助力重点企业引进 24 位外籍人才。三是推进项目开发合作。2022 年，遴选并推出 104 个金砖创新基地示范项目，签约 29 个、总投资额达 181 亿元的金砖合作项目，落地中俄数字经济研究中心、铁建重工海外区域总部项目等。积极开展与金砖国家园区的交流与合作，厦门火炬高新区开展与俄罗斯、巴西产业科技园区交流，与巴西马托格罗索州、俄罗斯斯科尔科沃创新中心等建立常态化联络机制。

（二）开展系列创新交流活动

依托金砖创新基地，金砖国家开展了一系列交流活动，既强化了金砖国家间的联系，又拓展了金砖国家相互合作的领域空间。2022 年，金砖创新基地成功举办了金砖国家工业互联网与数字制造发展论坛、金砖国家新工业革命伙伴关系论坛、金砖国家工业创新大赛、金砖国家新工业革命展览会等一系列交流活动。2022年金砖"中国年"的系列活动中，金砖国家新工业革命伙伴关系论坛举办了四场分论坛活动，分别就加快产业数字化转型、加强产业链供应链合作、推动工业可持续发展、开展项目合作等展开了讨论。金砖国家工业创新大赛是展示金砖国家科技成果的重要载体，围绕数字化、网络化、智能化、绿色化，面向制造业数字化转型、新一代信息技术、绿色循环低碳等，评选出在新工业革命领域具有创新驱动力和市场应用前景的技术成果，实现以赛事为平台，达到加强创新人才培养和技能人才交流、发掘培育优秀项目、推动创新成果转化应用的目标。金砖国家新工业革命展览会则是集成果展示、技术交流、贸易对接于一体的高端经贸服务平台，通过对金砖国家工业领域合作最新成果的集中展示，强化金砖国家合作的信心和动力。

（三）打造有力的智库支撑体系

依托中国电子信息产业发展研究院、福建师范大学、华侨大学等科研机构和高校的研究力量，发布《金砖国家工业互联网及数字制造发展指数》《金砖创新基地蓝皮书》《金砖国家国别研究报告》等研究成果，为推动金砖国家务实合作提供分析依据和决策借鉴。厦门市金砖办牵头组建厦门金砖创新基地智库合作联盟，为金砖创新基地发展建言献策。厦门市工信局与专业研究机构合作，编制《金砖国家标准化研究报告》，推动开展金砖国家新工业革命领域标准制定及互认。在搭建智库交流平台方面，每年举办金砖国家智库国际研讨会，凝聚更多智慧和力量加速金砖创新基地高质量发展，推动金砖国家务实合作。此外，金砖创新基地牵头主办的金砖国家数字经济对话会、金砖国家青年科学家论坛、金砖国家虚拟仿真技术及其应用论坛、金砖创新基地建设与发展论坛、金砖国家工业互联网与数字制造发展论坛等一系列会议、论坛也为金砖国家智库交流合作提供了重要平台。

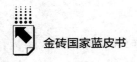

（四）建设高质量产业赋能平台

金砖创新基地已建成工业互联网标识解析二级节点、国际互联网专用通道等数据基础设施。引进跨国知名企业 IBM、微软、SAP 等在厦门设立产业创新赋能中心，服务金砖国家中小企业创新发展。金砖创新基地已上线的 8 个新工业革命领域赋能平台，涵盖基础设施、产业服务、成果转化等领域。其中，金砖创新基地工业能力共享平台、区块链综合服务平台、产业链供应链协同创新平台三大基础平台，大大增强了金砖创新基地在工业互联网、大数据、区块链、智能制造等领域的数据基础设施服务能力。金砖创新基地知识产权交易服务平台、数字领域标准验证与创新应用服务平台等，为金砖国家合作提供新兴数字领域政策、标准、技术等，大大提高了知识产权保护、标准化的产业升级能力。金砖创新基地制造业创新成果产业化服务平台服务于金砖国家创新成果转化，促进更多成果的产业化应用。金砖创新基地绿色金砖公共服务平台推动了产业低碳发展。金砖创新基地人才培养服务平台，为金砖国家及受邀国工业能力提升和产业转型提供了人才培训与技术支持。

四　金砖创新基地赋能金砖国家新工业革命领域合作发展的实现路径

在纷繁复杂的国际经济形势和国家间利益博弈不断加剧的背景下，金砖创新基地赋能金砖国家新工业革命领域合作发展不可避免会遭遇许多不可预测因素的干扰。因此，应进一步加强金砖创新基地建设，增强金砖创新基地的创新能力、协调能力、应对能力，强化平台功能和对接功能，在迎接新工业革命中展现金砖国家的强大力量和充足后劲。

（一）提升金砖创新基地实体功能地位

围绕"新工业革命""创新"等主题，推动金砖创新基地功能不断拓展，认真落实《金砖国家经济伙伴战略 2025》《金砖国家遥感卫星星座合作协定》《金砖国家电子商务合作框架》《可持续发展合作和联合融资多边协议》等金砖国家间合作协议，在经贸投资、科技创新、数字经济、文化交流、社会发展、可持续发展等方面形成全方位、多层次的架构。同时，不断向数字经济、工业互联网、新能源、新材料等新兴领域拓展，重点谋划未来网络研究院、数字金砖、工业和科技园区、创新中心等建设，确保金砖创新基地在推动金砖国家实体经济合作，保障产业链、供应链、创新链的循环畅通方面有更大的作为。要积极促进金砖创新基地合作能级提质增效，以共同促进贸易投资大融合、基础设施大联通、货币金融大流通、人员文化大交流为目标，高标准、高规格推进大科学、新型基础设施、电子商务便利化、制造业数字化转型、工业互联网等多个项目合作，形成优势互补、增长联动的强大合力。

（二）发挥金砖创新基地示范引领作用

金砖创新基地要在现有推出的 100 多个示范项目基础上，遴选出一批带动效应强、示范效应大、影响范围广的项目进行精心培育和打造，使其成为金砖国家开展新工业革命的标志性项目和典范。金砖创新基地要抢抓数字技术、智能技术发展的机遇，加强数字基础设施建设，推广一批"5G+工业互联网"产线级、车间级典型应用场景，推动人工智能、数字孪生、区块链等新一代信息技术与制造业生产融合。运用数字技术平台实时采集工业运行数据，实现资源高效配置和生产能耗的精准控制，打造一批数字经济与实体经济融合的项目，使其成为金砖国家开展新工业革命的典范。金砖创新基地要充分发挥作为新兴市场国家与发展中国家合作发展的"助推器"作用、作为助力金砖国家产业结构转型升级和保持产业链供应链畅通的"稳定器"作用、作为联合开展关键技术与核心技术攻关的"加速器"作用，展现推动构建人类命运共同体的生动样本。

（三）放大金砖创新基地平台带动效应

金砖创新基地要围绕新一代信息技术等前沿领域，联合厦门火炬高新区

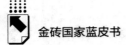

和自贸试验区等形成数字经济发展的规模化载体平台，引进金砖国家创新主体、产业联盟，打造金砖国家数字技术创新集聚地。探索金砖国家数字经济研究运用和数据融通有效方式，形成数据资源利用的规模效应，提升工业数字化转型效率。金砖创新基地应发挥以官方合作带动民间交流的作用，激发民间合作潜力和活力，形成更加紧密团结的合作体，如金砖创新基地可以举办金砖国家政党、智库和民间社会组织论坛，金砖国家电影节，金砖国家友好城市暨地方政府合作论坛，金砖国家与全球治理论坛等有关社会、文化、医疗、智库的交流活动，通过文化交流和文明互鉴形成金砖国家更大范围的合作契合点。金砖创新基地建设还要主动和上海合作组织、东盟、欧亚经济联盟、G20 等国际组织及区域组织联动，汲取先进的经验和做法，同时搭建金砖国家与这些组织之间沟通联系的"桥梁"，为金砖国家积极参与全球治理争取更强的支持力量。

（四）加大对金砖创新基地的政策支持力度

厦门作为金砖创新基地的所在地，应被给予更多的先行先试政策和灵活自主的开放政策。支持在厦门开展面向金砖国家全方位开放的综合改革试点和建设制度型开放试验区。支持厦门把自贸试验区扩大到全岛，并探索建设具有自由港特征的经济特区，在对接国际物流通道、海关监管模式、外汇管理、投资贸易便利化等国际投资贸易规则体制上率先突破，探索金砖国家方面更大的制度创新。要给予金砖创新基地特殊的产业政策，支持金砖国家企业、研究机构等在厦门共建技术研发中心、技术创新实验室等；支持与金砖国家数字产业发展研究机构、龙头企业对接，推动产业数字化、智能化、绿色化转型，打造金砖国家数字产业发展集聚区和示范区；加强与粤港澳大湾区、珠三角国家自主创新示范区、深圳国家自主创新示范区等国家重大区域对接，共建共享产业技术创新平台。加大对金砖创新基地的招商引资和市场开拓的政策支持力度，制定总部经济招商引资奖励、高科技研发产业招商引资奖励、实体经济发展贡献奖励等制度措施，吸引国内外企业总部、大型企业、研究机构、民营企业等在金砖创新基地开展研发生产、投资贸易等活动。

（五）强化金砖创新基地的要素保障支撑

进一步加强金砖未来创新园、金砖智能制造产业基地、金砖智能制造孵化中心、金砖数字经济孵化中心、金砖数字经济产业基地等创新载体建设，形成功能互补的载体矩阵，为金砖国家开展新工业革命合作提供系统性支撑。加强金砖创新基地的基础设施建设和营商环境建设，谋划并实施一批基础性、战略性、服务性新型基础设施项目。以政府投入一定的资金为引导，带动广大商业银行、私人资本、金融机构等注入资金，建立金砖国家新工业产业基金、创新创业投资基金等投融资平台，为金砖国家新工业合作项目投资提供资金支持。充分利用保险、信托、基金、债券等金融工具推动金砖创新基地融资方式的创新，鼓励开展第三方合作、多方合作，推广股权投资、PPP 项目融资等方式，形成灵活多样的融资支持方式。以落地全球发展促进中心创新培训基地为契机，加强对金砖及"金砖+"人才的培育和共用，打造集聚具有全球视野的国际化人才、招商引资人才、丰富经验的管理人才、熟悉国际规则的专业人才、高新技术人才等金砖特色"人才库"。

参考文献

李金华：《新工业革命进程中的信息化：发展测度与未来路径》，《福建论坛》（人文社会科学版）2021 年第 1 期。

刘锦前、孙晓：《金砖国家数字经济合作现状与前景》，《现代国际关系》2022 年第 1 期。

谢伏瞻：《论新工业革命加速拓展与全球治理变革方向》，《经济研究》2019 年第 7 期。

徐秀军：《金砖国家合作：推动经济全球化持续前行》，《世界知识》2022 年第 14 期。

余东华：《新工业革命时代全球制造业发展新趋势及对中国的影响》，《天津社会科学》2019 年第 2 期。

赵忠秀：《金砖合作机制对世界的重要贡献》，《红旗文稿》2023 年第 17 期。

黄茂兴主编《金砖国家新工业革命伙伴关系创新基地发展报告（2021）》，社会科学文献出版社，2022。

B.13
金砖国家科技人才发展与人才政策研究

石磊　梁春晓　普丽娜　肖博仁*

摘　要：　本报告探讨了金砖国家科技人才队伍和人才政策实践的共性特点，分析了面临的共同问题并提出了对策建议。近年来，金砖国家科技人才发展态势良好。从科技人才规模看，研发人员数量整体呈增长趋势、科研人员密度整体有所提高。从科技人才结构看，高被引科学家数量逐年增加，但与发达国家仍有较大差距，STEM 本科毕业生占比较为稳定，女性在科技人力资源中的比重不断提高。从科技人才竞争力看，科技人才的全球竞争力整体稳中有升、科技人才的发展环境持续优化、科技人才的创新贡献不断加大。金砖国家持续推进科技制度和发展战略创新。在人才培育政策举措方面，加强科技创新后备人才培育、强化青年科技人才培养、注重关键领域科技人才战略部署。在人才载体优化政策方面，加大科技投入，建强高端科研平台；发展重点产业，集聚人才蓄能。在人才引进政策举措方面，调整移民政策吸引国际科技人才、提供优惠留学政策吸引人才、优化国际化环境和服务柔性引才等。未来，金砖国家应着力加强科技人才联合培养、优化科技人才发展环境、完善科技人才合作机制等。

关键词：　金砖国家　科技人才　科技政策　人才政策

科技人才是衡量一个国家综合实力的重要指标，是赢得国际竞争主动权

---

* 石磊，法学博士，中国科协创新战略研究院创新人才所，副所长、副研究员，研究方向为科技人才、科技外交；梁春晓，管理学博士，中国科协创新战略研究院创新人才所，博士后研究人员，研究方向为科技人才；普丽娜，中国科协创新战略研究院创新人才所，助理研究员，研究方向为科技人才；肖博仁，中国科协创新战略研究院创新人才所，助理研究员，研究方向为科技人才。

的战略性资源。科技人才的发展与科技政策密切相关，良好的政策环境可以促进人才发展，同时人才的发展变化为政策调整提供依据。本报告探讨金砖国家科技人才发展和人才政策的主要特点，并就金砖国家深化合作提升科技人才竞争力提出对策建议。

一　金砖国家科技人才发展概况

科技人才发展状况通常包括规模、结构和竞争力等方面。其中，规模反映人才数量，结构和竞争力反映人才质量。[①]本部分从这三个方面描述金砖国家科技人才发展概况。

（一）金砖国家科技人才规模

1. 研发人员数量整体呈现增长趋势

从研发人员全时当量看[②]，巴西的研发人员数量从 2012 年的 28.0 万人年增加到 2014 年的 31.7 万人年，增长 13.2%；印度的研发人员数量由 2014 年 28.3 万人年增至 2018 年的 34.2 万人年，增长 20.8%；中国的研发人员数量从 2012 年的 324.7 万人年增至 2020 年的 523.5 万人年，增幅达 61.2%；南非的研发人员数量从 2012 年的 3.5 万人年增至 2019 年的 4.2 万人年，增长 20.0%。俄罗斯的研发人员数量从 2012 年到 2015 年整体呈现增长趋势，2016 年开始出现小幅下降，从 80.2 万人年降至 2020 年的 74.9 万人年（见表 1）。

表 1　2012~2020 年金砖国家研发人员全时当量

单位：万人年

国家	2012 年	2013 年	2014 年	2015 年	2016 年	2017 年	2018 年	2019 年	2020 年
巴西	28.0	29.8	31.7	—	—	—	—	—	—
俄罗斯	82.8	82.7	82.9	83.4	80.2	77.8	75.8	75.4	74.9

---

① 因数据的可获得性、统计口径不同等条件限制，相关指标部分年份的数据存在缺失。

② 研发人员全时当量（FTE），是对从事科技活动人员投入量的一种测算方法，指从事科学研究与试验发展工作的全职等效研究人员。

金砖国家蓝皮书

续表

国家	2012 年	2013 年	2014 年	2015 年	2016 年	2017 年	2018 年	2019 年	2020 年
印度	—	—	28.3	—	—	—	34.2	—	—
中国	324.7	353.3	371.1	375.9	387.8	403.4	438.1	480.1	523.5
南非	3.5	3.8	3.8	4.1	4.3	4.4	4.4	4.2	—

数据来源:《金砖国家联合统计手册（2022）》，Brazil National Indicators of Science，Technology and Innovation 2022。

2. 科研人员密度整体有所提高

每百万人科研人员全时当量测度研发人员的投入强度，在一定程度上也反映了社会科技人力资源密度。数据显示，巴西、印度和中国的每百万人科研人员数保持增长趋势，巴西从 2012 年的 788 人年增至 2014 年的 888 人年；印度从 2015 年的 216 人年增至 2020 年 262 人年；中国从 2012 年的 1014 人年增至 2020 年的 1585 人年；近年来，俄罗斯基本维持在 2700 人年左右，南非基本稳定在 500 人年左右（见表 2）。

表 2   2012~2020 年金砖国家每百万人科研人员全时当量

单位：人年

国家	2012 年	2013 年	2014 年	2015 年	2016 年	2017 年	2018 年	2019 年	2020 年
巴西	788	838	888	—	—	—	—	—	—
俄罗斯	3078	3053	3075	3098	2952	2822	2784	2747	2722
印度	—	—	—	216	—	255	253	—	262
中国	1014	1066	1089	1151	1197	1225	1307	1471	1585
南非	405	435	432	472	492	504	518	484	—

注：世界银行每百万人科研人员数指研究人员数，不包括技术开发人员数。
数据来源：世界银行数据库，Inida S&T Indicators Tables。

（二）金砖国家科技人才结构

科技人才结构通常包括人才层次结构、学科学历结构、性别结构等。

人才层次结构中，高被引科学家数量占比在一定程度上反映高水平科技人才情况。学科学历结构中，科学、技术、工程、数学（Science，Technology，Engineering，Mathematics，STEM）四门学科毕业生占比，反映高素质科技人才储备情况。性别结构中，女性高等教育入学率反映女性接受高等教育的机会，女性在核心学科的占比反映女性在不同学科领域的活跃程度，研究生毕业生中女性占比可以直接反映科技人力资源中的女性占比。

1. 高被引科学家数量逐年增加，但与发达国家仍有较大差距

据统计，金砖五国高被引科学家数量近年来呈逐年增长趋势。① 中国高被引科学家数量占比从 2014 年的 4.5% 左右提高到 2022 年 16.2%，其他金砖国家高被引科学家数量也保持增势，但是占比一直没能突破 0.5%。在 2023 年度全球高被引科学家上榜人次排名前十的国家中，除中国位列其中，其余均是欧美发达国家。

2. STEM 本科毕业生占比较为稳定

STEM 教育是培养高素质的科学、技术、工程和数学等领域人才的重要途径，STEM 毕业生是科技人才的生力军。数据显示，近年来金砖国家高等教育 STEM 本科毕业生占比较为稳定。② 其中，巴西和南非的 STEM 本科毕业生占比维持在 18% 左右，俄罗斯和印度的占比维持在 30% 左右，中国的占比维持在 45% 左右。此外，数据显示，金砖国家的科学与工程领域博士毕业生占比超 50%，截至 2018 年，巴西的工学博士毕业生占比为 49.6%，俄罗斯的占比为 56.8%，印度和中国的占比均超过 65%，位于世界前列。③

3. 女性在科技人力资源中的比重不断提高

女性高等教育毕业生的情况在一定程度上反映了女性科技人力资源的情

---

① 科睿唯安发布 2023 年度全球"高被引科学家"名单，其中各国高被引科学家是以科学家工作的机构所属国划分的，未区分科学家国籍情况。

② Science，Technology，Engineering and Mathematics（STEM），UNESCO，24 March，2023，https：//www.unesco.org/en/basic-sciences-engineering/stem.

③ National Science Foundation，https：//www.nsf.gov/.

况。数据显示，金砖国家女性高等教育入学率显著提升，其中增长最快的是巴西和中国，其次是印度和南非（见表3）。截至2022年，巴西和中国两国的女性高等教育入学率均超过60%，印度和南非两国的女性高等教育入学率在30%左右，俄罗斯的涨幅小但是基数大，其女性高等教育入学率已达89.10%。从核心学科（理学、工学、农学、医学）科技人力资源中的女性占比来看，截至2017年，中国培养的核心学科本科层次科技人力资源中女性占比为40.4%，俄罗斯的占比为35.2%，巴西的占比为54%。[1] 从研究生层次来看，截至2017年，中国培养的科技人力资源中女性占比为51.9%，巴西的占比为55.4%，与发达国家的占比相当。[2]

表3　金砖国家女性高等教育入学率

单位：%

国家	2013 年	2018 年	2022 年
巴西	29	58.8	64.35
俄罗斯	87	89.3	89.10
印度	15	27	31.29
中国	28	56.2	63.93
南非	14	24	28.60

数据来源：Global Gender Gap Report（2022），WEF。

（三）金砖国家科技人才竞争力

1. 科技人才的全球竞争力整体稳中有升

根据《全球人才竞争力指数》（Global Talent Competitiveness Index，GTCI）[3]，截至2022年，巴西排名从2020年的第80上升至第73，中国的排

---

[1] 《中国科技人力资源发展研究报告（2020）》，清华大学出版社，2021，第61~63页。
[2] 《中国科技人力资源发展研究报告（2020）》，清华大学出版社，2021，第59~60页。
[3] GTCI 由德科集团与欧洲工商管理学院（INSEAD）共同合作发布，通过衡量一个国家和其主要城市在人才培养、人才吸引、人才留存等方面的表现，提供综合指数以评估全球各国的人才竞争力。

名从 2018 年的第 43 上升至第 36，印度的排名由 2018 年的第 81 降至第
101，俄罗斯排名第 57，南非排名第 77（见表 4）。金砖国家科技人才竞争
力各有优势，巴西的优势在人才吸引力方面，其"对待移民的宽容度"和
"高技能工作中的性别平等"分别排名全球第 23 和第 3。俄罗斯在人才培
养、职业技能、全球知识技能方面都具有一定优势，其"受过高等教育的
劳动力""专业人士"均排名全球前 10。中国有优秀的人才培养能力，其
"正式教育""阅读、数学和科学成绩""大学排名""公司培训"都排名全
球前 3。

表 4　2018~2022 年金砖国家全球人才竞争力指数排名

国家	2018 年	2019 年	2020 年	2021 年	2022 年
巴西	73	72	80	75	73
俄罗斯	53	49	48	45	57
印度	81	80	72	88	101
中国	43	45	42	37	36
南非	63	71	70	67	77

2. 科技人才的发展环境持续优化

一是金砖五国的研发支出整体呈增长趋势。数据显示，2012~2020 年巴
西和南非增长约 8%，俄罗斯和印度的增幅在 35% 左右，中国增长超过
50%。[①] 截至 2020 年，巴西、俄罗斯、印度的研发支出分别为 368 亿美元、
480 亿美元、570 亿美元，中国的研发支出超 5800 亿美元。二是研发投入强
度（研发支出占 GDP 的比重）整体平稳且有所提升。数据显示，巴西、俄
罗斯、中国近年来保持增长态势，巴西研发支出占 GDP 的比重从 2012 年的
1.13% 增长至 2019 年的 1.21%，俄罗斯从 2012 年的 1.03% 增长至 2020 年
的 1.10%，同时期中国从 1.91% 增长至 2.40%，印度和南非的研发投入强
度基本保持在 0.7% 左右（见表 5）。三是营商环境明显改善。根据世界银行

① OECD，https：//www.oecd.org/.

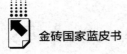
发布的"营商便利度指数"①，2014~2020 年，中国、俄罗斯和印度的营商
便利度指数排名均有大幅提升，截至 2020 年，中国、俄罗斯、印度的营商
便利度指数排名分别为第 31、第 28 和第 63，南非排名第 84，均位列全球
前 100。

表 5　2012~2020 年金砖国家研发投入强度

单位：%

国家	2012 年	2013 年	2014 年	2015 年	2016 年	2017 年	2018 年	2019 年	2020 年
巴西	1.13	1.20	1.27	1.37	1.29	1.12	1.17	1.21	—
俄罗斯	1.03	1.03	1.07	1.10	1.10	1.11	0.99	1.04	1.10
印度	0.74	0.71	0.70	0.69	0.67	0.67	0.66	—	—
中国	1.91	2.00	2.02	2.06	2.10	2.12	2.14	2.24	2.40
南非	0.67	0.66	0.71	0.73	0.75	0.76	0.69	0.62	

数据来源：世界银行数据库，Brazil National Indicators of Science，Technology and Innovation 2022。

3. 科技人才的创新贡献不断加大

科技人才的创新贡献通常以发表科技期刊论文②的数量和质量等来考
察，是衡量人才竞争力的核心指标。数据显示，2012~2020 年，金砖国家发
表科技期刊论文的数量均保持增长，其中，俄罗斯增幅最大（约 151%），
其次是中国（104%）、印度（92%）、南非（78%）和巴西（47%）。③ 截至
2020 年，中国发表科技期刊论文近 67 万篇，印度约 15 万篇，俄罗斯约 9 万
篇，巴西 7 万多篇，南非约 1.6 万篇。《2022 年中国科技论文统计报告》显
示，中国热点论文在世界的占比持续提高，并首次排名世界第 1，印度排名
第 6，巴西排名第 13。

---

① 营商便利度指数，具体包括开办企业、办理施工许可证、获得电力、登记固定资产、获得
信贷、保护少数投资者、纳税、跨境贸易、执行合同以及办理破产，能够反映人才的创业
及经营环境。该指数得分越高，表明监管环境越有利于开展业务。世界银行发布的《全球
营商环境报告》于 2020 年停止更新，新版评估报告将于 2024 年出版。
② 科技期刊论文是指在下述领域发表的科学和工程类文章：物理、生物、化学、数学、临床
医学、生物医学研究、工程和技术，以及地球和空间科学。
③ Word Bank Group，https：//data. worldbank. org/indicator/IP. JRN. ARTC. SC.

二 金砖国家科技人才政策实践

完善的科技政策体系有利于吸引和积聚人才，激发创新活力，为发展提供人才支持。近年来，金砖国家在科技制度和发展战略方面持续创新，从人才培育、人才载体、人才引进等方面加强科技人才队伍建设。金砖国家科技人才政策实践在以下几方面存在一定共性。

（一）科技人才培育政策举措

1. 加强科技创新后备人才培育

近年来，金砖五国纷纷将科技创新人才培养向基础教育端前置，强化 STEM 教育和科学教育、推进基础学科人才培养计划、加强创新教育改革，以巩固人才基础。巴西 2021 年发布《国家创新战略》，提出 11 项创新教育倡议，要求从基础教育阶段开始培养学生的科技创新兴趣，激发创新思维，并熟练掌握新技术。俄罗斯在《关于 2030 年前国家发展目标》中将"建立有效的天才儿童和青年的识别、支持、发展体系"列为优先事项，推进"儿童补充教育计划"①，实施"基地学校"试验项目等。2023 年，中国发布《关于加强新时代中小学科学教育工作的意见》，旨在全面提升中小学生科学素质。此外，已实施十年的"英才计划"累计选拔了 7000 多名具有创新潜质的中学生作为创新后备人才，选拔范围向更多的高校和学生扩大。

2. 强化青年科技人才培养

青年时期是科技人才最具创造力的时段，金砖五国重视青年科技人才培养，包括增加青年基金项目、建设青年实验室、加大青年资助力度等。俄罗斯科学基金会重视支持 39 岁以下的青年科学家，计划提高青年科技人才在

---

① 儿童补充教育计划包括提高学生的语言水平、发展 STEM 教育、推广全球合作和文化交流项目等，为学生提供更广阔的教育视野和更多的机会去探索世界。

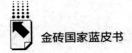

科研人员总数中的比重，并建设更多实验室供其使用，预计到 2030 年青年科技人才占比达到 51.5%。印度推出"加速科学"计划，培养科技人才的实操科研能力，计划在 5 年内面向 2.5 万名硕士、博士研究生，组织 1000个高端研习班和提供 1000 个科研机构实习机会。中国发布多项政策文件，加强青年科技人才培养，科学基金对青年科技人才的资助规模持续增长，与2018 年相比，2022 年三大国家基金项目的资助规模分别增加 4591 项、230项、216 项，增幅分别达到 26%、58%、109%。[①] 中国科协的青年人才托举工程已执行九届，稳定支持了一批优秀青年科技人才。

3. 注重关键领域科技人才战略部署

为解决经济社会发展中的突出问题，金砖五国部署前沿技术和基础研究，重点培养战略人才。巴西制定 5G、国家物联网等科技创新战略与政策，确定生物技术、绿色能源、信息技术为关键领域。俄罗斯推行"先进工程师学院"联邦项目，依托高校开设先进工程师学院，涉及机械、化学、航空、核能、医疗和信息技术等多领域，并推动企业参与，政府计划在三年内提供 370 亿卢布资金支持。印度实施网络安全系统、铁路科技、量子技术、甲醇燃料、电动交通五大科技任务，总预算近2000 亿卢比（约 176 亿元）。中国确立 11 个重点领域，包括装备制造与信息产业、新能源技术、农业科技、生物技术、空天和海洋技术等。[②] 南非发布《国家数字及未来技术战略》，提出数字技术基础教育和设施建设等 8 个发展方向。

（二）科技人才载体优化政策

1. 加大科技投入，建强高端科研平台

为激发人才创新活力，金砖五国加大科研经费投入、完善基础设施、建设高端科技创新平台、推进科技成果转化。俄罗斯计划建立 9 个世界级

---

① 窦贤康：《发挥基金在科技自立自强中的基础性、引领性作用》，《瞭望》2023 年第 29 期。
② 《国家中长期科学和技术发展规划（2021—2035）》。

科学中心与 15 个世界一流水平的科学和教育中心，推动高校和科研机构深度融合，重点解决数字技术、人工智能等领域的关键问题。印度通过《科学、技术和创新政策》投入大量资金用于创新、建立科研院、参与重大科学项目，并升级"大学和高等教育机构科技基础设施改善基金"，允许产业界共享全印度高校的科技基础设施，促进技术转化研究。中国在《"十四五"国家科技创新规划》中提出构建以国家实验室为引领的国家战略科技力量，打造高水平科技创新中心，服务高端科研和高层次人才培养。

2. 发展重点产业，集聚人才蓄能

金砖五国通过建设科技园区、实施创新补贴和财税优惠、金融支持等，汇聚重点产业企业和人才，构建产才融合协同发展动能。巴西形成以"资助—服务—奖励"为核心的政策体系，建立了多个科技园区和企业孵化器，为重大项目提供资金支持。印度通过与跨国公司合作，大力发展 IT 产业、培养大 IT 企业人才，自 2014 年起持续推进"印度制造计划"等多项措施，增加本地制造业附加值，吸引企业在印度投资制造业。俄罗斯推出国家技术计划，提供超 2.1 万亿卢布的经费支持完成 6 项重点任务，建立专用的基础设施和技术中心，聚集高科技和创业社区。

（三）科技人才引进政策举措

1. 调整移民政策吸引国际科技人才

金砖五国为应对人才外流和高级人才短缺问题，采取了简化签证、放松移民限制、税收优惠等措施，吸引国际科技人才。巴西 2022 年设立数字游牧民签证，允许外国工人在巴西远程工作，并修改预扣税以吸引外国投资参与基础设施建设和研究项目。俄罗斯 2023 年出台移民新政，简化外国投资者在俄境内的行政程序，并方便中国投资者获得长期居留许可。印度持续推进"海外印度人卡"、"科学人才库"计划等，提供更多签证类型、简化申请流程、实施更好的福利和社会保障，汇聚海外专家人才。中国也不断规范技术移民制度，在永居证申请条件、居留向永

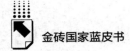

居转换等方面逐渐放松限制，并在北京、广州、上海等地开展外籍"高精尖缺"人才认定标准试点工作。南非政府亦表示将改革移民政策，简化和现代化签证申请流程、使用电子签证等，对有高等学历或技术专长的外国人更友好。

2. 提供优惠留学政策吸引人才

随着人才竞争加剧，金砖五国采取放宽招生申请条件、降低收费标准、允许学余打工和毕业后在当地就业等多项举措，积极吸引和留住国际优秀留学人才。印度提供外国留学生超国民待遇，减免学费、住宿费用、签证费用，以及提供免费的社会保障和培训，包括医疗保险、住房补助和求职培训等。巴西自2011年启动"科学无国界"计划，资助本国学生出国留学并将有潜力的巴西科学家派往世界顶级科研机构进修。中国自2017年开始"允许优秀外籍高校毕业生在华就业"，并与58个国家和地区签署了学历学位互认协议，在全球180多个国家和地区开展中文教学，增强国际人才影响力。

3. 优化国际化环境和服务柔性引才

金砖五国推出税收优惠、离岸创新和服务保障等政策，吸引境外高水平人才来本国创新创业。印度政府为归国学者携带自用的设备、仪器和资本货物进关提供较高的免税额度，建设专门住宅区，增加重点研究项目拨款，兴建科学城并使其成为归国人才工作的永久基地。中国自2004年起实施"海外智力为国服务行动计划"，建立"国家海外人才离岸创新创业基地"，截至2022年底已有20多家，这些基地依托当地科技创新资源，创新海外人才政策，吸引国际人才来华离岸创新创业。

三　提升金砖国家科技人才竞争力的对策建议

在国际形势复杂多变的背景下，为应对共同挑战，金砖五国要充分利用新兴市场优势和在人力资源开发上的互益性，着力加强科技人才联合培养、优化科技人才发展环境和完善科技人才合作机制。

（一）加强金砖国家科技人才联合培养

金砖五国科技人才交流主要集中在青年科研人员、留学生和技能人才等的教育培训方面，高层次人才交流合作不足。随着全球人才竞争加剧，依赖引进高层次科技人才越来越不现实。应坚持人才引进和培养并重，建立多层次、全方位的科技人才联合培养机制。一是聚焦关键领域的人才联合培养，如天文探测、新能源新材料等传统优势领域。对技术实力强的国家，重点进行联合研发和人才培养；对技术实力弱的国家，侧重技术人才引领，派出技术人员、增加留学生名额等。二是推进金砖国家教育认证和技能认证工作，如学历学位互认、技能证书互认等。依托金砖国家新工业革命伙伴关系创新基地，开展联合研究、人才培养等。建立金砖国家工程教育联盟，开展访学、师资交流、联合培养等。支持成员国高水平大学到其他金砖国家建立海外基地，从事科研和人才培养。

（二）优化金砖国家科技人才发展环境

金砖国家需加强资源整合，优化科技人才发展环境，释放创新活力。一是便利科技人才在成员国间的入境、工作、生活和学术交流，如简化签证流程、实行电子签证、远程办公等。探索建立金砖国家科技人才关系数据库，促进人员交流互动。发挥各类开放平台在科技人才合作方面的先行先试和压力测试功能，如在自贸试验区（港）、边（跨）境经济合作区、国家级高新区等建立相关容错机制，支持政策创新试点。二是建立金砖国家知识产权保护网络，设立孵化器、加速器或联合基金，增强研究人员转化科技成果的能力。推动金砖国家在有实力的领域发展创新集群或搭建创新网络，共享设施、交流专业技术知识和信息等，促进创新活动的开展。三是在科研管理方面，为成员国科研人员创造更包容的环境，协调科研项目的国家安全审核机制，让跨境合作更通畅、更放心。

（三）完善金砖国家科技人才合作机制

科技人才交流合作在金砖国家发展中具有重要地位，应遵循"共商共

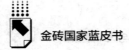
建共享"理念，完善科技人才合作交流机制。首先，加强金砖国家科技人才专项规划，联合制定规划和实施方案，并完善高层对话机制，解决合作中的问题。其次，探索完善国家科研基金支持多边开放的大型科研项目跨境合作机制，如建立金砖国家科技与创新中心，汇聚创新力量，开展合作研发、人才培训和解决技术问题等；完善金砖国家新开发银行，支持成员国教育、科研和创新基础设施建设；充分利用金砖国家技术银行为项目实施评估提供技术支持和建议，加大科技人才资助力度，面向科研人员、企业家、工程师等开放多样化的资助项目，解决前沿和关键技术领域共性问题。最后，完善"金砖+"合作机制，依托当前金砖国家扩员契机，开展更大范围的金砖国家科技人才交流合作，吸引全球科技人才加入金砖国家领航的研究团队，积极融入国际创新网络。

参考文献

《2022 世界科技发展回顾》，《军民两用技术与产品》2023 年第 1 期。

邓国庆：《巴西——科创成为发展重心，加强国际科创合作》，《福建市场监督管理》2023 年第 2 期。

董映璧：《俄罗斯开设 30 所先进工程师学院 加强技术研发和人才培养》，《科技日报》2023 年 1 月 3 日。

张丽娟：《俄政府明确至 2024 年科技创新优先方向》，《科技中国》2019 年第 1 期。

赵中建：《印度：人才外流与回流》，《社会科学》1990 年第 4 期。

孙世勋、宋长兴：《巴西重视创新创业活动》，《中国社会科学报》2022 年 8 月 22 日。

《印度斥巨资实施五大科技任务》，新华网，2019 年 11 月 30 日，http：//m. xinhuanet. com/2019-11/30/c_1125292683. htm。

杨明全等：《现代化进程中的印度教育——改革的视角》，人民出版社，2021。

《国际科学技术发展报告（2021）》，科学技术文献出版社，2021。

B.14

金砖国家创新环境与创新生态建设研究

段志伟　马健铨　何亚鸥　郑沄瑞　刘萱*

摘　要：　良好的创新环境与创新生态对金砖国家激发创新活力、持续开展创新活动具有重要意义。本报告从人才保障、资金保障和基础设施等创新资源支撑环境，制度和治理环境，以及创新文化环境分析了金砖国家创新环境及创新生态建设现状；从创新资源的配置优化、制度和治理环境的健全与规范、创新产出的谋划布局、创新文化的培育赋能、经济发展的潜力等角度总结概括了金砖国家创新环境和创新生态建设的经验与鲜明特征。在此基础上，本报告提出了促进金砖国家创新环境和创新生态建设的具体建议。

关键词：　创新环境　创新生态　金砖国家

一　金砖国家创新环境与创新生态发展情况

（一）创新资源支撑环境的发展现状

创新资源是开展创新活动所需的物质源泉，包括人才、资金、基础设施等。人才是创新活动得以进行的第一资源，合格人才的匮乏会导致创新活动

---

* 段志伟，经济学博士，中国科协创新战略研究院创新环境所助理研究员，研究方向为创新环境与创新生态、科学文化；马健铨，管理学博士，中国科协创新战略研究院副研究员，研究方向为创新环境、科学文化；何亚鸥，中国科协创新战略研究院创新环境研究所研究实习员，研究方向为创新环境；郑沄瑞，管理学博士，中国科协创新战略研究院博士后，研究方向为政策扩散、政策评估；刘萱，管理学博士，中国科协创新战略研究院创新环境所副所长、研究员，研究方向为科学文化、创新环境、科技伦理。

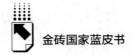

无法开展。资金是创新活动得以进行的重要保障，科技创新是一项高成本且周期长的高风险活动，从研究开发到成果转化再到市场开拓，每个阶段都需要大量的资金予以支持。基础设施是开展创新活动的重要基础，能够为创新主体提供各种软硬件支撑，保障创新主体提高创新能力。

1. 人才保障

人力资本是一个国家实施科技创新战略的重要社会基础，是一个国家发展的根本动力之一。根据舒尔茨的人力资本理论①，人力资本是经过科学手段利用学校、培训机构、公共医疗保障及政府规划行为对人力进行有效投资后所产生的人力资源，这些资源不仅体现在劳动者的生活工作技能，也体现在其自身的知识水平与改变世界的能力。

高等教育为科技创新活动提供了技术人才储备。25~34岁人群中受过高等教育的比重是指在25~34岁人群中接受过高等教育的人群占25~34岁人群的比重，在一定程度上能够反映年轻一代人力资本的情况。2015~2021年金砖四国25~34岁人群中受过高等教育的比重如图1所示。俄罗斯25~34岁人群中受过高等教育的比重在金砖国家中一直保持相对较高的水平，从2015年的47.4%稳步增长到2018年的50.3%。巴西25~34岁人群中受过高等教育的比重从2015年的16.6%增长到2021年的23.0%。印度25~34岁人群中受过高等教育的比重从2018年的17.6%增长到2020年的20.5%。南非25~34岁人群中受过高等教育的比重一直处在相对较低的水平，从2015年的11.5%仅增长到2020年的14.9%。相关人才支撑在不同金砖国家有明显差异，较为符合当前对不同金砖国家科技创新发展的大众认知。

知识密集型就业比重是在就业中雇佣的高学历高技术人才占就业人群的比重，在一定程度上反映了总体就业中技术技能型人才的密度。2013~2021年金砖四国知识密集型就业比重如图2所示。2014~2021年，俄罗斯

① T. W. Schultz, "Capital Formation by Education," *Journal of Political Economy* 6 (1960): 571-583.

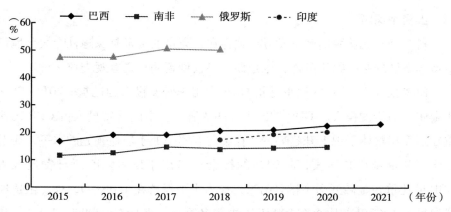

图 1　2015~2021 年金砖国家 25~34 岁人群中受过高等教育的比重

注：没有获得俄罗斯 2019~2021 年、南非 2021 年、印度 2015~2017 年及 2021 年的相关数据。

数据来源：OECD 数据库，https：//data.oecd.org/。

知识密集型就业比重在 45% 上下，一直处于较高的水平，且远远超过其他三个国家。巴西和南非的知识密集型就业比重不分上下，保持在 20%~30%。印度知识密集型就业比重相对较低，2021 年最高仅达到 17%。

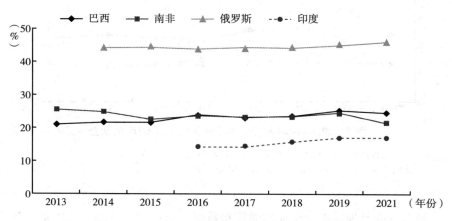

图 2　2013~2021 年金砖国家知识密集型就业比重

注：没有获得俄罗斯 2013 年、印度 2013~2015 年以及金砖国家 2020 年的相关数据。

数据来源：世界知识产权组织 2015~2022 年《全球创新指数》。

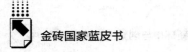

2. 资金保障

科技创新无法脱离经济发展单独存在，充足的资金是保障社会大环境稳定持续发展的必要物质条件，也是促进科技创新的重要客观支撑。

研发投入占 GDP 的比重是指 GDP 中用于研发投入的比重。2013~2020年金砖五国研发投入占 GDP 的比重如图 3 所示。中国研发投入占 GDP 的比重在近几年整体呈现上升趋势，并在金砖五国中处于遥遥领先的水平，表明中国十分重视科技研发，将较多的社会产出用于研发。巴西研发投入占GDP 的比重在金砖五国中排名第二，投入水平保持在 1.0%~1.5%。俄罗斯研发投入占 GDP 的比重在金砖五国中排名第三，保持在 0.99%~1.5%。南非和印度研发投入占 GDP 的比重在整体中处于较低的水平，在 0.5%~1.0%。整体来看，金砖国家研发投入占 GDP 的比重相对较为平均，但应综合人力资本及资金总量进行考量。

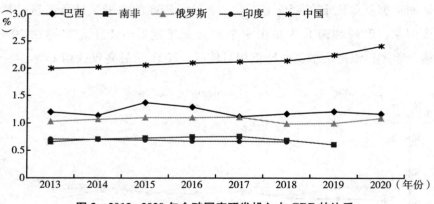

图 3　2013~2020 年金砖国家研发投入占 GDP 的比重

注：没有获得印度 2019~2020 年、南非 2020 年的相关数据。
数据来源：世界银行数据库，https://data.worldbank.org.cn/。

初创企业及规模扩大企业的融资指数在一定程度上反映了初创企业及规模扩大企业获取资金的难易程度，2021 年金砖国家初创企业及规模扩大企业的融资指数如图 4 所示。2021 年印度初创企业及规模扩大企业的融资指数为 54.2，表明印度初创企业及规模扩大企业在获取资金支持上相对比较容易，其次为巴西（40.7）、俄罗斯（29.6）、南非（25.6），2019 年中国相关指数为 51.5。

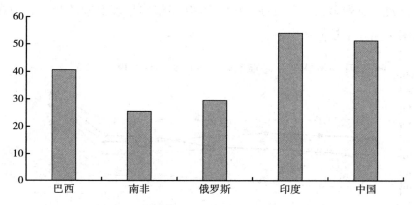

图 4　2021 年金砖国家初创企业及规模扩大企业的融资指数

注：中国为 2019 年的数据。

数据来源：世界知识产权组织《全球创新指数 2022》。

3. 基础设施

基础设施通常指（在全部制度形式下提供和管理着的）用来支持经济基础的各种公共资产的总和。基础设施形式的复杂及其形形色色的财源特征表明，基础设施与经济产出的关系不仅确实存在，而且非常复杂。[①] 科技创新需要宽带互联网等网络基础设施来提供流畅的传输通信，以保障创新效率及环境。信息通信技术接入指数是根据移动网络覆盖的人群比重、每百户移动蜂窝电话普及率、个人用户网络带宽和家庭接入互联网比重综合获得的指数，在一定程度上反映了互联网的建设情况。2013～2020 年金砖五国的信息通信技术接入指数如图 5 所示。2013～2020 年，俄罗斯的信息通信技术接入指数轻微上升，且始终保持在 70 以上，在金砖五国中排名前列。巴西的信息通信技术接入指数在 2013～2020 年呈现波动上升的趋势，2020 年超过80。中国的信息通信技术接入指数在 2013～2020 年始终呈现上升的趋势，

---

① D. Diamond, "Infraestructure and Economic Development," *Anales de estudios económicos yempresariales. Servicio de Publicaciones* 5 (1990)：25-32.

于 2018 年超过巴西，于 2020 年超过俄罗斯，位列第一。南非的信息通信技术接入指数在 2013~2020 年呈现先上升后微下降再上升的趋势，于 2020 年超过巴西，位列第三。印度在 2013~2020 年整体呈现上升的趋势，但在金砖五国中仍处于较低的水平。

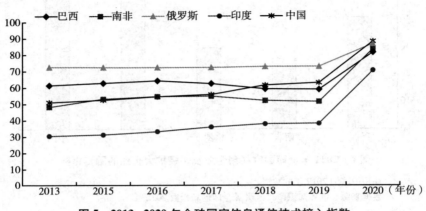

图 5　2013~2020 年金砖国家信息通信技术接入指数

注：没有获得巴西、南非、俄罗斯、印度、中国 2014 年的相关数据。
数据来源：世界知识产权组织 2015~2021 年《全球创新指数》。

信息通信技术应用指数是指根据互联网的个人比重、每百户固定宽带普及率、每百户移动宽带普及率及移动宽带带宽综合获得的指数，在一定程度上反映了互联网的使用情况。2013~2020 年金砖五国的信息通信技术应用指数如图 6 所示。2013~2020 年，俄罗斯的信息通用技术应用指数在金砖五国中排名保持第一，中国的信息通信技术应用指数在 2018 年反超巴西，成为第二名，2013~2020 年，中国的信息通用技术应用指数提升了 1 倍多，并且在 2020 年时接近俄罗斯。2013~2020 年，印度在信息通用技术应用指数上有较为显著的进步，但在金砖五国中仍然处于相对较低的水平。

（二）制度和治理环境的发展现状

制度和治理环境是开展创新活动的制度土壤，既包括广义上的政府效

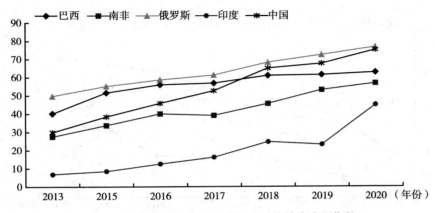

图6　2013~2020年金砖国家信息通信技术应用指数

注：没有获得巴西、南非、俄罗斯、印度、中国2014年的相关数据。

数据来源：世界知识产权组织2015~2021年《全球创新指数》。

率，也包括与创新活动密切相关的知识产权保护。高效的政府治理能够保障创新主体开展创新活动的时间和精力，提升创新主体开展创新活动的效率。完备的知识产权保护体系是创新主体维持积极性及保障自身权益的基本要素，促进创新主体不断激发新质生产力。

1. 政府效率

政府效率反映了公众对政府提供公共服务及制定政策、实施政策的满意程度。2013~2020年金砖五国的政府效率指数如图7所示。中国的政府效率指数在2013~2020年呈现稳步上升的趋势，并且在2015年超过南非，在金砖五国中持续位列第一。南非的政府效率指数在2013~2020年呈现先微降后上升再微降的趋势，2014~2019年在金砖五国中位列第二，2020年被印度超过。印度的政府效率指数从2013年（36.3）的最后一名逐渐上升到2020年（58.0）的第二名，表明印度政府治理能力在近些年得到有效提升。俄罗斯的政府效率指数在2014（36.9）~2020年（50.4）呈现先上升再微降的趋势。巴西的政府效率指数在2013（39.3）~2020年（40.1）一直保持在较低的水平。

2. 知识产权保护

《国际知识产权指数2023》显示，在知识产权总体上，中国（54.56%）

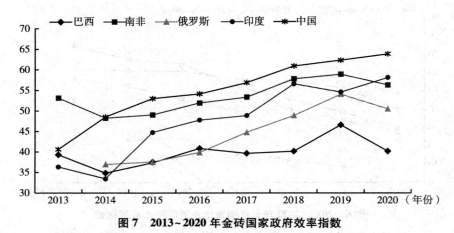

图7 2013~2020年金砖国家政府效率指数

注：没有获得俄罗斯2013年的相关数据。
数据来源：世界知识产权组织2015~2021年《全球创新指数》。

在金砖五国中排名第一，其次为巴西（42.02%）、印度（38.64%）、南非（37.28%）、俄罗斯（25.02%）。从分类别来看，在专利保护上，中国（80.56%）远远超过其他国家，其次为印度（33.17%）、巴西（30.39%）、南非（22.22%）、俄罗斯（16.67%）；在著作权保护上，金砖五国的差距不大，但整体水平偏低，依次为中国（43.29%）、印度（38.86%）、南非（36.14%）、巴西（26.86%）、俄罗斯（0%），表明各个国家在著作权保护力度上仍较小；在商标保护上，中国（75%）排名第一，巴西（56.25%）、印度（56.25%）、南非（56.25%）相同；在设计权保护上，巴西（75%）排名第一，其次为印度（55%）、中国（42.5%）、南非（37.5%）；在商业秘密保护上，金砖五国的差距不大，但整体水平偏低，依次为中国（45%）、巴西（33.33%）、南非（33.33%）、俄罗斯（28.33%）、印度（16.67%）；在知识产权资产的商业化上，南非（52.83%）排名第一，其次为巴西（43%）、印度（41.67%）、中国（38.83%）、俄罗斯（23.67%）；在知识产权保护执行上，巴西（47.29%）排名第一，其次为南非（42%）、中国（37%）、俄罗斯（28.43%）、印度（25.14%）（见图8）。

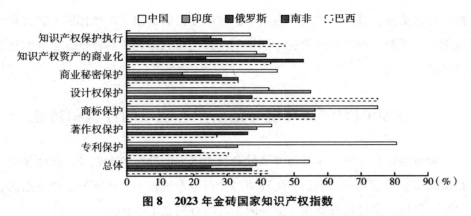

图8　2023年金砖国家知识产权指数

数据来源：美国商会全球创新政策中心《国际知识产权指数2023》。

（三）创新文化环境的营造现状

创新文化环境是开展创新活动的文化土壤，是社会关于创新的价值理念，反映了社会对创新的价值取向。创新文化环境是不同创新主体之间创新发展能力差异的重要根源。良好的创新文化环境包括勇于创新、鼓励竞争、崇尚合作、追求成功、宽容失败。

创新文化指数是根据专家对创新文化平均感知分数获得的指数，在一定程度上可以反映部分科技人才对当前创新环境下社会整体创新文化的切身感受。2021年金砖五国的创新文化指数如图9所示。2021年，中国创新文化

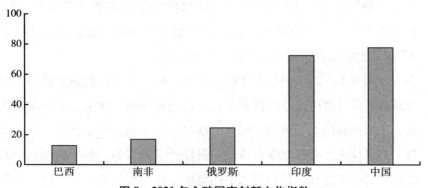

图9　2021年金砖国家创新文化指数

数据来源：世界知识产权组织《全球创新指数2022》。

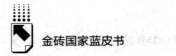

指数排名最高，其次为印度，表明中国和印度已营造出了较浓郁的创新文化氛围，俄罗斯、南非和巴西三个国家创新文化指数排名相对较低，创新文化氛围略有不足。

二 金砖国家创新环境与创新生态建设的经验和特征

金砖国家在历史、制度与经济社会环境等方面存在较大差异，在建设创新型国家，营造良好的创新文化环境与创新生态过程中，各国虽采取举措的力度、目标、路径各有侧重，但采取措施的方向基本一致。

（一）创新资源的配置优化

金砖各国政府主导建立政产学研合作联盟，搭建多层次平台，支持服务企业创新；加强科技园区和企业孵化器建设，营造创新生态环境；设置专业机构扶持小微企业技术创新，为小微企业提供普惠性质、全方位的免费或低费用服务，如各类技术培训和技术转移服务，延伸产业链，提供信贷和资金服务，提供创新和法律信息咨询，还通过庞大的企业和产品信息库为中小企业匹配创新合作伙伴。

在研发投入上，充足的研发投入是科技创新发展的重要保障。2013年以来，金砖国家研发投入规模总体呈现上升趋势，根据世界银行数据库的统计，中国、俄罗斯和巴西研发投入占 GDP 的比重呈现缓慢上升趋势，其中，中国研发投入占 GDP 的比重最高，2020 年已达 2.40%，印度与南非研发投入占 GDP 的比重出现一定程度下降（见图 10）。

在人才培养上，加强创新人才的培养是金砖国家科技创新发展的重要手段。金砖各国通过提供优厚的待遇及良好的创业环境，吸引和培养高层次科技人才，积累创新的人力资源。同时，制定了一系列科学家计划，吸引和留住世界一流科技人才并带动学科发展、科技骨干培养等，制订的卓越中心计划，支持和资助了具有世界一流水平的科研群体的研发活动，开展了跨学科和跨机构大规模研究，占领了世界科技前沿。印度为弥补国内大学和科研机

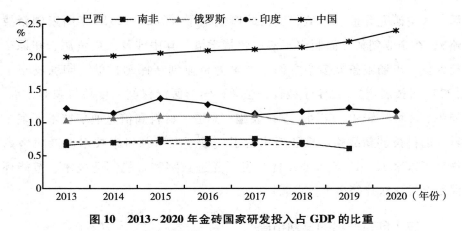

图 10　2013～2020 年金砖国家研发投入占 GDP 的比重

注：没有获得印度 2019～2020 年、南非 2020 年的相关数据。

资料来源：世界银行数据库，https：//data. worldbank. org. cn/。

构经费现行机制的缺陷，给予优秀博士后适当的经费支持，增强科技领域女性科技人才的培养。俄罗斯调整和增加技术与产品开发项目及吸引青年人才项目，培养创新经济需要的创新人才，扩大创新企业家范围。南非出台产业技术与人力资源计划（Technology and Human Resources for Industry Programme），通过政府提供资金支持、共担风险促进产学研合作。巴西十分重视科学技术与工程等领域的人才培养，已启动"科学无国界"留学生派遣计划，提供了 10 万个奖学金名额，资助和鼓励巴西学生到国外深造。

（二）制度和治理环境的健全与规范

金砖各国都不断加强顶层设计，为国家科技创新提供有力支撑。近年来，金砖国家政府高度重视科技创新，不断加强顶层设计。中国先后出台《国家创新驱动发展战略纲要》《推进"一带一路"建设科技创新合作专项规划》等重要文件，优先发展新能源、新材料、信息技术、生物技术等研究领域。南非加速推进《2008—2018：面向知识经济的十年创新计划》，先后出台《面对全球变化重大挑战的国家研究计划》《南非生物技术战略》等多项战略规划，大力发展信息技术、医学、生物和纳米技术、绿色能

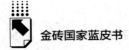

源、太空研究等重点领域。巴西政府制定了《2021—2024 年国家创新战略》，在企业创新方面制定了多项政策举措，其中涉及人力资源、知识产权保护、市场服务等多个方面，力争为企业创新保驾护航。印度发布了《2035 科技展望》，制定了教育、医学科学与医疗保健、食品与农业、水、能源、环境、居住、交通、基础设施、制造、材料和信息通信技术等多个行业的科技创新战略。俄罗斯出台了《俄罗斯联邦科学技术发展战略》，规划了未来 10~15 年俄罗斯优先发展先进数字和智能制造技术、节能环保、个性化医疗等多个重点领域。

（三）创新产出的谋划布局

金砖各国结合国家重大发展战略，统筹谋划，不断提升创新产出。在基础研究上，金砖国家的产出规模和影响力都有较快的增长与扩大，发展速度普遍高于 G7，缩小了与 G7 的差距。总体上，金砖各国在数理化、材料科学、工学和农业等领域的平均产出规模和影响力相对接近 G7 平均水平，但在医学、生物和社会科学等领域，差距很大。此外，金砖各国专利水平低且停滞不前、专利和出版物的影响力总体较低。

在全球治理和国际合作上，金砖国家积极参与国际大科学计划和大科学工程，应对全球性重大问题，使国家科技创新水平得到了显著提升。中国至今已参加世界最大射电望远镜（FAST）、"人造太阳"核聚变实验装置（EAST）、大亚湾中微子实验等多项大科学工程，在清洁能源、宇宙探索、微观粒子等领域取得重要科技突破。印度积极参加"国际热核聚变实验堆（ITER）计划"项目，成立了印度 ITER 项目办公室，吸引和汇聚了全国优秀科研力量破解 ITER 难题。巴西先后参与了国际空间站、激光干涉引力波观测、大洋钻探计划、大型强子对撞机等多个国际大科学计划和大科学工程。

（四）创新文化的培育赋能

虽然金砖国家的创新文化受到独特的历史和社会背景的影响，但金砖国家都致力于培育创新精神，积极营造不畏艰难、勇于创新的良好社会氛围。

首先，构建了有效的人才奖励激励制度，激发了创新人员开展创新活动的活力，利用科技奖励对创新人员的荣誉进行引导，形成尊重知识、尊重人才、鼓励创造的浓厚氛围。例如，俄罗斯和印度都设置了国家领导人亲自签发并颁发的青年科技奖以激发人才活力，俄罗斯设置了俄罗斯青年学者总统奖，其仪式一般选在俄罗斯科学日，印度设置了巴特纳加尔科学技奖和国家科学院青年科学奖，其仪式一般也选在国家重大节日期间以增强其影响力。①

其次，善于从各国优秀传统文化中汲取激励创新的智慧。金砖国家通常具有多元文化和多种民族，这种多样性有助于不同思维方式的交流和融合，激发创新思维。

最后，金砖各国都致力于提高公众科学素养。金砖各国正加强科普能力，大规模组织科技工作者、科普专家和科普志愿者，共同形成专兼职相结合的高素质科普工作者队伍。

（五）经济发展的巨大潜力

近年来，金砖国家经济表现强劲，其经济规模从 21 世纪初占全球经济的 8% 提升到 2022 年的 25.77%，如果按照购买力平价来计算占比则超过 31.5%，超过了 G7。其中，中国稳居世界第二大经济体，2013~2021 年中国经济年均增长率超过 6.6%，印度已超越英国成为世界第五大经济体。金砖五国对世界经济增长的贡献率超过了 50%，不仅超过 G7，而且超过发达经济体的总和。金砖国家经济增长的巨大潜力来自其丰富的资源禀赋、城镇化和工业化进程及各具特色的优势产业。从金砖国家的资源禀赋来看，金砖国家拥有丰富的自然资源，如石油、天然气、煤炭等能源资源和大量的稀土元素，锰、石墨、镍和铜等重要矿产资源，其石油储备占世界总石油储备的 44.35%；金砖国家拥有丰富的人力资源，人口总数超过 32 亿人，约占全球人口总数的 42%，其

① 黄园淅：《国外青年科技奖励促进人才成长的特点及对我国的启示》，《科技传播》2023 年第 7 期。

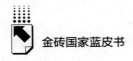

中中印两国人口总数均超过 14 亿人，庞大的人口基数为金砖国家的经济发展提供充足的劳动力资源，同时意味着金砖国家拥有广阔的消费市场。从金砖国家的城镇化和工业化进程来看，巴西（86.6%）有相对较高的城镇化水平，而俄罗斯（74.4%）、南非（66.4%）、中国（59.2%）、印度（34%）的城镇化水平还有巨大的提升空间，城镇化的发展将有力推动经济增长。

（六）创新主体的激活壮大

在创新主体成长方面，在初期，金砖国家的创新主体以政府为主导，政府积极扭转资源依赖，主导要素资源基本配置，科技研发基本上是以政府和公共研究机构为主导，几乎没有私人部门参与；在中后期，进入 21 世纪，各国政府逐渐意识到创新应该源自生产部门，企业应当在创新过程中发挥更大的作用，由此各国政府开始采取财政补贴、税收激励、知识产权保护等政策鼓励企业创新。具体来看，通过以政府部门牵头设立研究项目、设置资助支持基金、面向全社会公开招标等方式，中国、巴西和南非政府部门主动担当创新活动的领头羊，通过政策手段不断完善创新体制机制，实现管理职能转变，培育形成了以自主创新为内核的良好社会环境。例如，2022 年，南非在拉马福萨总统的指导下出台了新十年科学规划，从政府层面确立了科技创新在南非发展的核心地位，同时积极部署南非在疫苗制造、氢能经济及海洋科学三个优先发展领域的落地政策，给予集中支持。也正是政府对创新环境的营造以及对创新资源的集中配置，使得金砖国家虽然尚处于发展中阶段，但有部分领域技术处于世界前列。

三　未来展望及对策建议

统合金砖国家创新环境与创新生态建设、发展态势及相应经验可以发现，不同金砖国家及地区对创新环境与创新生态建设既需要符合人类共同追求的远景目标，也需要符合当前所处社会经济发展环境。本研究结合金砖国家创新环境与创新生态建设经验，提出以下建议。

（一）以实现以人类文明进步为创新价值的取向塑造

一是推动国家文化自信的建设往更高层次升华和迈进。在实现科技能力迅猛发展、创新能力显著提升的基础上，推动精神文明与物质文明高度协调、统一，让科技文化自信与传统文化自信融合、自洽，以高瞻远瞩的文化意识与文明观指引创新科技的方向与路径，以文化驱动科技将人类的全面自由发展作为最终的发展目标。具体到金砖国家而言，如印度与俄罗斯可以更加积极地从政府层面强化科技合作的顶层设计，广泛接受世界不同科学文化的统合汇聚，在秉持本国传统文化的前提下共同谋求人类福祉，活化本国内部科技工作者在创新价值上更深层次的思考。

二是积极主动建立能够获得广泛国际认同的文化价值体系。让科学与科学文化真正抚平国界，以人类未来命运和地球未来发展为导向进行对话和思考。鼓励和引导不同科学家的价值传播，同时吸引更多的国际声音、意见修正和补充，最终构建以和平与发展为核心要义的人类科技文化体系，推动金砖国家科学家引领未来科技发展的人文观，欢迎各国、各领域科学家以人类命运共同体为主旨共通。金砖国家在经济和科技发展上尚未形成领先全球的趋势，在国际上受到西方国家的排挤和打压并不少见，正如曼德拉所说"贫穷没什么好说的，但它往往是真正友谊的孵化器"①。金砖国家间应先在内部建立联合自强、互相认同的文化价值基底，将南南合作作为重点项目，每年由专项部门负责，以"求同存异，团结协作"为内核，不断提升金砖影响力、扩大朋友圈。

三是全面营造宽容、开放的社会环境和文化氛围。科技颠覆性地改变了人类生活，帮助人类跨越了生存和发展中的现实障碍，也提供了更多的可能性和选择性。所以，既需要形成更加包容、友好的社会环境，容纳小众选择的个体，保护各圈层的权利，也要营造更加开放、多元的文化氛围，为科技前沿性拓展和颠覆性突破提供更开阔的空间。金砖国家地处不同洲际，区位

① 〔南非〕纳尔逊·曼德拉：《漫漫自由路》，谭振学译，山东大学出版社，2005，第126页。

联合将产生明显优势，十分有利于不同洲际国家及国际组织开展交流对话，可促进科技合作的有效分享。

四是更深入地推进生态文明建设，让人与自然和谐发展。人类与地球共生共处的观念镌刻在文化意识中，从而指引科技发展永远以绿色发展为引领，以科技力量大幅度减少人类发展对地球生态的破坏和侵蚀，保护和维持生物多样性。在金砖国家中，无论是位于南美洲的巴西利亚、欧洲的莫斯科，还是亚洲的德里和北京等，都面临大气污染、废物处置、清洁水资源紧缺等诸多环境问题。当下，要想应对以上问题，应以金砖国家环境可持续城市伙伴关系倡议为基础，建立金砖国家大型城市间对话机制，聚焦大城市的环境规划和治理的对话与成功经验的交流，构建环境领域的相关产业与先进技术的交流平台，从而加强金砖各国的环境治理能力和国际绿色发展合作。

（二）需形成向善负责任的科技发展观

一是科技发展伦理先行的创新理念内化于心。创新发展除了要满足社会发展的进步需要，也要与人类文明本身的正向有序发展相符合，人类是科技发展的创新主体，在推动科技发展时应时刻以人类文明伦理自省自应，将科技伦理的要求内化于心，不再需要伦理审查或者有制度的硬性需求。目前，金砖新成员国在科学技术发展水平、新兴技术应用能力，以及相关细分领域内比较优势等方面存在差别，这无疑给双边乃至小多边合作的推进带来了困难。金砖各国应顺应趋势，建立健全科技伦理国际治理多边机制，在治理框架、标准规范、技术应用、法律规范和伦理规范等方面共同推动科学技术的可持续发展。

二是形成全民自发参与的公众科技创新理念。创新发展将不再是国家或地区的整体需求，而是内化于个人探索世界、认知真理的个人需求，社会公众开始认真思考创新所带来的利弊，正确对待社会的科技创新趋势。具体到金砖国家而言，如俄罗斯可以充分激发青少年发现问题，利用科学、技术、数学知识解决问题的 STEM 意识，加强科学扫盲宣传以提升与增强全民科学素养和意识，持续发挥科学节在提高俄罗斯公众科学素质方面的作用。同时，完善和升级科学普及传播形式，重视和推进以能力建设为目标的公众科学素质普及，形成利用数字化、多媒体的新途径打造兼顾公平性与包容性发展的国际科学传播理念。

（三）持续营造富含创新文化的社会文化氛围

一是创新成为社会自发进步的内在需求。社会公众不再将实现社会重大变革的契机交给时间，而是主动寻求改变与创新，且不将其与个人利益和得失挂钩，单纯形成以提升自身能力和激发社会变革的创新导向型社会文化氛围。例如，金砖成员国中的巴西要想开展全社会的主动革新，就必须解决国内盗窃、抢劫等较为突出的法治问题，重塑国家安全、打击犯罪，维护社会整体稳定，才能为创新创造有利条件。

二是创新门槛基本消失。科技创新不再高高在上，随着全民科学素质的不断提高，全社会基本实现无差别创新，科技创新主体范围扩大至全社会，科技创新主体上限提高的同时下限门槛降低，社会公众可以广泛参与部分专业性的科技创新活动，如印度在迈向开放创新的世界时，应通过教育平等、社会流动、法律保护和社会福利等措施，以更加包容、平等和创新的理念推动社会发展。

参考文献

蔡莉等：《创业生态系统研究回顾与展望》，《吉林大学社会科学学报》2016 年第1 期。

陈劲、黄海霞、梅亮：《基于嵌入性网络视角的创新生态系统运行机制研究——以美国 DARPA 创新生态系统为例》，《吉林大学社会科学学报》2017 年第 2 期。

陈强、余伟：《英国创新驱动发展的路径与特征分析》，《中国科技论坛》2013 年第12 期。

王丹等：《循环经济理论下的中国创新创业生态体系的发展研究》，《科学学研究》2019 年第 10 期。

王玲：《浅析日本国家创新体系改革新动向》，《世界科技研究与发展》2018 年第 6 期。

王明杰：《主要发达国家城市创新创业生态体系建设比较研究——以德国、美国、英国、法国为例》，《行政论坛》2016 年第 2 期。

王宇：《创新生态视角下科技成果转化的机制设计》，《现代经济探讨》2021 年第 11 期。

徐振强：《德国"工业 4.0"科技园区创新创业生态体系研究——基于对柏林州 Adlershof 科技园的案例研究》，《中国名城》2015 年第 11 期。

余日昌：《西欧国家的创新个性》，《世界经济与政治论坛》2006 年第 6 期。

曾国屏、苟尤钊、刘磊：《从"创新系统"到"创新生态系统"》，《科学学研究》2013 年第 1 期。

郑秀恋等：《深化科技体制改革促进创新创业生态发展》，《科学管理研究》2021 年第 6 期。

Z. J. Acs , E. Stam , D. B. Audretsch , "The Lineages of the Entrepreneurial Ecosystem Approach," *Small Business Economics* 1 (2017): 1−10.

R. Adner , "Match Your Innovation Strategy to Your Innovation Ecosystem," *Harvard Business Review* 4 (2006): 98−107.

S. Chanphirun , "Understanding the Concept of the Entrepreneurial University from the Perspective of Higher Education models," *Higher Education* 6 (2014): 891−908.

B. Cohen, "Sustainable Valley Entrepreneurial Ecosystems," *Business Strategy and the Environment* 1 (2006): 1−14.

M. T. F. Fernndez , F. J. B. Jimnez, J. R. C. Roura, "Business Incubation: Innovative Services in a Entrepreneurship Ecosystem," *The Service Industries Journal* 9 (2015): 920−927.

O. Granstrand , M. Holgersson , "Innovation Ecosystems: A Conceptual Review and a New Definition," *Technovation* (2020) .

R. T. Harrison , S. Y. Cooper , C. M. Mason , "Entrepreneurial Activity and the Dynamics of Technology-based Cluster Development: The Case of Ottawa," *Urban Studies* 5−6 (2004): 1045−1070.

D. J. I senberg, "How to Start an Entrepreneurial Revolution," *Harvard Business Review* 6 (2010): 40−50.

B. Spigel , "The Relational Organization of Entrepreneurial Ecosystems," *Entrepreneurship Theory & Practice* 6 (2015): 1−24.

X. Xie, H. Wang, "How can Open Innovation Ecosystem Modes Push Product Innovation Forward? An fsQCA Analysis," *Journal of Business Research* (2020) .

P. C. Mason, D. R. Brown, "Entrepreneurial Ecosystems and Growth Oriented Entrepreneurship, Background Paper Prepared for the Workshop Organized by the OECD LEED Programme and the Dutch Ministry of Economic Affairs on," *Entrepreneurial Ecosystems & Growth Oriented Entrepreneurship* 1 (2014): 1−38.

B.15
金砖国家推动科技创新发展的
政策动向分析
——以巴西为例

郭 栋　卡洛斯·松本（巴西）　维尼亚·戈麦斯（巴西）　梁嘉明*

摘　要： 2023 年巴西科技面临往届政府削减预算、对科技抗疫投入不足以及缺少对气候变化和生物多样性的监测与研究等遗留问题。巴西新一届政府计划制定《国家科技创新战略》，通过重振科技创新机构、培育创新生态和创业文化、发展生物经济、开发生物能源等一系列举措，加强国家科技创新体系建设、全面提升科技创新能力，并通过加强科技合作带领巴西回归国际舞台。

关键词： 巴西　国家科技创新战略　创新创业　科技合作

一　引言

2023 年 1 月 1 日，卢拉宣誓就任新一届巴西总统。上任伊始，巴西的科技就面临着严重挑战，这些挑战源于上一届博索纳罗政府对科技不够重视，并遗留了一系列问题，其中包括政府削减科技创新预算、对科技抗疫投

---

* 郭栋，科技部国际科技合作中心，研究方向为国际科技合作政策、金砖国家和巴西；卡洛斯·松本（Carlos Matsumoto），巴西科技创新部国际合作司司长；维尼亚·戈麦斯（Vânia Gomes），巴西科技创新部国际合作司双边合作处处长；梁嘉明，广东省技术经济研究发展中心副研究员，研究方向为科技管理、葡语系国家科技合作。

入不足以及缺少环保技术的研发等。① 为解决这些问题，巴西新一届政府采取了一系列举措，主要包括大规模投资科技基础设施建设、鼓励创新产业发展以及积极推动国际科技合作。虽然目前巴西仍然面临科技发展缓慢、人才培养难度大和创新环境动力不足等挑战，但是新一届政府正致力于推动巴西重返国际科技创新舞台，促使其科学家和创新企业获得更多国际认可，不断增强国家自身创新能力。这些举措为巴西在全球经济中发挥更重要的作用奠定了基础，也凸显了科技创新对巴西实现可持续发展和提高国际竞争力的战略意义。

二　巴西新一届政府面临的科技创新困境

过去四年，巴西科学界经历了一场重大打击，上一任政府领导人拒绝以科学为基础制定和执行公共政策，尤其是在新冠疫情大流行、气候变化危机以及科研机构与大学的运作困境期间，政府仍削减科技创新预算。2023 年，巴西科技创新部（Ministério da Ciência, Tecnologia e Inovação, MCTI）还面临预算资金的掣肘，使得困境更加凸显。

除了削减科技创新预算之外，在此期间的各个领域，尤其是卫生、教育和环境等部门的科技创新职能运作不畅。这一时期，巴西政府不同部门都在相对独立的状态下运作，缺乏对话和共同规划，科技创新部和其他政府部门无法协调行动，共同努力推动国家科技发展，无法在短期、中期、长期内为增进巴西公民的福祉提供有力的行动支持。

举例来说，在卫生领域，新冠疫情期间巴西卫生部在新冠疫情相关研究和防疫物资储备及拨付方面反应迟滞，巴西科技创新部在疫苗、药物和其他医疗用品研发方面尚未取得重要进展。在环境领域，由于当时巴西环境部监

---

① "FNDCT vai investir R $ 1, 25 bilhão em 10 programas estratégicos em 2023", Ministério da Ciência, Tecnologia e Inovação, Aug. 11, 2023, https：//www. gov. br/mcti/pt - br/acompanhe-o-mcti/noticias/2023/06/fndct - vai - investir - r - 1 - 25 - bilhao - em - 10 - programas - estrategicos-em-2023.

管环境恶化活动的缺位，亚马孙森林火灾和森林砍伐持续增多，对巴西国际形象产生一定负面影响。在环境领域，巴西环境部中止了对气候变化和生物多样性相关研究的资助，导致过去四年巴西丧失了相关领域的关键数据，而这些数据对减少碳排放和可持续利用巴西的生物多样性至关重要。

不过，新一届政府上任以来，巴西科技创新部与卫生部、教育部、环境部的合作关系逐步恢复，共同努力使科技创新成为巴西经济和社会发展的引擎。

三　巴西新一届政府重振科技创新有关机构

巴西新一届政府认识到，加强科技创新在实现巴西的可持续发展、推动新型工业化以及维护巴西在战略领域的地位方面具有重要意义。要使巴西在未来几年内成为技术强国，仅仅确定优先事项是不够的，还需要大力投资以减缓和适应气候变化、保护生物多样性、实现能源转型和数字化转型，同时需要在医疗和生物技术领域实现自主创新，并解决饥饿和贫困等民生问题。

经过五年的停滞，巴西科学技术委员会（CCT）已经重新开始就巴西科技发展的重大问题展开讨论。作为总统的咨询机构，科学技术委员会具有广泛代表性，委员会会议由总统定期召集巴西联邦政府的 16 个部长及国家重要科技机构负责人召开，在指导巴西中长期的科技战略决策中具有至关重要的作用。巴西科学技术委员会将制定新的"国家科技创新战略（2024—2030）"，广泛征询社会、企业、研究机构、行业协会以及地方政府的意见，并在 2024 年举办的第五届全国科技创新大会上正式发布。

近年来，巴西科技创新部研究机构的研究人员和技术人员短缺及老龄化的问题愈加严重。巴西科技创新部在 2023 年进行了新一轮招聘，发布了814 名研究人员和技术人员的职位空缺，为巴西科技创新部及其全国的研究机构提供人才支持。巴西的国家科研机构全部为巴西科技创新部直属研究单位，因此增加研究人员将在一定程度上缓解人员短缺和实现新老交替。

过去十年间，巴西高等教育人员促进会（CAPES）和巴西国家科技发

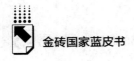

展理事会（CNPq）的研究补助金一直未调整，现在研究补助金较之前翻了一倍，近 26 万名本科生、研究生和研究人员因此受益。此外，这两个资助机构还将在 2023 年增加超过 1 万个奖学金名额。

作为巴西科技创新的主要资金来源，巴西国家科技发展基金（FNDCT）在 2023 年重新获得注资。此前，该基金的注资和使用在长达十多年的时间里一直受到限制，严重影响了对研发活动的投入。2023 年，巴西国家科技发展基金将向巴西的实验室、大学、研发中心、企业、初创公司和科技园区注入近 100 亿雷亚尔（约 20 亿美元）。

巴西创新与研究署（FINEP）作为巴西主要创新资助机构，将之前高达 8% 的公司借贷利率降至 2%。即使在降低利率之前，FINEP 的 2023 年贷款额在 4 月中旬已达到 11 亿雷亚尔，是 2022 年同期的两倍多，这显示了政府在科技风险投资方面更加积极的态度。随着利率的下降，巴西社会将进一步加大对创新企业的资助。

此外，巴西国家科技发展基金近期投资计划已经得到基金委员会的批准，计划实施时间是 2023～2025 年。这一计划下设 10 个专项，将改变过去几年碎片化和分散行动的局面，基金投资将增强科技对巴西经济和社会发展的推动能力。该投资计划包括以下 10 个专项：

1. 研究基础设施恢复扩展计划 Pró-Infra；

2. 可持续工业创新计划 Mais Inovação Brasil；

3. 数字转型推广支持计划 Conecta e Capacita Brasil；

4. 亚马孙地区可持续发展综合计划 Pró-Amazônia；

5. 人才回流计划 Conhecimento Brasil；

6. 公共政策科学决策支持计划 Política com Ciência；

7. 国家科学、历史和文化文献修复与保护计划 Identidade Brasil；

8. 国家战略项目计划；

9. 国防领域技术自主推进计划；

10. 食品安全与消除饥饿科技创新计划。

这些专项得到了国家工业发展理事会（CNDI）的支持。国家工业发展理事会在停滞七年后也已重新开始议事，并确定了其优先事项，包括打造可持续数字化农业产业链以消除饥饿，完善卫生体系，促进生产一体化的可持续基础设施建设，工业数字化转型，实现工业脱碳、能源转型和生物经济，提升国家国防实力的关键技术，实现大城市中住房和交通的可持续改善。国家工业发展理事会宣布将投入 1060 亿雷亚尔用于实现国家的"再工业化"，其中巴西科技创新部将投入 410 亿雷亚尔支持这些优先事项。

四 巴西新一届政府在科技创新领域的重要举措

巴西科技创新部部长桑托斯在上任伊始宣布"科学重返巴西"，并着手推动，这一理念在巴西新一届政府成立首月的行动中得到了有力支持。巴西新一届政府在上任初期便制定了新的指导方针，将引导制定新的"国家科技创新战略（2024—2030）"，该战略包括以下四个主要方向。

（一）加强国家科技创新体系建设

近年来，巴西国家科技创新体系遭受了严重冲击，因此需要进行扩展和巩固。为实现这一目标，第一，巴西联邦政府与州政府、市政府以及社会团体合作，推动国家科技力量壮大，提升科技能力，减少科技发展不平等现象。有关部门认识到，需要加强科技创新领域的人力资源培育，吸引和留住卓越人才，以扭转国内人才外流的趋势。第二，需要整合国家科技创新体系中各参与者的行动，协调不同层次和领域的活动，减少地区之间的差异。第三，应推动基础研究及其应用，扩展知识的边界，发展颠覆性和具有未来潜力的技术，特别是在生物技术、纳米技术和人工智能领域。第四，通过充分利用国家的生物多样性潜力来促进可持续发展。第五，需要加强科研创新法律框架的巩固、完善和实施，使其能够符合科学研究、技术开发和创新活动的特点。这些任务都是具有挑战性的，但均是奠定国家科技创新体系基础的必要和基本步骤。

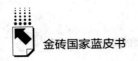

（二）在新基础上重启工业化，支持企业创新

巴西曾经历了严重的去工业化进程，为了扭转这一局面，巴西政府需要各界共同努力拉动国内生产总值重新增长。为实现这一目标，巴西科技创新部积极促进和支持国内企业的技术进步和创新，特别关注有助于推动国家工业化的项目，通过提升国内生产总值来实现经济增长。

在这一行动中，主要的投资领域包括增加国内创新型企业的数量、加大企业对创新的投资、提高巴西 GDP 研发强度。同时，要在卫生、能源、国防、安全以及信息通信技术等战略领域推动工业技术企业的建设。在创新领域，要促进科研机构和企业的合作，包括支持科技园区和孵化器建设，支持创新型企业，鼓励国内企业的研发活动，整合各类激励创新工具和机制，包括技术订购和税收激励工具，并建立有利于企业创新的政策体系。巴西的创新文化需要培育，唯有通过大量投资和政府的激励措施才能够实现。这是面向未来的战略愿景，国家将长期从中受益。

（三）国家战略计划和项目的科技创新行动

新冠疫情凸显了巴西在医疗产品自主研发和生产能力上的脆弱性。疫情发生后，巴西诸如口罩等个人防护装备仍依赖国际采购。因此，国家战略计划和项目的科技创新行动有利于促进巴西在关乎国家战略利益的计划和项目中的科技创新发展，以及鼓励相关研究与创新活动的开展。为此，巴西政府加大对国家自主技术和产能的投资，如巴西太空计划、巴西核计划、国防以及其他战略性产业链（医疗、能源、食品、矿产和信息与通信领域）。此外，巴西未来还将特别关注亚马孙地区的可持续发展和综合利用。2023 年 8 月，巴西科技创新部宣布对六项战略计划投资 78.9 亿雷亚尔，其中将建设拉美地区第一个 P4 生物实验室，占地 2 万平方米的综合实验室将在 2026 年前获得 10 亿雷亚尔的资金支持。巴西是少数拥有第四代同步辐射光源技术的国家之一，此次将投资 8 亿雷亚尔支持巴西天狼星同步辐射光源二期的建设。巴西多用途反应堆（RMB）计划投资 10 亿雷亚尔，将成为巴西最重要的核技术应用研究中心，在医学和工业、能源、农业、环境等领域造福社会。巴西将对"研究基础设施恢复和扩展计划"投资 44 亿雷亚尔，以改变先进研究基础设施在全国分布不均的现象。巴西将投资 6.4 亿雷亚尔用于提高与改善研究机构和教育机构的网络接入质量与安全，"信息高速公路网计划"将建立互联互通的国家研究机构信息网和各州的信息网络，并加强科学网络的信息安全。此外，巴西还将投资 5000 万雷亚尔采购现代化设备帮助国家自然灾害监测警报中心（Cemaden）改善科研环境和条件。①

（四）促进社会发展的科技创新行动

促进社会发展的科技创新是巴西新一届政府科技创新战略的重要特征。因为巴西是一个存在巨大地区差异和贫富差距的国家，促进科技创新成为消除不均衡发展的突破口，通过科学的普及与推广、增强人们对高科技产品的使用意识，以及传播科学思想，能够改善人民生活条件并解决社会问题。

该行动的核心是通过普及科学来改变巴西人民的整体文化，改变疫情期间人们对科学方法和价值观的否定。加强科学在制定、执行、监测和评估公共政策方面的支撑，做到科学决策。由于信息通信技术领域有多达 10 万名工人的岗位缺口，巴西政府还将提升民众使用互联网和数字化工具的能力。同时，支持设有科研院所和技术教育中心的地区开发社会辅助技术，促使国家科技创新体系重视特殊人群的需求。最后，政府还将提出加强粮食安全的创新解决方案，消除饥饿。值得一提的是，在这一点上，巴西有很多可以向中国学习的地方，正如中国在 2020 年底成功消除了贫困。

五　巴西科技创新部的主要战略和行动

巴西政府认识到科技创新对驱动国家发展至关重要。巴西尽管在过去几

---

① "MCTI tem investimentos de quase R $ 8 bilhões no Novo PAC", Ministério da Ciência, Tecnologia e Inovação, Aug. 11, 2023, www. gov. br/mcti/pt-br/acompanhe-o-mcti/noticias/2023/08/mcti-tem-investimentos-de-quase-r-8-bilhoes-no-novo-pac.

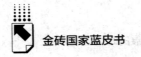

年改善了一些指标，但创新表现仍远不足以匹配其庞大的经济规模。根据《全球创新指数2022》，巴西在130个经济体中排名第54。

（一）科技发展路线的思考

巴西科技创新部部长桑托斯及其团队清楚地认识到，科技竞争是争夺全球生产力领导地位的关键。历史证明，掌握先进技术的国家会成为经济更发达、人民生活质量更高的国家，发达的经济又将促进技术的进步，从而进入良性循环。然而，巴西在科技创新方面的表现尚不突出，将知识转化为技术创新可能是该国面临的最大问题。当前，巴西主要依赖初级产品出口，其价格因受生产成本和与其他国家的竞争因素影响而波动。

世界上许多国家通过投资科技创新，从发展中国家转变为发达国家。以日本为例，其在第二次世界大战后仅用几十年的时间就成为全球主要发达经济体之一。韩国是另一个典范，其人均GDP是巴西的4倍。然而，最令人瞩目的例子是中国，根据世界知识产权组织的数据，中国即将跨入全球创新力排名前十的行列。

在这方面，与中国的合作变得尤为重要。作为长期合作伙伴，巴西不仅可以从中国贡献的科学知识中受益，还可以从中国在研发和创新方面的投资中受益。巴西科技创新部希望中国企业可以将其研发中心设在巴西，充分利用巴西地理位置的战略优势以及高水平的科学技术能力，将巴西打造成为中国产品和技术在拉丁美洲与加勒比地区的枢纽。在巴西设立中国企业的研发中心可能会引发连锁反应，因为对高水平人才、产品和基本原材料的需求将拉动整个价值链的延长，推动技术教育发展，培育提供新技术和新产品的创新型企业。

（二）培育创新生态和创业文化

在巴西，创新的主要挑战在于改变私营部门对创新的投资态势。《科技创新法律法令》（2018年2月7日颁布）设立了促进创新和生产环境中的科学研究和技术研究的措施，加强技术能力建设，实现技术自主，推动国家和地区生产系统的发展。然而，这在优化巴西创新格局方面仍存在不足，需要改变巴西的创业文化。《国家科技创新战略》除了上述第二项关注创新的部分外，第四项也至关重要：通过增强与提升公众科学意识和科学素养，公民了解技术发展并参与创新相关的活动。然而，作为 PISA 评估（国际学生评估项目）中排名最低的十个国家之一，巴西的科学普及和传播关注将成为一个重大挑战，其成果可能需要在中长期内才能显现。现在，巴西需要重新出发，着眼于未来。

尽管如此，巴西的圣保罗有拉丁美洲最大的科技创新集群。圣保罗的创新生态系统价值超过 1000 亿美元，整个创新环境发挥着积极作用，因为圣保罗是拉美最优秀的大学之一——圣保罗大学（USP）的所在地。全球创业研究机构 StartupBlink 发布的《2022 年全球创新生态系统指数》报告显示，在巴西的 22 家独角兽公司中，有 13 家位于圣保罗。此外，圣保罗还拥有 571 家创业公司，占巴西创业公司总数的 48%。

巴西的阿雷格里港举办了两届全球最大的创业公司博览会 South Summit Brazil。最新的一届 South Summit Brazil 于 2023 年 3 月举行，吸引了来自 50 个国家的超过 2.2 万名参与者，包括超过 7 千家公司、超过 2.5 万家创业公司和约 600 名投资者，其中包括 30 只国际基金。在创业公司比赛中，对入围决赛的创业公司的投资总额超过 120 亿美元。下一届 South Summit Brazil 将于 2024 年 3 月在阿雷格里港举行。

回顾构成《国家科技创新战略》的各项政策，第二项政策着重支持科技型企业。巴西科技创新部于 2023 年初推出了巴西初创互联计划，促进巴西创新生态系统的发展，项目涵盖创意、连接、培训各类活动，每家创业公司可获得 9 万雷亚尔（约 1.8 万美元）的投资。该计划将企业家、初创企业、投资者、导师和合作伙伴汇聚在一起，共同致力于提升初创企业的创新水平和竞争力。

另一项重要举措是于 2023 年推出的"女性创新者奖"，以鼓励女性领导的初创企业，提高国内创业领域中女性的代表性。本届活动将从每个区域评选出 6 家初创企业，共计 30 家公司，接受为期 7 周的加速计划，该计划

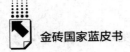

由来自公共和私营部门的导师和演讲者组成的团队进行指导。最终，所有公司将向区域评估委员会进行展示。成功完成整个计划的公司将获得 5.2 万雷亚尔（约 1 万美元）的奖金，每个区域评估委员会将选择 1 家公司颁发特别奖，奖金为 10 万雷亚尔（约 2 万美元）。

（三）发展优势领域：生物经济

根据巴西农牧业研究院（Embrapa）的数据，巴西近 50% 的土地仍保留着原生植被，其中 25% 位于农村地区。巴西被视为世界上生物经济最有潜力的市场之一，生物经济具有推动国家再工业化的潜力，因引入了低碳排放的创新，为整个产业链增加了价值，特别需要关注亚马孙地区，该地区对推动创新和可持续经济发展至关重要，也非常适合发展生物经济。

巴西科技创新部从 2016 年开始推动生物领域发展。巴西有潜力成为可持续经济发展新模式的领导者，并为从线性经济和以原材料和化石燃料为基础的经济转向循环经济做出贡献。巴西科技创新部牵头推动生物经济产业链计划，有 3 个与地方特色契合的科研创新项目正在实施。这些项目表明，生物多样性的利用不仅保护了自然资源，同时为当地提供了就业和收入机会。

（四）发展优势领域：生物能源

不容忽视的是，生产创新产品需要能源消耗。在这一领域，巴西拥有明显优势：近 90% 的能源来自可再生能源，主要为水力能源。巴西的清洁能源结构目前已达到其他国家计划于 2050 年才能实现的水平。届时，巴西将有机会扩大太阳能和风能的来源，确保国内外需求的清洁能源供应充足。

巴西科技创新部与巴西矿业能源部以及工业发展与贸易部一道致力于研究和开发绿色氢能源，出口是主要目标，尤其是北方国家。此外，巴西科技创新部还专注于生产航空用生物煤油，这将给涉及国防、交通、旅游、农业等多个领域的整个产业链带来巨大的环境效益。

然而，巴西生物能源创新的最佳典范是燃料乙醇，这一产业链始于 20 世纪 70 年代，推动了新型汽车引擎技术的发展。巴西超过 80% 的新车是灵活燃料汽车：驾驶员可以选择加注乙醇或汽油，或两者兼用。目前，巴西汽油中添加的乙醇比重高达 25%。

六　科技合作带领巴西回归国际舞台

当今世界正处于大发展大变革大调整的重要时期，国际局势正发生极为深刻的变化，这个局势以大规模的流行病和地缘政治冲突为特征，凸显了全球生产和供应链的脆弱性，并加剧了技术领域的主导权争夺和基于国家利益的竞争。同时，各国面临全球性的挑战，如极端气候、水资源短缺、海平面上升、卫生紧急情况和粮食安全问题。这些问题无关国界，只有通过科技创新领域的国际合作才能解决。在这个复杂的背景下，巴西致力于以务实的方式巩固传统合作关系，并寻求新的合作伙伴。

巴西的目标是利用国际双多边合作应对国家和全球的重大挑战。要想成为未来 30 年的技术强国，巴西必须投资应对气候变化和生物多样性损失、能源转型、数字化转型、医疗和生物技术以及克服饥饿和分配不均等问题。为此，巴西科技创新部将充分发挥自身优势，推出双边和多边研究项目，推动巴西科技机构的国际化。

（一）多边科技合作

巴西科技创新部正在为 G20 框架下的科技创新协调工作制订强有力的行动计划。其中，开放科学的议题在巴西轮值主席期间（2024 年）将继续讨论。巴西科技创新部认为有必要考虑各经济体的差异，在获取科学产出领域寻求更加公平的机会和条件。

巴西将继续并深化与北美和欧洲在科技创新领域的历史伙伴关系，同时，巴西政府将进一步推动与拉丁美洲与加勒比地区的合作，加强与金砖国家的合作，并重新开展与非洲和葡萄牙语国家共同体（CPLP）成员国的合作。

未来几年，对巴西在国际科技舞台展示领导力和协调作用将尤为重要。

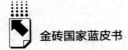

巴西 2023 年将举办亚马孙峰会，出任南方共同市场（MERCOSUR）主席国，2024 年将担任 G20 轮值主席国，2025 年将担任金砖国家轮值主席国，并有望举办 2025 年联合国气候变化大会（COP-30）。

巴西科技创新部还计划动员海外的巴西科学家社群，资助国际科技创新项目，并更多参与全球基础设施研究，如欧洲核子研究中心（CERN）等。除了巴西科技创新部在科学合作方面的努力外，巴西政府还将努力确保将先进技术通过商业关系转移到巴西。为此，巴西将使用促进创新的工具，特别是推动需求方的刺激措施，其中包括国家采购、技术订购和技术补偿等。

（二）双边科技合作

外交方面，巴西总统卢拉表示，巴西将"重归世界舞台"，并赋予科技合作特殊地位，成为其政府外交政策的重要部分。巴西总统 2023 年的外交出访活动中，科技创新议程作用凸显。

在这些访问中，巴西科技创新部与对方科技主管部门签署了一系列在人工智能、量子技术、半导体、气候变化、可再生能源、医疗保健、生物经济、航天和新材料等战略领域的合作文件。巴西科技创新部宣布与阿根廷合作建造巴西多用途反应堆（RMB），可在 2028 年之前使巴西实现对癌症治疗用放射性同位素的自给自足，并与中国合作开发 CBERS-6，通过新的雷达技术革新监测亚马孙和其他巴西生物群落的能力。

在巴西—阿根廷双边合作方面，双方签署了《巴西—阿根廷双边合作计划》和《关于海洋科学合作的谅解备忘录》，并且宣布建设巴西多用途反应堆（RMB）和阿根廷—巴西海洋环境信息卫星（SABIA-Mar）的工程。这些项目无论是用于生命健康的放射性同位素生产，还是用于监测巴西7500 多公里海岸线和海洋资源，对巴西都非常重要。

（三）与中国的合作

2023 年 4 月，卢拉总统对中国的访问取得了重大成果。通过签署《关于合作研制地球资源卫星 06 星的补充议定书》，巴西和中国在此领域的合作成为南南合作的典范，这一成功合作使巴西和中国成为全球地球观测领域的主要参与者。迄今为止，巴西和中国已经共同研制、测试并发射了六颗中巴合作的地球观测卫星（CBERS）。这是一种基于平等和互利的合作，巴西与发展中国家分享卫星数据和图像。目前，两颗卫星正在轨道上运行，两国计划在四年内发射 CBERS-6。另外，卢拉总统访问中国时，巴西科技创新部与中国科技部签署了关于研究和创新合作的谅解备忘录。巴西政府还与中国工业和信息化部签署了关于信息通信技术合作的谅解备忘录。①

两国科技界高层互访已经开始。巴西科技创新部主管技术和创新发展的吉尔梅·卡列罗斯副部长率领代表团前往澳门，强调创新和文化纽带，特别是扩大中国与葡萄牙语国家的科技合作。2023 年 9 月，巴西成为第 16 届上海浦江创新论坛的主宾国，该论坛的主题为"开放的创新生态：创新与全球链接"。习近平主席与卢拉总统分别为论坛致贺信，桑托斯部长录制了视频致辞，由巴西创新与研究署主席、巴西科技创新部前任部长塞尔索·潘塞拉率领庞大代表团访问中国，以加强科技创新领域的合作。会议期间，两国进行了重要讨论，有助于巴西通过更可持续的创新来恢复经济增长。

巴西科技创新部期待着中国科技部部长的访问以及中巴高层合作协商委员会科技分委员会第六次会议的召开。桑托斯部长已于 2023 年 4 月访问中国，在中国国家主席习近平与巴西总统卢拉的共同见证下，两国共同签署《中华人民共和国科学技术部与巴西联邦共和国科技创新部关于科研创新合作的谅解备忘录》。中巴双方希望通过此合作协议，探索开辟加强科技和产业创新研究领域双边合作的新渠道，尤其是在信息通信技术、空间技术、纳米技术、半导体、气候变化、能源和生物多样性等领域，以开展联合研究、科学家互访等形式，进一步促进中巴两国科技发展、增进人民福祉。②

---

① 《中华人民共和国和巴西联邦共和国关于深化全面战略伙伴关系的联合声明（全文）》，中国政府网，2023 年 4 月 14 日，https://www.gov.cn/yaowen/2023-04/14/content_5751581.htm?eqid=a55bbac10001a2be0000000664671ffc。

② 《科技部与巴西科技创新部签署重要合作协议》，科技部网站，2023 年 4 月 17 日，https://www.most.gov.cn/kjbgz/202304/t20230417_185580.html。

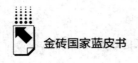

七　结语

巴西政府认识到，尚有大量工作需要开展。巴西产业的衰退导致巴西在诸如卫生等战略领域的自主性急剧下降，因此政府需要采取行动，大力投资推动企业创新，将企业作为国家经济的主要动力。

新的"国家科技创新战略（2024—2030）"的基础已经奠定，现在需要实施，以吸引更多的私人投资用于研发创新，从而形成投资、就业、收入、生活质量、教育、经济和社会发展的良性循环。巴西急需消除贫困和饥饿，而科技创新将成为推动巴西迈向新时代的动力，这个时代将以更清洁和环保的新元素为基础，同时具备更先进的技术。

与包括中国在内的国际伙伴合作，对巴西的发展至关重要，有助于巴西重新夺回在促进和维护和平方面的外交领导地位。科学已经确立为一种"全球语言"，因为对知识和技术的追求催生了新的世界秩序。基于这一前提，考虑到解决全人类共同问题必然依赖科学知识、技术发展和创新，科学将成为加强全球治理的关键，通过共同行动解决全人类面临的共同问题。

巴西政府展现出了巴西致力于国际合作，坚持多边主义、区域一体化，支持非洲大陆并与包括中国在内的战略伙伴加强双边关系的意愿。巴西政府的外交政策着重促进和维护和平的对话与共识。巴西科技创新部及其下属科研单位的国际合作正是朝着这个方向推进。

此外，巴西拥有得天独厚的自然条件，包括丰富的土地、气候和水资源，是一个物种多样性丰富的国家，具备引领变革的专业知识和重要的人才基础。尽管巴西新政府执政刚刚开始，不到一年，但短时间内巴西在科技创新方面的投资规模创下了历史新高。由此可见，巴西在未来几年能够跻身创新型国家行列。

Abstract

Research Report on Science, Technology, and Innovation Development and Cooperation among BRICS Countries (2023) focuses on science, technology and innovation (STI) development and cooperation in Brazil, Russia, India, China, and South Africa. This report has a deeply analysis on STI development and international collaboration among BRICS, focus on investigations of key areas and import issues to provide policy recommendations in order to enhance the STI collaboration among BRICS.

The first section is a general report. China, India, and Russia have shown significant progress in STI development over the last five years, with South Africa and Brazil remain stable. These nations collaborate in different fields, such as climate change, water resource management, geospatial technology etc. Publications among BRICS are increasing, with material science (cross-disciplinary), astronomy and astrophysical physics, and physical chemistry being the most collaborative ones. While the STI talents exchange among BRICS nations remain frequent, the STI talents exchange declines under the impact of the COVID-19 in the recent years.

The second section reports by nations. China has made remarkable progress in STI, increasing its global ranking and fostering robust STI achievements through extensive openness and collaboration. Russia is working on strengthening its "STI sovereignty" in terms of funding, standards, policies, and markets, but faces challenges from innovation policy system lagging and shortage of funding. South Africa prioritizes STI. While R&D investment has slightly decreased, South Africa has achieved excellent results in cooperation with China in the areas of space science, energy technology etc. Brazil is emerging as a leader in Latin America,

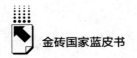

making impressive advancements in the area of Internet of things etc. India shows a significant growth in STI, with a great potential and advantages in electronic information, aerospace, bio-medicine etc. The government emphasizes basic research and technology localization while keeping a closed ties with USA and European nations.

The third section reports by different fields. This section delves into research in agriculture, climate change, marine and polar science, basic research, and technology transfer based on the Cape Town Declaration of the First BRICS Ministers of Science, Technology and Innovation Meeting. Agriculture cooperation among BRICS focuses on climate change, agricultural facilities in agriculture. China and Russia are the main export market for agricultural products, while Brazil is the main impor source country. Climate change efforts align with global governance. BRICS actively promote the full and effective implementation of the United Nations Framework Convention on Climate Change and its Paris Agreement. BRICS have achieved significant strides in project collaboration, platform development, capacity enhancement, training, and established a strong basis for scientific and technological innovation partnerships. BRICS joint funding mechanism of basic research has been established with the areas of physics, biology, materials, and computer science prioritized. However, the cooperation in basic research among BRICS should be extended further. The system of the BRICS technology transfer centers builds an effective docking and cooperative model, playing a key role in facilitating cross-border knowledge and technology exchange.

The last section reports by themes. It focuses on the BRICS Innovation Base, scientific talents development and talents policies, and innvoation environment and the construction of innvoation ecology. The BRICS Innovation Base fosters the new industrial revolution, uniting developing nations. While researchers and highly cited scientists in BRICS are growing, a gap persists compared to developed nations. Stable proportions of STEM under graduates and an increasing number of female talents enhance overall talent competitiveness. The innovation environment in BRICS nations is on an upward trajectory, marked by increased investment in resources, optimized systems, enhanced intellectual property protections, and a growing emphasis on innovation culture.

Science, Technology, and Innovation cooperation is important part under the framework of BRICS Leaders' Summit. Amid rapid global changes, BRICS must uphold principles of openness, fairness, and justice, drive innovation, strengthen the international cooperation on STI, advocate for STI governance reform, and work together to form a unified community with shared future of mankind.

Keywords: BRICS; Science, Technology and Innovation; International STI Collaborations

Contents

Ⅰ General Report

Abstract: This report establishes the BRICS science, technology and innovation (STI) development evaluation index system and measures the STI development of BRICS countries from 2018 to 2021. Overall, among BRICS, the overall scores of China and Russia are more outstanding, meanwhile China, India and Russia show a growing trend, but South Africa and Brazil remain unchanged to some extent. In terms of first-level indicators, there is little change in the score of STI environment of BRICS, among which India and China are more prominent; In terms of STI input, China's score has increased significantly with outstanding performance followed by Russia's score, while India's STI input needs to be strengthened. In terms of STI performance, BRICS show a steady growing trend, among which India rises obviously, and China scores the highest. In the aspect of STI basis, four countries except Brazil show an upward trend, with the more increases in China and India. Besides, with regard to international science and technology (S&T) cooperation, the mechanism of STI cooperation becomes more mature: closer industrial cooperation among countries; more frequent high-tech trade engagements; expanding international cooperation of research cooperation, among which materials science (interdisciplinary), astronomy and astrophysics, and physical chemistry are the core areas; S&T people-to-people exchanges have constantly deepened, with China the primary choice for students in BRICS to study abroad. In the future, we should take the BRICS membership expansion as an opportunity to uphold the concept of open, fair, just and non-discriminatory cooperation, deepen international S&T exchanges and cooperation to tackle major global issues and challenges, actively promote the reform of the global S&T governance system, and expand the influence of BRICS STI cooperation.

Keywords: BRICS; Science, Technology and Innovation; International Science and Technology Cooperation

II　Country Reports

B.2　Research on the Development of Science, Technology and
　　　Innovation and International Science and Technology
　　　Cooperation in China

Zhang Li, Gao Lifei, Deng Yuanhui, Liu Yaqi,
Liu Xiangyu and Chan Jian / 026

Abstract: According to the 2022 Global Innovation Index released by the World Intellectual Property Organization, China saw its ranking jump from 34th in 2012 to 11th in 2022, showing a steady improvement. In terms of Science and Technology (S&T) achievements, Chinese scientists have focused on facing the frontier of world science and technology, the main battlefield of economy, the major needs of the country, and people's life and health, making world-leading S&T achievements, which has strongly supported the high-quality development of the Chinese economy and society as well as enhanced people's sense of happiness. At the same time, China has deepened the reform of S&T system, created a sound

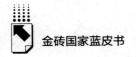
innovation environment, and got involved into the global innovation network with a more positive attitude. It has further expanded S&T cooperation with major innovative countries and BRICS, enhancing the openness, trust and cooperation of the international S&T community, and building a new pattern of all-round, multi-level and wide-ranging S&T openness and cooperation.

Keywords: China; Science, Technology and Innovation; International Cooperation; BRICS

B.3 Report on the Development of Science, Technology and Innovation in Russia

Yu Qianwen, Wang Jing, Liu Yiru, Zhao Haiwen and Feng Xiaoru / 044

Abstract: In 2021, Russia's society-wide R&D expenditures on science and technology will be about $47.6 billion, down 4.89% year-on-year, ranking 10th in the world. As a result, the number of Russian researchers in 2021 will drop by 2.4% year-on-year, and the number of patent applications and SCI paper publications will fall by 14.46% and 49% year-on-year. Although the huge scale of talent is Russia's self-proclaimed advantage of science and technology innovation, but the lagging innovation policy system and the shortage of funds to seriously constrain Russia's scientific and technological progress. Since the happen of the Russia-Ukrain Conflict, in the face of the European and American countries on the Russian science and technology embargo and suppression, the Russian government insists on the construction of "scientific and technological sovereignty", including life sciences, aerospace, energy extraction and transportation, shipbuilding and other industries related to national economy and people's livelihoods as a key technology industry. The Russian government has also tilted to its own scientific and technological research and development institutions and enterprises in terms of funding, standards, policies and markets, in an attempt to break through the European and American scientific and technological sanctions and the blockade of high-end equipment.

Keywords: Russia; Scinece, Technology and Innovation; BRICS

B.4 Research on the Development of Science, Technology and
Innovation and International Science and Technology
Cooperation in South Africa

Tian Xiaoyi, Gerhard Grobler (South Africa), Jiang Jie,

Wei Peng and Wang Heng / 061

Abstract: South Africa as the core driving force of scientific and technological innovation to promote national development, and has shown a steady development trend in the field of scientific and technological innovation in recent years. In order to meet the challenges, the South African government has formulated a comprehensive scientific and technological development plan and policy, which provides a solid guarantee for deepening cooperation in scientific and technological innovation with the BRICS. However, in recent years, there has been a slight decline in R&D investment, scientific research infrastructure level, and innovation output. South Africa holds a positive attitude towards cooperation with China and other BRICS. The two countries have continued to implement the consensus on scientific and technological innovation cooperation, overcome difficulties, make innovations, and further promote practical cooperation in space science, energy technology, biotechnology and other fields, achieving remarkable results. With the addition of new members to the BRICS, the cooperation in scientific and technological innovation will reach a new level, and the development of scientific and technological innovation in South Africa and the cooperation between China and South Africa will usher in more opportunities.

Keywords: South Africa; Science, Technology and Innovation; BRICS Cooperation; China-South Africa Cooperation

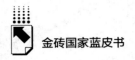
金砖国家蓝皮书

B.5   Research on the Development of Science, Technology and

Innovation and International Science and Technology

Cooperation in Brazil

Wu Yusu, Li Yan, Chen Jiying and Song Junying ∕ 080

Abstract: Brazil is an important innovation nation in Latin America and the Caribbean, ranking first in science and technology among Latin American countries. In recent years, the Brazilian government has regarded Science, Technology and Innovation (STI) as the core of national development. On the one hand, it has continuously increased input and utilized resources, gradually improved national STI system through diversified ideas by introducing a series of relevant strategic policies with diverse ideas, and made progress in areas such as the Internet of Things, artificial intelligence, space technology, thus achieving sustained and stable innovation output. On the other hand, efforts have been made to promote a series of international STI cooperation, including bilateral cooperation with US, Japan, European countries and other technological powers, as well as multilateral cooperation with BRICS countries and Latin American countries.

Keywords: Brazil; BRICS; Science, Technology and Innovation

B.6   Research on the Development of Science, Technology and

Innovation and International Science and Technology

Cooperation in India

Gao Ying, Luo Chunling ∕ 101

Abstract: India is a major hub for Science, Technology and Innovation (STI) in Asia. In recent years, India has seen continuous improvement in its STI capability, with enormous potential. The Indian government attaches great importance to basic research and strategic technological development. By issuing policies and regulations, the Indian government strives to promote technology localization, get rid of external

294

technology dependence, and build a global research and development center. The Indian government focuses on openness and cooperation, engaging more international STI cooperation with western countries, such as the United States, Germany, France, Japan, Australia and etc. India has enjoyed advantages and achieved great results in electronic information, aerospace, Biomedicine and energy fields.

Keywords: India; Science, Technology and Innovation; International Science and Technology Cooperation

Ⅲ Domain Reports

B.7 Research on Agricultural Cooperation of BRICS

Fang Ci, Li Hanning and Ma Ying / 135

Abstract: Agriculture holds a special position among BRICS countries. Strengthening agricultural cooperation among BRICS countries is important for common development in the future. This report analyzed the agricultural cooperation mechanism of BRICS and its impact on agricultural product trade, agricultural investment, agricultural fundamental research, industrial park construction, agricultural technology and cultural exchanges over the past 13 years. Research has found that China and Russia are the main export market of agricultural products for BRICS, while Brazil is the main export source country of agricultural products for BRICS. The overall scale of China's agricultural utilization of foreign direct investment has decreased, with agricultural investment mainly flowing to Russia. BRICS countries have close cooperation in basic research in areas such as climate change, agricultural facilities, agricultural Internet of Things, and disease prevention and control. The long-term mechanism for joint research among private entities is becoming diversified, and modern agricultural industry cooperation agencies are taking shape, with various people-to-people exchanges in science and technology. In response to the severe challenges facing global food security, it is recommended that BRICS improve their agricultural trade cooperation mechanisms, optimize and adjust the agricultural investment structure

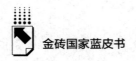
金砖国家蓝皮书

among BRICS, increase support for basic research projects in agriculture of BRICS, strengthen technological innovation and achievements transformation of applied agricultural technology, continuously promote scientific, technological, and people-to-people exchanges in the agricultural field among BRICS.

Keywords: BRICS; Agricultural Cooperation; Agricultural Product Trade; Agricultural Science and Technology

B.8 Research on Actions to Address Climate Change among BRICS

Yu Sha, Yang Ye, Qiao Lin, Xin Bingqing and Yang Yang / 158

Abstract: Climate change has had many adverse effects on the development of BRICS countries. Addressing climate change is a hot topic and an important cooperation area among BRICS. BRICS are committed to promoting the implementation of the United Nations Framework Convention on Climate Change and the Paris Agreement, playing an active leading role in the multilateral process of climate change, making contributions to global low-carbon growth, climate resilience and sustainable development, and becoming a constructive force in promoting global climate governance. From a long-term view, BRICS should adhere to multilateralism, improve laws and regulations, cooperation and green development, build a new pattern of global environmental governance and help more developing countries to achieve green development and modernization while tackling climate change.

Keywords: BRICS; Climate Change; International Science and Technology Cooperation

B.9 Mechanism and Model of BRICS on Marine and

Polar Science, Technology and Innovation Cooperation

Wang Wentao, Li Yuhang, Zhang Tao and Ye Wangwang / 170

Abstract: Facing common challenges including developing marine resources, responding to marine disasters, and safeguarding marine rights and interests, as well as the complex international situation which undergoes profound changes and increasing uncertainties, conducting science, technology and innovation (STI) cooperation in ocean and polar science and technology among BRICS is important for China to participate in global ocean and polar affairs. At present, BRICS have made good progress in project research, platform development, shiptime sharing, capacity building, and training in the field of ocean and polar regions. The STI cooperation mechanisms and models have already laid a good foundation. It is recommended to further consolidate the common understanding of BRICS cooperation, expand and deepen cooperation areas, and create a number of key projects and flagship programs; deepen the construction of base platforms in the ocean and polar fields of BRICS countries, and stimulate the effectiveness of STI in BRICS; develop talent and expert teams in scientific and technological work to better serve the ocean and polar consulting work of BRICS; forge information sharing channels for the transfer of ocean and polar science and technology in BRICS; steadily advance the work of the BRICS Working Group on "Marine and Polar Sciences", innovating high-level regular exchange mechanisms; actively expand marine science and technology cooperation with the new members of BRICS, propelling them to become an important force in international cooperation.

Keywords: BRICS; Ocean; Polar; Science, Technology and Innovation

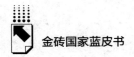
金砖国家蓝皮书

B.10 Research on the Current Situation and Measures of International Cooperation in Basic Research among BRICS

Ma Zongwen, Niu Wen, Zhang Jin qian'nan and Yang Shuai / 188

Abstract: BRICS have a good foundation in basic research and have conducted fruitful practical cooperation. This report summarizes the policies and measures that BRICS implement in the development and cooperation of basic research. Based on the publication of papers by BRICS in the Web of Science database, an in-depth analysis is conducted on the cooperation between BRICS and other countries in the basic research. It was found that the BRICS generally attach great importance to basic research and international cooperation, and have established a joint funding mechanism within the BRICS. The collaborative publication of papers focuses on physics, chemistry, biology, materials science, astronomy, computer science, medicine, mathematics, and other fields. However, the overall cooperation strength between the BRICS in basic research is weak, and the cooperation between the BRICS and other countries is even weaker. Strategies and suggestions have been proposed to deepen international cooperation in basic research among BRICS, including strengthening communication on basic research policies, expanding joint research and development project funding, building basic research cooperation platforms, closely exchanging basic research personnel, and innovating forms of basic research cooperation.

Keywords: Basic Research; BRICS; Joint Funding; International Cooperation

B.11 Research on the Development and Measures of
Technology Transfer in BRICS

Zhang Zhang, Li Muqian, Dao Fudong,
Shi Xiaofeng and Jiang Yuqing / 204

Abstract: The BRICS have established their own technology transfer work systems based on their technological innovation development foundation and the historical evolution of the technology transfer and transformation industry. They have also jointly established the BRICS technology transfer center cooperation mechanism under the BRICS technology innovation and entrepreneurship partnership. This report reviews and explores the current development status of the BRICS in the field of technology transfer. Given that international technology transfer is one of the main measures for technological innovation cooperation among BRICS, the collaborative system of BRICS technology transfer centers has established an effective docking and cooperation model for BRICS technology transfer work, playing a key role in promoting cross-border flow of knowledge and technology.

Keywords: BRICS; Science, Technology and Innovation; Science and Technology Cooperation; Technology Transfer

IV Special Reports

B.12 BRICS PartNIR Innovation Center Empowering
Cooperation in the New Industrial Revolution
among BRICS

Huang Maoxing, Ye Qi / 224

Abstract: Currently, BRICS have taken active actions to embrace a new round of industrial revolution and technological transformation. Positive progress has been made in the signing of cooperation agreements, the headway in the

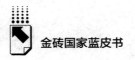

practical cooperation, the strengthening of cooperative mechanisms as well as the transformation of cooperation outcomes. However, BRICS are facing significant challenges in deepening cooperation and development in the new industrial revolution including sluggish global economic growth, suppression from developed countries, increasing difficulties in coordination and insufficient elements for collaboration within BRICS. Meanwhile, it should also be noted that there is great potential for further development among BRICS due to they have shared interests in cooperation and strong momentum in driving global economic growth. Over the past two years, the BRICS Partnership on New Industrial Revolution Innovation Center ("BRICS PartNIR Innovation Center") has empowered BRICS cooperation. Nevertheless, further actions need to be taken to construct the path for empowering BRICS' cooperation and development in the new industrial revolution from the following aspects: firstly, enhancing the status of the innovation center; secondly, leveraging its demonstration and leading role; thirdly, amplifying the drive effect of the innovation base as a platform; finally, increasing policy support and ensuring the necessary elements for the innovation center.

Keywords: BRICS Innovation Center; BRICS; New Industrial Revolution; BRICS expansion

B.13 Research on the Development of Technological Talents and Policies of Scientific in BRICS

Shi Lei, Liang Chunxiao, Pu Li'na and Xiao Boren / 242

Abstract: This report examines the characteristics and policies of scientific and technological talents (S&T talents) in BRICS, offering suggestions. BRICS' S&T talents development has shown momentum, with increasing R&D personnel numbers and density. The number of highly cited researchers is growing, but there's a gap with developed countries. STEM graduate and female S&T talent proportions are stable and growing, respectively. BRICS' S&T talent competitiveness is generally rising, with improved innovation environment. BRICS focus on S&T talent cultivation, investment in S&T, and implementing more competitive talent introduction policies. BRICS can enhance S&T talent competitiveness by promoting joint training, improving S&T talent innovation environment, and cooperation S&T talent mechanisms.

Keywords: BRICS; Scientific and Technological Talent; Science and Technology Policy; Talent Policy

B.14   Research on Innovation Environment and Innovation
Ecosystem in BRICS

Duan Zhiwei, Ma Jianquan, He Ya'ou,
Zheng Yunrui and Liu Xuan / 255

Abstract: A sound innovation environment and ecosystem are significant to stimulate innovation vitality and promote innovation activities in the BRICS countries. This report analyzes the status quo of innovation environment and innovation ecosystem of BRICS from innovation recourses guarantee, institutional governance and innovation culture in the BRICS, including such elements as talent guarantee, funding guarantee and infrastructure. It discusses such factors as innovative resource allocation, institutional governance norms, innovation output planning, innovation culture cultivation and economic development potential. On this basis, the paper summarizes the experiences and distinctive characteristics of BRICS in the building of innovative environment and ecosystem. Finally, the report provides specific suggestions to promote the development of innovation ecosystem and environment in BRICS countries.

Keywords: Innovation Environment; Innovation Ecosystem; BRICS

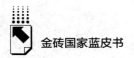
B.15　Analysis of BRICS' Science, Technology and
Innovation Policy Development: The Case of Brazil

Guo Dong, Carlos Matsumoto, Vânia Gomes and Liang Jiaming / 273

Abstract: In 2023, Brazil is faced with a legacy of budget cuts from previous administrations, insufficient investment in science and technology to address Covid-19, and a lack of monitoring and research on climate change and biodiversity. Against this backdrop, the new Brazilian government plans to develop the National Strategy for Science, Technology, and Innovation (STI) by implementing a series of initiatives such as reinvigorating STI institutions, fostering the ecosystem of innovation and entrepreneurship, and developing the bio-economy and bio-energy, so as to strengthen the building of national STI systems and enhance its innovation performance. Also, the new Brazilian government will accelerate the country's return to the global arena through strengthening international science and technology cooperation.

Keywords: Brazil; National Strategy for Science, Technology and Innovation; Innovation and Entrepreneurship; Science and Technology Cooperation

权威报告·连续出版·独家资源

皮书数据库
ANNUAL REPORT(YEARBOOK) DATABASE

分析解读当下中国发展变迁的高端智库平台

所获荣誉

- 2022年，入选技术赋能"新闻+"推荐案例
- 2020年，入选全国新闻出版深度融合发展创新案例
- 2019年，入选国家新闻出版署数字出版精品遴选推荐计划
- 2016年，入选"十三五"国家重点电子出版物出版规划骨干工程
- 2013年，荣获"中国出版政府奖·网络出版物奖"提名奖

皮书数据库

"社科数托邦"
微信公众号

成为用户

　　登录网址www.pishu.com.cn访问皮书数据库网站或下载皮书数据库APP，通过手机号码验证或邮箱验证即可成为皮书数据库用户。

用户福利

- 已注册用户购书后可免费获赠100元皮书数据库充值卡。刮开充值卡涂层获取充值密码，登录并进入"会员中心"—"在线充值"—"充值卡充值"，充值成功即可购买和查看数据库内容。
- 用户福利最终解释权归社会科学文献出版社所有。

数据库服务热线：010-59367265
数据库服务QQ：2475522410
数据库服务邮箱：database@ssap.cn
图书销售热线：010-59367070/7028
图书服务QQ：1265056568
图书服务邮箱：duzhe@ssap.cn

社会科学文献出版社 皮书系列
SOCIAL SCIENCES ACADEMIC PRESS (CHINA)

卡号： 184385268485
密码：

S 基本子库
UB DATABASE

中国社会发展数据库（下设 12 个专题子库）

　　紧扣人口、政治、外交、法律、教育、医疗卫生、资源环境等 12 个社会发展领域的前沿和热点，全面整合专业著作、智库报告、学术资讯、调研数据等类型资源，帮助用户追踪中国社会发展动态、研究社会发展战略与政策、了解社会热点问题、分析社会发展趋势。

中国经济发展数据库（下设 12 专题子库）

　　内容涵盖宏观经济、产业经济、工业经济、农业经济、财政金融、房地产经济、城市经济、商业贸易等 12 个重点经济领域，为把握经济运行态势、洞察经济发展规律、研判经济发展趋势、进行经济调控决策提供参考和依据。

中国行业发展数据库（下设 17 个专题子库）

　　以中国国民经济行业分类为依据，覆盖金融业、旅游业、交通运输业、能源矿产业、制造业等 100 多个行业，跟踪分析国民经济相关行业市场运行状况和政策导向，汇集行业发展前沿资讯，为投资、从业及各种经济决策提供理论支撑和实践指导。

中国区域发展数据库（下设 4 个专题子库）

　　对中国特定区域内的经济、社会、文化等领域现状与发展情况进行深度分析和预测，涉及省级行政区、城市群、城市、农村等不同维度，研究层级至县及县以下行政区，为学者研究地方经济社会宏观态势、经验模式、发展案例提供支撑，为地方政府决策提供参考。

中国文化传媒数据库（下设 18 个专题子库）

　　内容覆盖文化产业、新闻传播、电影娱乐、文学艺术、群众文化、图书情报等 18 个重点研究领域，聚焦文化传媒领域发展前沿、热点话题、行业实践，服务用户的教学科研、文化投资、企业规划等需要。

世界经济与国际关系数据库（下设 6 个专题子库）

　　整合世界经济、国际政治、世界文化与科技、全球性问题、国际组织与国际法、区域研究 6 大领域研究成果，对世界经济形势、国际形势进行连续性深度分析，对年度热点问题进行专题解读，为研判全球发展趋势提供事实和数据支持。

法律声明

"皮书系列"（含蓝皮书、绿皮书、黄皮书）之品牌由社会科学文献出版社最早使用并持续至今，现已被中国图书行业所熟知。"皮书系列"的相关商标已在国家商标管理部门商标局注册，包括但不限于LOGO（▧）、皮书、Pishu、经济蓝皮书、社会蓝皮书等。"皮书系列"图书的注册商标专用权及封面设计、版式设计的著作权均为社会科学文献出版社所有。未经社会科学文献出版社书面授权许可，任何使用与"皮书系列"图书注册商标、封面设计、版式设计相同或者近似的文字、图形或其组合的行为均系侵权行为。

经作者授权，本书的专有出版权及信息网络传播权等为社会科学文献出版社享有。未经社会科学文献出版社书面授权许可，任何就本书内容的复制、发行或以数字形式进行网络传播的行为均系侵权行为。

社会科学文献出版社将通过法律途径追究上述侵权行为的法律责任，维护自身合法权益。

欢迎社会各界人士对侵犯社会科学文献出版社上述权利的侵权行为进行举报。电话：010-59367121，电子邮箱：fawubu@ssap.cn。

社会科学文献出版社